计算机技术开发与应用丛书

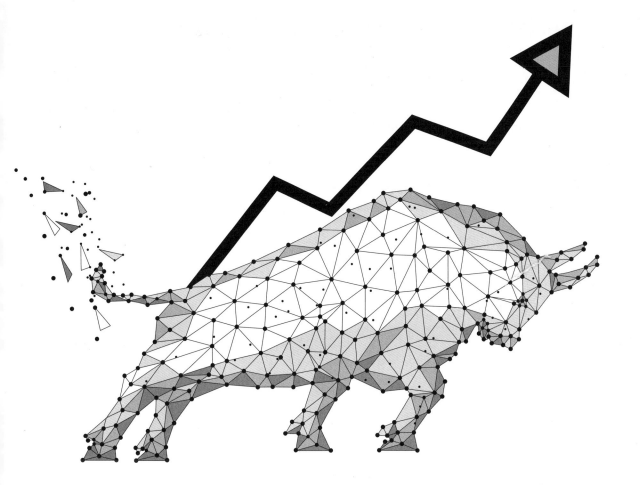

Python量化交易实战
使用vn.py构建交易系统

欧阳鹏程 ◎ 编著

清华大学出版社

北京

内 容 简 介

本书以 Python 基础知识和交易策略的基本原理为切入点,由浅入深地介绍了如何从零基础使用 vn.py 搭建自己的交易系统。本书从原理着手到代码实践,内容由最基本的 Python 基础知识与 Python 中金融分析的常用包,逐步由浅入深地介绍常用的指标并将使用 vn.py 进行实现。

本书共 8 章,第 1 章与第 2 章介绍 vn.py 的环境搭建与 Python 常用的工具包,为后面使用 vn.py 实现交易策略做准备;第 3 章与第 4 章介绍 vn.py 框架和量化交易的基础知识;第 5~7 章从易到难介绍不同的交易策略并配合大量实例进行讲解,进一步巩固 vn.py 代码的使用;第 8 章讲解如何在实盘中运行交易策略。

本书面向零基础的新手和有一定计算机与金融知识基础的读者,以通俗易懂的语言和示例阐述量化交易的实现原理,适合对量化交易有兴趣的读者。带有详细注释的代码将帮助读者进一步理解 vn.py 的框架和交易策略。

本书封面贴有清华大学出版社防伪标签,无标签者不得销售。

版权所有,侵权必究。举报: 010-62782989, beiqinquan@tup.tsinghua.edu.cn。

图书在版编目(CIP)数据

Python量化交易实战:使用vn.py构建交易系统/欧阳鹏程编著. —北京:清华大学出版社,2023.10
(2025.2重印)
(计算机技术开发与应用丛书)
ISBN 978-7-302-64230-5

Ⅰ. ①P… Ⅱ. ①欧… Ⅲ. ①股票交易-应用软件 Ⅳ. ①F830.91

中国国家版本馆CIP数据核字(2023)第136004号

责任编辑:赵佳霓
封面设计:吴 刚
责任校对:韩天竹
责任印制:刘 菲

出版发行:清华大学出版社
网　　址: https://www.tup.com.cn, https://www.wqxuetang.com
地　　址: 北京清华大学学研大厦A座　　邮　编: 100084
社 总 机: 010-83470000　　邮　购: 010-62786544
投稿与读者服务: 010-62776969, c-service@tup.tsinghua.edu.cn
质 量 反 馈: 010-62772015, zhiliang@tup.tsinghua.edu.cn
课 件 下 载: https://www.tup.com.cn, 010-83470236

印 装 者: 三河市人民印务有限公司
经　　销: 全国新华书店
开　　本: 186mm×240mm　　印　张: 21　　字　数: 515千字
版　　次: 2023年11月第1版　　印　次: 2025年2月第3次印刷
印　　数: 3001~4000
定　　价: 79.00元

产品编号: 099682-01

前 言
PREFACE

随着计算机软硬件的高速发展，从前基于纸面的低效率的证券、期货交易逐渐发展成为电子化交易，如今人们在计算机或者手机上就能方便地进行交易。与此同时，一种利用高性能计算机的自动化交易技术也随之发展，它就是量化交易。量化交易最初在 20 世纪初产生于国外，由法国数学家 Louis Bachelier 发表的博士论文《投机理论》开始，逐渐发展到 20 世纪 30 年代两位哥伦比亚大学教授 Benjamin Graham 和 David Dodd 出版了著名的《证券分析》，再到 20 世纪 50 年代，美国经济学家 Harry Markowitz 提出了现代投资组合理论，为投资组合优化奠定了数学基础，这些前人的工作都为此后量化投资交易的发展奠定了基础。

进入 21 世纪后，国内的量化投资也逐步开始发展，并且随着国内互联网金融行业的快速发展，许多优秀的量化平台与开源框架相继涌现，为普通投资者研究量化交易大大降低了门槛。

量化交易是指以数学模型替代人为的主观判断并借助计算机技术制定策略进行交易，极大地减少了投资者情绪波动的影响，避免在市场极度狂热或悲观的情况下做出非理性的投资决策，因此普通投资者想要进行量化投资交易需要具备多方面的知识，例如数学、金融、计算机知识缺一不可，同时不同学科知识之间的相互交叉应用也是必不可少的，这也造成量化交易相关从业门槛较高。

本书面向所有想要学习量化交易相关知识的读者，无论是零基础或是有一定基础的学生或职场人都适用。由于本书以量化交易为主题，不会介绍过多的编程基础内容与金融知识，读者需要具有一定的 Python 编程基础，最好具有简单的金融相关知识。本书以国内优秀的程序化交易框架 vn.py 为依托对量化交易的基础知识与编程方法进行介绍，目前 vn.py 的最新版已更新至 3.x 版，其相对于前面的版本做了模块化的封装，对于模块功能有一个更加清晰的划分。本书采用的 vn.py 版本为 3.3.0，相应的 Python 版本为 3.10。

本书的前两章主要为零基础的读者设计，第 1 章引导读者在 Windows 操作系统下以不同的方式配置 vn.py 所需的编程环境，分别提供了为编程读者准备的 VeighNa Studio 安装方案和为有一定编程基础的原生 Python 环境安装方案；第 2 章为读者介绍一些常用的 Python 编程工具包，这些工具不仅在之后的章节中会用到，在读者平时进行 Python 编程的过程中也十分有帮助，有相关使用经验的读者可以选读该章；第 3 章为 vn.py 零基础的读者设计，对 vn.py 文件中的设计理念与常用模块进行了介绍，例如 vn.py 的整体架构，如何使用 vn.py 进行本地回测，如何使用 vn.py 执行实盘交易，等等，为后面章节交易策略的编写和实盘交易做准备，同时也为需要开发自用量化交易系统的读者提供思路；第 4 章的内容更加偏重理论性，从零开始介绍量化交易中的一些重要概念，包括交易策略的概念、仓位/资金管理与风险控制等内容，这些是一个完整的交易策略不可缺少的组成部分；第 5 章介绍的是基于启发式规则的交易策略，每个交易策略从设计理念到计算方式再到代码实现均有涉及，并以 vn.py 的回测功能为载体执行策略并进行参数优化；第 6 章则以数学模型为分析基础进行量化交易策略的开发，读者会发现由经典的时序分析模型 ARMA 到基于计算机视觉的方法都可以用于量化交易，希望本章能启发读者在设计量化交易策略时运用不同领域的知识与方法，不必局限应用场景；第 7 章介绍集成不同的交易策略的方法，分别以基于分类与基于回归的方法介绍策略的集成方法，使交易策略更加稳健；第 8 章则在实盘行情与模拟下单账号的前提下使用 vn.py 执行交易策略，本章介绍的内容是最终将交易策略应用于真实资金的必需步骤。

本书内容连贯，每个章节的内容都会用到前面章节介绍过的知识，希望能最大限度地保证读者学习的连贯性，同时本书将晦涩难懂的数学公式减到最少，仅保留说明交易策略信号计算方法的必要公式，尽力用平实的语言与图示帮助读者更好地理解内容。相信读者读完本书后会对量化交易有一个更清晰的理解，希望本书能成为每位读者进入量化交易领域的金钥匙。

资源下载提示

素材（源码）等资源：扫描目录上方的二维码下载。
视频等资源：扫描封底的文泉云盘防盗码，再扫描书中相应章节的二维码，可以在线学习。

投资涉及风险。本书所有代码与示例仅限于教育用途，并不代表任何投资建议。本书不代表将来的交易会产生与示例同样的回报或亏损。

投资者在做出交易决策之前必须评估风险，确认自身可以承受风险方可投资。

欧阳鹏程

2023 年 8 月

目 录
CONTENTS

本书源码

第 1 章 简介 1
   1.1 量化交易的概念 1
      1.1.1 趋势性交易 2
      1.1.2 市场中性交易 3
      1.1.3 高频交易 4
   1.2 量化交易的历史 5
   1.3 量化交易的工具 6
      1.3.1 基于 Web 端的工具 6
      1.3.2 本地离线的工具 9
   1.4 vn.py 的优势 10
   1.5 vn.py 的安装与环境配置 11
      1.5.1 VeighNa Studio 安装 11
      1.5.2 手动安装 14
   1.6 小结 22

第 2 章 常用的 Python 数据包 23
   2.1 NumPy 的使用 23
      2.1.1 NumPy 中的数据类型 23
      2.1.2 NumPy 中数组的使用 23
   2.2 Matplotlib 的使用 30
      2.2.1 Matplotlib 中的相关概念 30
      2.2.2 使用 Matplotlib 绘图 30
   2.3 Pandas 的使用 41
      2.3.1 Pandas 中的数据结构 41
      2.3.2 使用 Pandas 读取数据 42
      2.3.3 使用 Pandas 处理数据 44
   2.4 SciPy 的使用 47

- 2.4.1 使用 SciPy 写入 mat 文件 ... 47
- 2.4.2 使用 SciPy 读取 mat 文件 ... 48
- 2.5 scikit-learn 的使用 ... 48
  - 2.5.1 使用 scikit-learn 进行回归 ... 49
  - 2.5.2 使用 scikit-learn 进行分类 ... 52
- 2.6 Pillow 的使用 ... 57
  - 2.6.1 使用 Pillow 读取并显示图像 ... 57
  - 2.6.2 使用 Pillow 处理图像 ... 58
- 2.7 OpenCV 的使用 ... 69
  - 2.7.1 使用 OpenCV 读取与显示图像 ... 70
  - 2.7.2 使用 OpenCV 处理图像 ... 71
- 2.8 collections 的使用 ... 76
  - 2.8.1 namedtuple ... 76
  - 2.8.2 Counter ... 77
  - 2.8.3 OrderedDict ... 77
  - 2.8.4 defaultdict ... 78
- 2.9 typing 的使用 ... 78
  - 2.9.1 标准数据类型标识 ... 79
  - 2.9.2 collections 中的数据类型标识 ... 81
  - 2.9.3 其他常用标识 ... 82
- 2.10 argparse 的使用 ... 83
  - 2.10.1 argparse 的使用框架 ... 83
  - 2.10.2 使用 argparse 解析命令行参数 ... 84
- 2.11 JSON 的使用 ... 86
  - 2.11.1 使用 JSON 写入数据 ... 86
  - 2.11.2 使用 JSON 读取数据 ... 87
- 2.12 TA-Lib 的使用 ... 88
  - 2.12.1 技术指标 ... 88
  - 2.12.2 模式识别 ... 90
- 2.13 Tushare 的使用 ... 91
- 2.14 Orange 的使用 ... 93
  - 2.14.1 Orange 中的示例 ... 94
  - 2.14.2 创建自己的工作流 ... 97
- 2.15 Optunity 的使用 ... 99
- 2.16 Optuna 的使用 ... 100
- 2.17 小结 ... 101

第 3 章 vn.py 基础 102

3.1 vn.py 的整体架构 102
3.1.1 底层接口 102
3.1.2 中层引擎 103
3.1.3 上层应用 106

3.2 vn.py 文件中的交易接口 106
3.2.1 CTP 接口 106
3.2.2 UFT 接口 115

3.3 vn.py 文件中的数据库 116
3.4 vn.py 文件中的回测模块 125
3.5 vn.py 文件中的自动交易模块 128
3.6 vn.py 文件中的实盘行情记录模块 129
3.7 vn.py 文件中的历史数据管理模块 130
3.8 vn.py 文件中的实时 K 线图表模块 132
3.9 vn.py 文件中的投资组合管理模块 132
3.10 vn.py 文件中的事前风控管理模块 133
3.11 vn.py 文件中的本地仿真交易模块 134
3.12 vn.py 文件中的算法委托执行交易模块 135
3.13 vn.py 文件中的多合约组合策略模块 137
3.14 vn.py 文件中的多合约价差组合套利模块 137
3.15 小结 138

第 4 章 量化交易的基础知识 139

4.1 交易策略 139
4.2 仓位与资金管理 139
4.2.1 固定仓位/资金管理策略 140
4.2.2 漏斗形管理策略 141
4.2.3 金字塔形策略 142
4.2.4 马丁策略 143
4.2.5 反马丁策略 144
4.2.6 凯利公式 144
4.3 事前风控 145
4.4 事中风控 145
4.5 事后风控 145
4.6 小结 146

第 5 章 基于指标的交易策略 147

- 5.1 交易策略框架 147
- 5.2 双均线交易策略 150
- 5.3 KDJ 交易策略 158
- 5.4 MACD 交易策略 164
- 5.5 BIAS 交易策略 169
- 5.6 布林带交易策略 174
- 5.7 ATR 交易策略 179
- 5.8 ADX 交易策略 183
- 5.9 Dual Thrust 交易策略 188
- 5.10 AR 交易策略 193
- 5.11 EMD 交易策略 197
- 5.12 均线排列交易策略 203
- 5.13 R-Breaker 交易策略 208
- 5.14 超级趋势交易策略 212
- 5.15 布林海盗交易策略 217
- 5.16 Hans123 交易策略 221
- 5.17 海龟交易策略 227
- 5.18 海龟汤交易策略 233
- 5.19 网格交易策略 237
- 5.20 CMO 交易策略 241
- 5.21 小结 245

第 6 章 基于模型的交易策略 246

- 6.1 基于 ARMA 模型的交易策略 246
- 6.2 基于 ARIMA 模型的交易策略 254
- 6.3 基于 SARIMA 模型的交易策略 261
- 6.4 基于 SVM 的交易策略 267
- 6.5 基于计算机视觉的交易策略 271
- 6.6 小结 286

第 7 章 交易策略的集成 287

- 7.1 策略集成的方法 287
- 7.2 基于分类模型集成交易策略 288
- 7.3 基于回归模型集成交易策略 299

7.4 小结 304

第 8 章 实盘交易 305
8.1 实盘交易与回测的区别 305
8.2 准备工作 306
8.3 运行策略 310
    8.3.1 基于 tick 数据的实盘策略 310
    8.3.2 基于分钟 K 线数据的实盘策略 317
8.4 小结 323

第 1 章 简　介

随着计算机技术的飞速发展与世界连通性的极大增强，电子化的信息交流方式早已走入人们的生活，例如人们日常沟通使用的微信、手机移动支付使用的微信与支付宝等都是将传统的书信或者钱币进行交换的形式转换成了电子信息进行交换。当然，对于交易信息亦不例外，对于期货交易而言，其最早起源于欧洲，以契约的形式约定在未来的时间以特定的价格交易特定数量的某种商品，而时至今日，交易者们早已不使用纸质契约作为期货交割的凭证，而是在计算机或手机上单击几个按钮便能完成期货的交易，无纸化为交易行为带来的最大便利便是交易效率的提升与信息的快速流动，让交易过程更加迅速、透明。在此基础上，进一步利用计算机技术替代人眼观察价格等走势与交易行为便是程序化交易，也称作量化交易。

本章将从量化交易的基本概念着手，向读者介绍量化交易常用的工具并进行对比分析，其中将着重介绍本地离线工具 vn.py 及其相对于其他量化工具的优势；在本章最后一节为读者介绍 vn.py 环境的不同搭建方法并进行环境测试，为本书后面几章的实战代码做好编程环境的准备。

1.1　量化交易的概念

从定义"量化交易是指以先进的数学模型替代人为的主观判断，利用计算机技术从庞大的历史数据中海选能带来超额收益的多种'大概率'事件以制定策略，极大地减少了投资者情绪波动的影响，避免在市场极度狂热或悲观的情况下做出非理性的投资决策。"中不难看出，"量化交易"一词可以通过两部分来理解，"量化"指的是使用"先进的数学模型"并且使用"计算机技术"从"历史数据"中挖掘信息，而"交易"则是指利用制定好的交易策略进行的"投资决策"。

从以上对定义的分析不难看出，要进行"量化交易"有几个必不可少的条件，即数学模型、计算机技术（编程）与历史数据[①]，因此量化交易的目标就是从历史数据中挖掘有效的信息，并开发数学模型合理地利用这些信息作为对未来市场行情的判断与决策，从而在市场中获取利润。

---

① 有一些定义严格区分程序化交易、系统化交易与量化交易，在本书中不对它们进行区分。

对于量化交易而言，其本身又可以分为以下 3 种不同类别的策略类型，如图 1-1 所示。接下来分别介绍这 3 种策略类型的特点与适用场景。

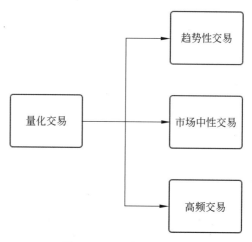

图 1-1　量化交易的分类

1.1.1　趋势性交易

趋势性交易即顺应市场的趋势，在大趋势上涨时低位买入（做多），在大趋势下跌时高位卖出（做空），或者在市场趋势增强时开仓入场，而在市场趋势减弱时平仓离场。因此，趋势性交易获利的关键就在于能否对未来市场趋势的走势变化和强度变化做出正确的预测和判断，目前并没有一个能够准确有效预测后市趋势走势的单指标，因此趋势性交易适合在市场已经有手动主观交易的市场参与者，其本身对于市场的特点已经有一定的了解并对于市场的波动能够有提前预知的主观意识和判断，对于这样已经较为成熟的市场交易者，可以使用计算机技术具体将其交易思想代码化，并使用计算机执行，以提高其执行效率。

如图 1-2 所示，表示的是燃料油期货从 2018 年 12 月 7 日到 2022 年 8 月 18 日的日线价格走势图，从图中不难看出在这段时间内燃料油价格有 4 次下跌的大趋势，并且有 3 次上涨的大趋势，如果编程实现的趋势性交易策略能够准确捕捉到这几次大策略，则盈利将是相当可观的。

趋势性交易的优势是在准确把握趋势的前提下，盈利潜力是十分巨大的，从图 1-2 中可以看出，每段大趋势持续的时间少则几个月，多则大半年，这意味着趋势性交易策略的交易频率很低，却能获取巨额的回报；同时交易次数的减少也意味着只用支付少量的手续费，不会对盈利产生过多的负面影响。

而趋势性交易策略的缺陷也是显而易见的，首先在交易过程中使用何种策略能够提升对于品种未来走势的判断是策略核心的一大难题；同时在实盘交易过程中，有时市场会因为周期性因素或者黑天鹅事件，在短时间内出现较大的回撤，这对于交易者的身心来讲也是一大考验与煎熬。

图 1-2　燃料油（fu）从 2018 年 12 月 07 日到 2022 年 08 月 18 日的日线图

由于不用追求交易的速度与时效性，同时考虑到编程的方便性，使用 Python 作为趋势性交易策略的开发语言是十分适合的。

1.1.2　市场中性交易

市场中性交易策略本质上是一种风险对冲的均衡配置，通常来讲可以通过对不同的品种或者同品种的不同标的同时建立多头头寸与空头头寸，使整个交易系统的风险降低，期望构建的交易组合尽可能少地受到市场涨跌带来的盈亏冲击。相比于趋势性交易，市场中性交易策略收益的稳定性更高，但是通常来讲胜率较高、盈亏比也较低，是一种相对保守的策略。

一种容易理解的市场中性交易策略是同品种的期现套利，例如使用燃料油现货与燃料油期货进行套利，如图 1-3 所示，图中同时画出了燃料油现货和燃料油期货价格的走势图。

从图 1-3 中不难看出，燃料油现货价格在大多数交易日要高于燃料油期货的价格，由于期货本身存在仓储等成本因素，所以通常来讲期货的价格应该高于现货价格，然而现在出现了现货价格高于期货价格的情形，说明市场对于未来燃料油的售价存在悲观情绪，而这种情绪一般在没有重大利好政策的情况下不会在短期被扭转，因此在一定时期内可以认为燃料油的正常价格情形就是现货价格高于期货价格（$P_{now} > P_{future}$），而在短期时间内由于市场本身的波动性可能造成（$P'_{now} < P'_{future}$），从图 1-3 中也不难发现存在这种情形的交易日，此时说明现货与期货之间的价格关系处于一种异常状态，因此此时可以买入数量为 amount 的燃料油现货并开空标的数量为 amount 的燃料油期货，这样当现货价格上升或期货价格下跌并且现货和期货价格关系回归正常（$P_{now} > P_{future}$）时，再卖出燃料油现货并平空燃料油期货，则能获利 $(P'_{future} - P'_{now}) \times$ amount。

从以上示例不难发现，燃料油期货和现货的价格一般是同趋势波动的，而又同时持有相同数量的现货与期货，因此产生的盈利并不随市场价格的波动而改变，这种交易被称作市场中性的，而影响盈利的唯一因素是现货与期货之间的价差，由于期望中现货与期货之间的

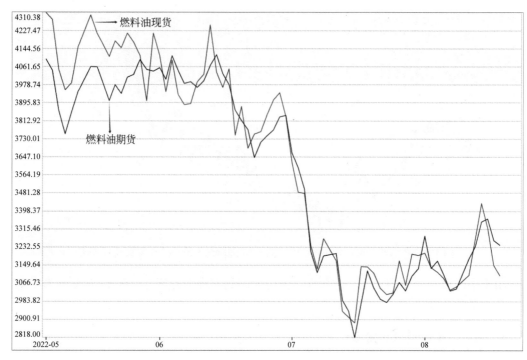

图 1-3　燃料油现货与燃料油期货日价格走势图

价差会回归理性,市场中性的交易策略就是吸纳价差从异常回归正常过程中盈利。

当然,市场中性交易并不等于期现套利,而所有的套利方法也不一定是市场中性的,以上的例子只是为了便于读者理解。不难理解,市场中性的交易策略会快速检测价差的变化,并同时开平多个合约或标的,因此市场中性的交易策略对于交易速度与时效性的要求比趋势交易策略更高。

1.1.3　高频交易

高频交易通常是利用市场短时甚至瞬时的波动,通过总 K 线或盘口的规律进行的超短线交易,其盈利来源是在严格控制亏损的情况下每次交易仅获取少量的盈利,最终积少成多获取利润。

此类交易策略通常采用 C/C++ 与 FPGA 硬件编程技术进行开发,以获取比交易对手更快的行情并以更快的速度攫取市场的利润。

由这几种不同的量化交易方式可以看出,相较于人工手动交易方式,手动交易只能完成趋势性交易,而对于需要同时操作多个合约或标的市场中性交易策略,人工难以在短时间内同时操作完成,必须借助计算机程序进行,而高频交易则更是人工不可能完成的交易。

传统投资和人工交易在目前市场有着明显的劣势:由于信息大爆炸,人类思维能够接收和处理的信息量十分有限,在有限的信息量下做出对市场的判断不一定是准确的,并且传统投资策略容易受到个体认知偏差的影响，不同的个体对于同一种交易规则可能会产生截然不同的交易和收益情况，并且主观交易还会受到人性贪婪与恐惧的影响，而使用量化交易的优势则显而易见：量化交易本质上是计算机执行一串代码，其执行情况在每台计算机上都是一致的，不因执行人的不同而改变，因此量化交易具有严格的纪律性和系统性，并且相较于人工主观交易，量化交易具有更高的即时性和准确性。

1.2 量化交易的历史

量化交易产生于国外，在 20 世纪初，法国数学家 Louis Bachelier 发表了博士论文《投机理论》，使用了布朗运动来描述资产变动的情况。当然，以现代观点来看这种数学模型不免有许多问题，但是不可否认的是这篇论文是量化投资的开篇之作，由于时代背景，该篇文章在当时没有引起广泛关注。

时间来到 20 世纪 30 年代，全球性经济大萧条后，两位哥伦比亚大学教授 Benjamin Graham 和 David Dodd 出版了著名的《证券分析》。在书中介绍了一种估算公司股价的方法，从而达到评估当前公司股价是否被高估或者低估，使用公司财务数据估算公司内在价值，从而做出投资决策。

20 世纪 50 年代，美国经济学家 Harry Markowitz 提出了现代投资组合理论，其中包含均值-方差分析方法和投资组合有效边界模型。现代投资组合理论主要提出了"分散投资"理念，为投资组合优化奠定了数学基础。后人在现代投资组合理论的基础上继续研究资产价格均衡的结构，进而形成了资本资产定价模型（CAPM），CAPM 认为一个市场中的所有品种在市场波动中都是暴露的，只是每个品种暴露的程度不同，因此 CAPM 定义了 β 来表示每个品种对市场整体风险的暴露程度。

在此之后，又衍生出许多理论与分析方法，例如分散化投资、法码三因子等，CAPM 的出现让人们意识到数学知识在金融领域巨大的应用潜力，为此后量化投资交易的发展奠定了基础。

1967 年，Edward Thorp 出版了《战胜市场：一个科学的股票市场系统》，并在 1969 年创立了一家量化基金公司——可转换对冲合伙基金，而后在 1975 年更名为普林斯顿-纽波特合伙公司。Edward Thorp 也被称作量化投资交易的鼻祖。

20 世纪 70 年代到 80 年代，金融创新和衍生品定价理论成为研究的热点，其间出现了 B-S 期权定价模型、Ross 套利定价模型。同时期，大奖章基金成立，从事高频交易和多策略交易。创始人西蒙斯也因此被称为"量化对冲之王"。

20 世纪 80 年代到 90 年代，量化交易策略更加注重风险控制和管理，其中最著名的是 VaR，同时机器学习也越来越多地被应用于量化交易领域。

时间进入 21 世纪，国内的量化投资也逐步开始发展，2004 年 8 月 27 日，光大保德信量化核心证券投资基金成立，成为国内第一只公募量化基金，这标志着量化投资走入大众的视野。

从 2007 年下半年开始，美国次级贷款引发的流动性危机逐渐显现，引发金融危机，以高杠杆为代表的很多量化对冲基金遭遇了史上最黑暗的时刻。量化对冲基金的管理规模显著下滑。同年，在金融危机前后许多人才陆续回国并加入公募基金，从海外带来的先进量化投资策略给国内量化交易投资市场注入了新鲜的血液，这个时期多因子选股策略在国内出现。

随着金融危机的影响逐渐消退，海外量化基金的市场在逐渐恢复。国内沪深 300 股指期货上市，国内也开始研究股指期货在量化投资的应用，此时的量化交易策略具备了真实可行的风险对冲工具，各种量化交易策略包括市场中性策略开始百花齐放。

2015 年至今，由于一系列政策的转变，市场上的大量量化策略开始转型，从相对低收益低风险的套利对冲策略转变为多空策略、股票 T+0 策略，投资从股票对冲向商品期货、国债期货等品种的 CTA 策略转变，开辟了量化交易投资的新时代。

1.3 量化交易的工具

量化投资交易仍在蓬勃发展之中，因此市面上的量化交易框架也是百花齐放的。本节将选择性地分类别介绍几个具有代表性的量化交易平台与框架。总体而言，量化交易策略通常是计算密集型的，因此对计算机的算力要求较高。目前主流的量化交易框架大体能够分为"在线型"和"离线型"两种，"在线型"的量化交易平台显而易见无须自己考虑计算机的算力问题，只需本地或线上开发专注于开发自己的交易策略，对于个人快速验证想法十分适用，而大多数"在线型"量化交易平台由于在 Web 端进行策略的开发，因此进行代码开发时许多定制化的 API 提示较少，需要一定的前期学习成本，并且在个人编写策略时难以自定义文件的组织与结构，而"离线型"量化平台一方面在本地编写代码时有较好的代码提示，另一方面"离线型"量化平台支持自定义功能，有更好的扩展性，而其缺点也是显而易见的，需要自身维护整个项目的高并发和高可用等。不过就策略起步开发阶段，暂且可以不用考虑系统的高并发与高可用，在"离线型"框架中注重策略本身逻辑的开发即可。

1.3.1 基于 Web 端的工具

目前市面上可用的基于 Web 端的量化交易工具众多，本节仅选取其中两个代表性的平台进行介绍。

1. JoinQuant

JoinQuant 是国内量化投资交易兴起时最早涌现出的一批基于 Web 端的在线量化交易平台之一，使用 JoinQuant 开发交易策略无须自己操心开发环境的搭建，如图 1-4 为 JoinQuant 的首页。从选项栏中可以看到其主要提供策略研究与开发、提供量化历史数据与社区。相对而言，JoinQuant 的社区活跃度较高，其页面如图 1-5 所示，这是 JoinQuant 的一大优势。

在社区中，可以看到由各个开发者贡献的用于交流学习的策略思想与源代码，也能在社区中查询到在开发过程中遇到的技术问题，因此一个活跃的社区相对于框架本身能够提供的通用功能（如交易接口、交易数据等）是十分可贵的。

图 1-4　JoinQuant 首页

图 1-5　JoinQuant 社区

JoinQuant 的策略开发研究功能提供了基于类似 Python 的 Jupyter Notebook 的编程环境，对于编程新手而言能够提供所见即所得的结果。不过，其免费账户每日回测有 60min 的限制，实时模拟交易功能也是收费的，显然，对于一个提供了完备基础服务的平台，其开放的大部分功能免费并对部分功能收取合理的费用也是无可厚非的，对于读者而言，可以自行权衡利弊。

2. FMZ

相比于 JoinQuant，FMZ 量化交易平台起步稍晚，不过目前而言 FMZ 能够支持的交易品种更多，FMZ 交易平台的首页如图 1-6 所示。

图 1-6　FMZ 首页

与 JoinQuant 类似，FMZ 也有自己的社区并且活跃度较高，FMZ 对于各语言的程序员友好并且容易迁移，其支持的编程语言包括 Python、C++等完整的高级语言，也支持麦语言（文华财经使用）实现策略，因此对于之前在文华财经上测试量化交易策略的人员而言可以无成本切换。

FMZ 社区如图 1-7 所示，可以看出社区很清晰地提供了按照不同量化交易策略类型或者交易品种的分类，对于使用者而言能够十分方便地总览策略情况并且找到自己所需的策略。

FMZ 提供以机器人运行量化交易策略的形式，目前以小时进行计费，一个有趣的功能是 FMZ 允许用户公开自己的交易机器人的运行情况，因此可以围观其他用户量化交易策略的运行情况。

FMZ 量化交易平台有完备的 API 文档与电子书教学资料，其官方也开放了众包平台，可以在平台上提交开发需求或在平台上进行自荐。FMZ 量化平台还包括了手机客户端，对于实盘机器人的监控与机器人的启停可以更方便地进行。

对于像 JoinQuant 和 FMZ 这种基于 Web 端的量化交易平台还有许多，像掘金量化、开拓者、RiceQuant、BigQuant、真格、优矿等，读者可以自行了解。总体而言，基于 Web 端的在线量化交易平台让用户省心了不少，方便用户专注于策略的开发。

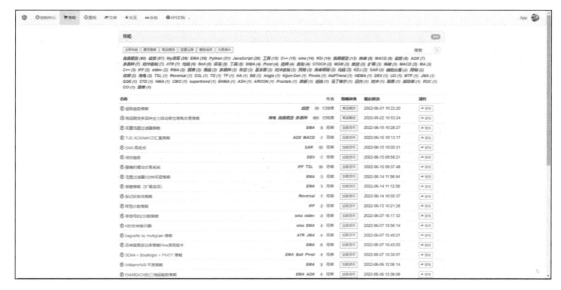

图 1-7　FMZ 社区

1.3.2　本地离线的工具

不同于基于 1.3.1 节中介绍的基于 Web 端的量化交易平台，本地离线的量化交易工具，则需要用户在更多方面操心，例如数据的获取、数据的清洗、系统的高并发性与高可用性都是需要用户处理的，但是同时这些也是搭建自己的量化平台必须考虑的因素。本节将介绍几个本地离线的量化交易工具。

1. Zipline

Zipline 是 Quantopian 开源的量化交易框架，其核心需要实现两个函数，一个是 initialize，另一个是 handle_data，其中 Zipline 会调用用户传入的 initialize 函数并传入策略的上下文变量 context，该变量用于保存算法策略在执行过程中所需的变量，可以用于存储算法在执行不同阶段的策略时需要的数据，而 handle_data 则是表示当有新的数据传入时所需要执行的逻辑，在定义完初始化和处理的函数后，需要在命令行使用 zipline 命令与相应的选项执行策略并通过脚本读取策略的具体回测结果，相对来讲对新手而言较为复杂。此外，Zipline 官方并不支持实盘交易，并且 Zipline 原生是一个回测框架，其仅关注于回测策略的交易情况，并不包含风险控制等模块，因此要将 Zipline 用于实盘交易还需要用户外接额外的模块才能使用。

2. vn.py

vn.py 是一款基于 Python 的开源量化交易平台开发框架，其本身具有多种功能，包括回测、CTA 策略、算法交易、价差套利、期权策略、行情录制等功能，因此相对于使用 Zipline 而言，vn.py 自身内置了许多不同的模块，对于开发者而言就像是一个大的工具箱，可以根据开发者自己的需求将不同的模块像搭积木一样自由组合,并且由于其是开源框架,也可以根据自身的需求进行改动和定制。

vn.py 原生包含一个由 PyQT 编写的 GUI 界面,在策略运行和回测时能够直观地观察策略的运行过程与收益情况,同时 vn.py 也支持命令行运行方式,不同的使用者可以找到适合自己的使用方法。

3. backtrader

从名称上可以看出,backtrader 是一个用于回测的框架,在 2015 年完成开源[①]。使用 backtrader 进行量化交易策略回测时主要有 4 个步骤,其核心引擎称为 Cerebro 引擎,在创建了引擎之后,再加入自己编写的策略,之后向引擎中加载数据,此时包含买卖逻辑的策略和运行策略必要的数据都已经具备,此时执行 cerebro.run()即可开始回测,回测完毕后的结果会依托 Matplotlib 绘制出来。

整体而言,backtrader 在回测的应用上十分便捷,各个步骤的设计易于使用,不足的是其可视化结果不具有交互性,因此对于周期较长的回测而言,绘制结果有时会变得难以辨认。目前 backtrader 已有国内开发者维护的实盘交易接口。

4. PyAlgoTrade

PyAlgoTrade 是一个事件型驱动的开源量化交易框架[②],其包含六大组件,其中 Strategies 表示核心量化交易策略,是用于定义的实现交易逻辑的类,实现了买卖逻辑等;Feeds 组件表示数据源,数据源不仅限于 K 线数据;Brokers 模块用于经纪商,负责执行订单;DataSeries 表示数据序列,是用于管理时间序列的抽象类;Technicals 模块内置指标计算;Optimizer 组件为优化器,当编写好包含若干参数的量化交易策略时,使用 Optimizer 模块可以在数据源保持不变的情形下,对策略的参数进行优化以搜寻策略回测的最佳参数。

1.4 vn.py 的优势

在介绍了如 1.3 节中描述的各量化交易工具后,相信读者对于这些框架工具及其特点都有了一定的了解,在本节中再对各个量化交易框架工具的重要特性进行一个横向的对比,如表 1-1 所示。

表 1-1 不同量化交易工具的对比

工具	实盘交易	回测速度	参数优化	界面支持	社区建设
JoinQuant	支持	快	不支持	是	好
FMZ	支持	快	支持	是	好
Zipline	不支持	慢	不支持	否	好

---

① https://github.com/mementum/backtrader

② https://github.com/gbeced/pyalgotrade

续表

工具	实盘交易	回测速度	参数优化	界面支持	社区建设
vn.py	支持	慢	支持	是	好
backtrader	不支持	中等	支持	否	好
PyAlgoTrade	不支持	中等	支持	否	差

对于表 1-1 中的比较数据，是否支持实盘交易表示交易工具的原生支持，类似地，参数优化和界面支持都表示框架的原生支持，不包括用户自行编写程序进行参数优化或编写可视化界面的程序。

从表 1-1 可以看出，vn.py 相较于别的量化交易工具来讲最大的优势就是它是一个带有界面支持的并且可以由用户定制化修改的开源框架，同时 vn.py 在回测时支持交互式的图标操作并集成了参数优化等功能，即使其回测速度较慢，笔者认为 vn.py 仍是回测时使用最方便的量化交易工具。

而对于实盘交易，vn.py 又有着天然的支持，其支持的交易所众多、交易品种众多，用户只需关注策略逻辑编写，无须操心底层交易接口，其支持 XTP、CTP、MT5 等接口，用户在切换交易品种时可以实现无缝切换。

1.5　vn.py 的安装与环境配置

在介绍 vn.py 与其他量化交易工具框架的特点与对比后，本节将会为读者介绍 vn.py 的安装，其中，vn.py 开发人员已经为读者准备好了一个 Windows 系统下的可执行安装包 veighna_studio，这种方法仅支持在 Windows 系统下使用，另一种方式则是使用 Anaconda 手动安装 vn.py 相关的 Python 包，使用命令行运行即可，这种方法不受操作系统的限制。本书推荐使用手动的方法进行安装。

1.5.1　VeighNa Studio 安装

首先进入 vn.py 框架官方网站的首页，如图 1-8 所示，单击"安装 3.3.0"按钮下载 veighna_studio 的安装包。

下载完 veighna_studio 安装包后，双击便可以得到如图 1-9 所示的界面，读者可以自行选择快速安装还是自定义安装,如果选择快速安装,则默认安装在 C:\veighna_studio 路径下，笔者使用自定义安装，并将自定义安装位置修改为 D:\veighna_studio，同时为了简便，复选框勾选了默认选项，如图 1-10 所示。

单击"安装"按钮后，安装过程开始进行，如图 1-11 所示。读者从安装过程中可以看出，VeighNa Studio 实际上是额外安装了一整套 Python 环境，并安装了 Python 包管理器 pip，其以 Python 包的文件形式在安装目录内预装了所需的 Python 包。

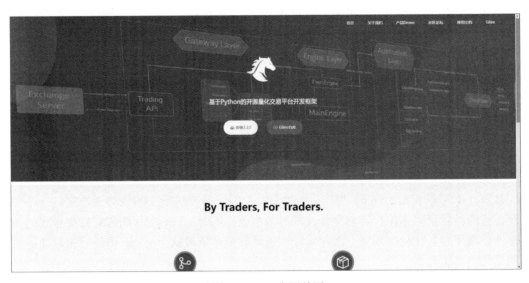

图 1-8　vn.py 官网首页

图 1-9　VeighNa Studio 安装界面

在安装程序运行完成后，可以得到如图 1-12 所示的结果，由于笔者使用的是非管理员账户进行的安装，因此在安装完成后需要额外进行"禁用路径字符长度限制"，以防路径过长导致程序报错，建议使用这种安装方式进行安装的读者也执行这一步。

细心的读者可能已发现，运行安装完毕的 VeighNa Studio 实际上是运行了命令 D:\veighna_studio\pythonw.exe -m veighna_station，可以看出 VeighNa Studio 的启动方式是使用安装目录下的 pythonw 程序运行模块化的 veighna_station 模块，而 veighna_station 模块的路径为 D:\veighna_studio\Lib\site-packages\veighna_station，即安装程序预装 VeighNa Studio

的程序入口模块。有关 pythonw 的相关知识读者可以自行学习。

图 1-10　VeighNa Studio 安装选项

图 1-11　VeighNa Studio 安装中

在安装完毕后，双击桌面上的 VeighNa Studio 快捷方式即可运行，初次运行需要注册登录所用的账号和密码，并且在引导页勾选所需要的功能。

在使用过程中如果遇到功能损坏需要修复或者需要修改预装组件的情形，则可以在安装完毕 VeighNa Studio 之后重新双击安装包，如图 1-13 所示，自行选择需要使用的功能。

图 1-12　VeighNa Studio 安装成功

图 1-13　VeighNa Studio 修改安装选项

这种方法适合对 Python 编程不熟悉的读者，或者那些想要专注于验证或开发策略的读者，安装过程十分简便，和在 Windows 正常安装其他软件的过程一样，是一种十分节省时间、高效率的安装方式。

1.5.2　手动安装

从 1.5.1 节通过 VeighNa Studio 安装的过程中可以看出，实际上其只是打包了一个精简的 Python 环境并预装了其所需要的 Python 包，在运行过程中实际上也是运行了 Python 命令，因此本节介绍的手动安装方法实际上相当于利用自身计算机中的 Python 环境进行安装，需要手动配置的步骤较多。本节所述的方法适用于不同的操作系统，本节仍然以在 Windows

系统下安装为例。

笔者采用的 Windows 版本为 Windows 11 专业版 64 位，版本 21H2。

1. 安装 Anaconda

Anaconda 是一个 Python 包管理器，其可以便捷地获取 Python 包并对其进行管理，还能创建具有不同 Python 版本与不同包的单独虚拟环境。

在这一步使用 Anaconda 是为了安装 Python，而非在此使用 Anaconda 直接解决 vn.py 的环境依赖。若读者的计算机中已有 Python 环境，如原生 Python 环境、Miniconda、Enthought Canopy 等，则可以跳过本节。笔者强烈建议读者使用 Anaconda 中的 Python，即使并不为 vn.py 的环境配置所用，Anaconda 在日常使用 Python 的过程中也能发挥强大的作用。

首先，进入 Anaconda 的官网 https://www.anaconda.com，如图 1-14 所示。在首页就能看见下载按钮，读者还可以根据不同操作系统选择不同的安装包。笔者使用的 Anaconda 自带的 Python 版本为 3.9。读者直接根据操作系统下载并安装包即可。如果读者并不想安装最新版本的 Anaconda，则可以访问 https://repo.anaconda.com/archive/ 下载历史版本，如图 1-15 所示，读者可以自行进行选择。

图 1-14　Anaconda 官方网站

下载对应的 Anaconda 安装程序后，一路单击 Next 按钮直到如图 1-16 所示。这里将 Add Anaconda3 to my PATH environment variable 的复选框勾选，方便后期验证 Anaconda 是否正常安装。接着单击 Install 按钮直至安装完毕后，打开命令行（Win + R，输入 cmd）输入 conda info，如果能看到类似如图 1-17 所示信息，则表明 Anaconda 已经安装完毕。最后测试 Python 和 pip 是否能正常运行，在命令行中分别输入 python 和 pip，如果能看到类似图 1-18 所示的界面，就可以进入下一节了。

Anaconda3-2019.07-Windows-x86_64.exe	485.8M	2019-07-25 09:37:53	56edfc7280fb8def19922a0296b45633
Anaconda3-2019.10-Linux-ppc64le.sh	320.3M	2019-10-15 09:26:11	9dd413b0f2d0c68f387541428fe8d565
Anaconda3-2019.10-Linux-x86_64.sh	505.7M	2019-10-15 09:26:05	b77a71c3712b45c8f33c7b2ecade366c
Anaconda3-2019.10-MacOSX-x86_64.pkg	653.5M	2019-10-15 09:27:33	5b051bf25188cd4bdcb7794f5bea6886
Anaconda3-2019.10-MacOSX-x86_64.sh	424.2M	2019-10-15 09:27:31	1a56194e89795b7ebbfe405b09d9c42d
Anaconda3-2019.10-Windows-x86.exe	409.6M	2019-10-15 09:26:10	0e71632df6a17f625c1103b34f66e8ba
Anaconda3-2019.10-Windows-x86_64.exe	461.5M	2019-10-15 09:27:17	fafcdbf5feb6dc3081bf07cbb8af1dbe
Anaconda3-2020.02-Linux-ppc64le.sh	276.0M	2020-03-11 10:32:32	fef889d3939132d9caf7f56ac9174ff6
Anaconda3-2020.02-Linux-x86_64.sh	521.6M	2020-03-11 10:32:37	17600d1f12b2b047b62763221f29f2bc
Anaconda3-2020.02-MacOSX-x86_64.pkg	442.2M	2020-03-11 10:32:57	d1e7fe5d52e5b3ccb38d9af262688e89
Anaconda3-2020.02-MacOSX-x86_64.sh	430.1M	2020-03-11 10:32:34	f0229959e0bd45dee0c14b20e58ad916
Anaconda3-2020.02-Windows-x86.exe	423.2M	2020-03-11 10:32:58	64ae8d0e5095b9a878d4522db4ce751e
Anaconda3-2020.02-Windows-x86_64.exe	466.3M	2020-03-11 10:32:35	6b02c1c91049d29fc65be68f2443079a
Anaconda3-2020.07-Linux-ppc64le.sh	290.4M	2020-07-23 12:16:47	daf3de1185a390f435ab80b3c2212205
Anaconda3-2020.07-Linux-x86_64.sh	550.1M	2020-07-23 12:16:50	1046c40a314ab2531e4c099741530ada
Anaconda3-2020.07-MacOSX-x86_64.pkg	462.3M	2020-07-23 12:16:42	2941ddbaf0cdb49b342c18cde51fee43
Anaconda3-2020.07-MacOSX-x86_64.sh	454.1M	2020-07-23 12:16:44	50f20c90b8b5bfdc09759c09e32dce68
Anaconda3-2020.07-Windows-x86.exe	397.3M	2020-07-23 12:16:51	aa7dcf4d02baa25d14baf5728e29d067
Anaconda3-2020.07-Windows-x86_64.exe	467.5M	2020-07-23 12:16:46	7c718535a7dd89fa46b147626ada9e46
Anaconda3-2020.11-Linux-ppc64le.sh	278.9M	2020-11-18 16:45:36	bc09710e65cdbba68688061b149281dc
Anaconda3-2020.11-Linux-x86_64.sh	528.8M	2020-11-18 16:45:36	4cd48ef23a075e8555a8b6d0a8c4bae2
Anaconda3-2020.11-MacOSX-x86_64.pkg	435.3M	2020-11-18 16:45:35	2f96bb47eb5a949da6f99a71d7d66420

图 1-15　历史版本 Anaconda 下载页面

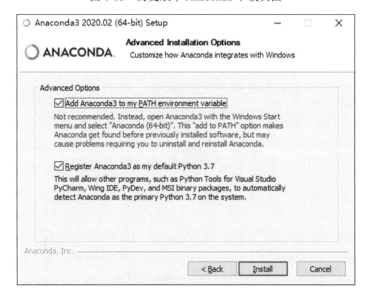

图 1-16　将 Anaconda3 加入 Windows 环境变量

2. 安装 vn.py

安装完 Python 环境后，由于目前 vn.py 的最新版本 3.3.0 需要 Python 3.10，所以需要创建一个 conda 的虚拟环境，在命令行使用 conda create --name vnpy3.10 python=3.10 即可，如图 1-19 所示。

```
C:\Users\Peter>conda info

     active environment : None
            shell level : 0
       user config file : C:\Users\Peter\.condarc
 populated config files :
          conda version : 4.8.2
    conda-build version : 3.18.11
         python version : 3.7.6.final.0
       virtual packages : __cuda=10.1
       base environment : D:\Software\Anconda3  (writable)
           channel URLs : https://repo.anaconda.com/pkgs/main/win-64
                          https://repo.anaconda.com/pkgs/main/noarch
                          https://repo.anaconda.com/pkgs/r/win-64
                          https://repo.anaconda.com/pkgs/r/noarch
                          https://repo.anaconda.com/pkgs/msys2/win-64
                          https://repo.anaconda.com/pkgs/msys2/noarch
          package cache : D:\Software\Anconda3\pkgs
                          C:\Users\Peter\.conda\pkgs
                          C:\Users\Peter\AppData\Local\conda\conda\pkgs
       envs directories : D:\Software\Anconda3\envs
                          C:\Users\Peter\.conda\envs
                          C:\Users\Peter\AppData\Local\conda\conda\envs
               platform : win-64
             user-agent : conda/4.8.2 requests/2.22.0 CPython/3.7.6 Windows/10 Windows/10.0.18362
          administrator : False
             netrc file : None
           offline mode : False
```

图 1-17 使用 conda info 测试 Anaconda

```
C:\Users\Peter>python
Python 3.7.6 (default, Jan  8 2020, 20:23:39) [MSC v.1916 64 bit (AMD64)] :: Anaconda, Inc. on win32

Warning:
This Python interpreter is in a conda environment, but the environment has
not been activated.  Libraries may fail to load.  To activate this environment
please see https://conda.io/activation

Type "help", "copyright", "credits" or "license" for more information.
>>>
```

```
C:\Users\Peter>pip

Usage:
  pip <command> [options]

Commands:
  install                     Install packages.
  download                    Download packages.
  uninstall                   Uninstall packages.
  freeze                      Output installed packages in requirements format.
  list                        List installed packages.
  show                        Show information about installed packages.
  check                       Verify installed packages have compatible dependencies.
  config                      Manage local and global configuration.
  search                      Search PyPI for packages.
  wheel                       Build wheels from your requirements.
  hash                        Compute hashes of package archives.
  completion                  A helper command used for command completion.
  debug                       Show information useful for debugging.
  help                        Show help for commands.

General Options:
  -h, --help                  Show help.
  --isolated                  Run pip in an isolated mode, ignoring environment variables and user configuration.
  -v, --verbose               Give more output. Option is additive, and can be used up to 3 times.
  -V, --version               Show version and exit.
  -q, --quiet                 Give less output. Option is additive, and can be used up to 3 times (corresponding to
                              WARNING, ERROR, and CRITICAL logging levels).
  --log <path>                Path to a verbose appending log.
```

图 1-18 测试 python 和 pip

```
done
#
# To activate this environment, use
#
#     $ conda activate vnpy3.10
#
# To deactivate an active environment, use
#
#     $ conda deactivate


C:\Users\Peter>
```

图 1-19 创建 Python 3.10 的虚拟环境

在命令行使用 activate vnpy3.10 激活刚安装好的虚拟环境并使用 pip install vnpy 即可安装 vn.py 框架所需的主程序，有些读者自身的 Python 环境没有安装 TA-Lib 包，可能会遇到如图 1-20 所示的报错结果，此时需要预先安装好 TA-Lib，再安装 vn.py。

从图 1-20 中的报错信息 error: Microsoft Visual C++ 14.0 or greater is required. Get it with

"Microsoft C++ Build Tools"：https://visualstudio.microsoft.com/visual-cpp-build-tools/ 中可以看出，由于 TA-Lib 安装从源码编译开始，其依赖于 C++编译工具，一方面读者可以尝试下载 C++编译工具来解决报错问题，本书在此不使用这种方式解决报错；另一方面，读者可以在 https://www.lfd.uci.edu/~gohlke/pythonlibs/（如图 1-21 所示）查找 TA-Lib 进行下载，根据本

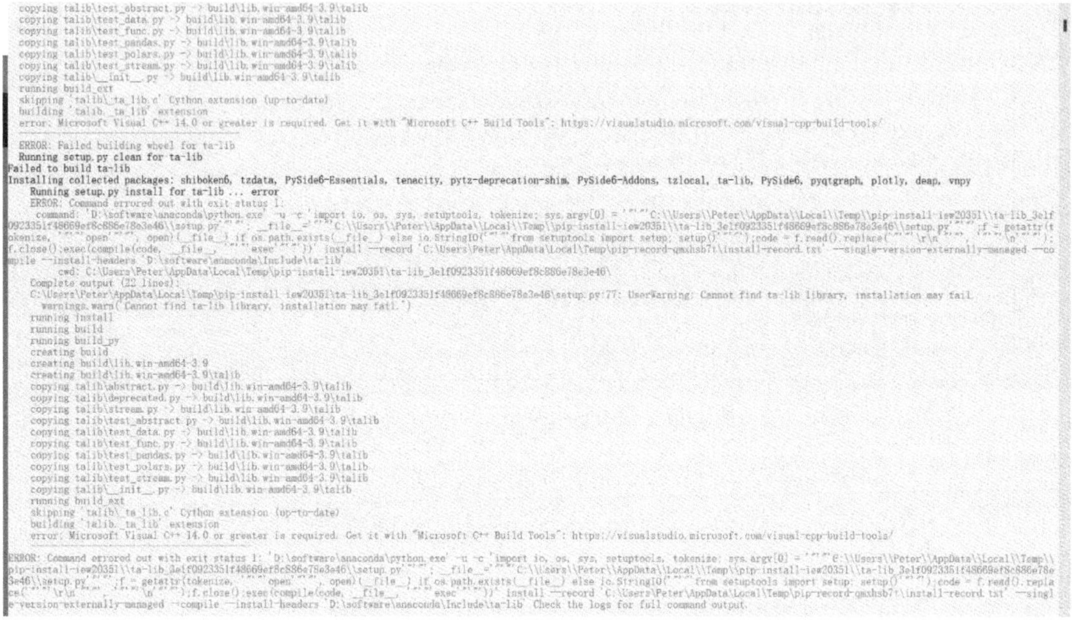

图 1-20　缺少 TA-Lib 导致 vn.py 安装失败

图 1-21　Python Wheel 包下载网站首页

地 Python 环境版本和操作系统选择下载包即可，笔者选择下载的是 TA_Lib-0.4.24-cp310-cp310-win_amd64.whl，下载完后使用命令 pip install TA_Lib-0.4.24-cp310-cp310-win_amd64.whl 即可完成 TA-Lib 的安装，如图 1-22 所示。

```
(vnpy3.10) C:\Users\Peter\Downloads>pip install -i https://pypi.tuna.tsinghua.edu.cn/simple/ TA_Lib-0.4.24-cp310-cp310-win_amd64.whl
Looking in indexes: https://pypi.tuna.tsinghua.edu.cn/simple/
Processing c:\users\peter\downloads\ta_lib-0.4.24-cp310-cp310-win_amd64.whl
Collecting numpy
  Downloading https://pypi.tuna.tsinghua.edu.cn/packages/15/b1/166dc9111024caedff5f9bcce8f115ac532e0b117eddbb4cc545c42228e9/numpy-1.23.2-cp310-cp310-win_amd64.whl (14.6 MB)
     ---------------------------------------- 14.6/14.6 MB 723.1 kB/s eta 0:00:00
Installing collected packages: numpy, TA-Lib
Successfully installed TA-Lib-0.4.24 numpy-1.23.2
```

图 1-22 使用 pip 安装 TA-Lib 的 wheel 包

在解决了 TA-Lib 包安装的相关报错后，再使用 pip install vnpy 安装 vn.py 即可。

如果安装顺利，则可以看到如图 1-23 所示的结果。

```
Collecting graphql-core
  Downloading https://pypi.tuna.tsinghua.edu.cn/packages/14/28/c308fc9a5914b9a2333a546f4976d96e0d95230f16593223d727cbc19d52/graphql_core-3.2.1-py3-none-any.whl (202 kB)
     ---------------------------------------- 202.5/202.5 kB 241.2 kB/s eta 0:00:00
Collecting sniffio>=1.1
  Downloading https://pypi.tuna.tsinghua.edu.cn/packages/52/b0/7b2e028b63d092804b6794595871f936aafa5e9322dcaaad50ebf67445b3/sniffio-1.2.0-py3-none-any.whl (10 kB)
Collecting soupsieve>1.2
  Downloading https://pypi.tuna.tsinghua.edu.cn/packages/16/e3/4ad79882b92617e3a4a0df1960d6bce08edfb637737ac5c3f3ba29022e25/soupsieve-2.3.2.post1-py3-none-any.whl (37 kB)
Building wheels for collected packages: vnpy-rest, aiohttp, vnpy-websocket, ibapi, peewee, python-multipart, SQLAlchemy, bs4
  Building wheel for vnpy-rest (setup.py) ... done
  Created wheel for vnpy-rest: filename=vnpy_rest-1.0.3-py3-none-any.whl size=5555 sha256=3b0e7a6d7541b877da8e1a5b71d321dcf05460d3cf8625837c788488f5b65e5d
  Stored in directory: C:\Users\Peter\AppData\Local\Temp\pip-ephem-wheel-cache-e43s773g\wheels\76\9a\68\6df0cb6b1b15c1b55e5b247228b6009a024444444f14141fee
  Building wheel for aiohttp (pyproject.toml) ... done
  Created wheel for aiohttp: filename=aiohttp-3.7.4-py3-none-any.whl size=451776 sha256=8ad3d35e9752eabae32708e7517d5c28c120dc5a49ab249c9f59b818d2c1f005
  Stored in directory: C:\Users\Peter\AppData\Local\Temp\pip-ephem-wheel-cache-e43s773g\wheels\64\9f\bc\a7070661e371e94cdc058c5a2ed7b2aa5ca000c92affe80aff
  Building wheel for vnpy-websocket (setup.py) ... done
  Created wheel for vnpy-websocket: filename=vnpy_websocket-1.0.2-py3-none-any.whl size=4910 sha256=2bcfe5c9d4c1eebe047df337371c32a99d0625939da6c92495beba5f10b1d308
  Stored in directory: C:\Users\Peter\AppData\Local\Temp\pip-ephem-wheel-cache-e43s773g\wheels\36\73\8e\0583597a6eb24f77043c8413079dbf2a776ec5a7ba764b402a
  Building wheel for ibapi (setup.py) ... done
  Created wheel for ibapi: filename=ibapi-9.81.1.post1-py3-none-any.whl size=67942 sha256=c465e145cf73851c42985bfab0ecb1e4c348dca1aa54cf9c88f7f64c296de3c2
  Stored in directory: C:\Users\Peter\AppData\Local\Temp\pip-ephem-wheel-cache-e43s773g\wheels\f0\08\e6\740e21ce1e7a9afb32dafa38d54f8aaaec4b412f73539b2958
  Building wheel for peewee (setup.py) ... done
  Created wheel for peewee: filename=peewee-3.15.2-py3-none-any.whl size=134160 sha256=67f7c3f073eb76db542e881e61ba97ac8e1a7c568715269bbea3a1ce2c9abc72
  Stored in directory: C:\Users\Peter\AppData\Local\Temp\pip-ephem-wheel-cache-e43s773g\wheels\d5\0c\b3\12b7b8c50cda6b7405fd03a2c2c46a7527c11646edae2a5a45
  Building wheel for python-multipart (setup.py) ... done
  Created wheel for python-multipart: filename=python_multipart-0.0.5-py3-none-any.whl size=31671 sha256=80afdddc75df21343c97a7c68c9887cc9e5c908230e33179d198718b75eb2405
  Stored in directory: C:\Users\Peter\AppData\Local\Temp\pip-ephem-wheel-cache-e43s773g\wheels\d2\a7\cd\fcee0640066ab566cee0eee9ccdb4a218da7b95ffd475d2564
  Building wheel for SQLAlchemy (setup.py) ... done
  Created wheel for SQLAlchemy: filename=SQLAlchemy-1.3.24-cp310-cp310-win_amd64.whl size=1203246 sha256=f0ceb2836add6647aa4a1922c4e4e5d72c8b0628f13523ebbb801a61ef1d5afa
  Stored in directory: C:\Users\Peter\AppData\Local\Temp\pip-ephem-wheel-cache-e43s773g\wheels\3c\13\ce\13d79596d1f71b05bea16e8969457a54ee0e10b18b7df6c29e
  Building wheel for bs4 (setup.py) ... done
  Created wheel for bs4: filename=bs4-0.0.1-py3-none-any.whl size=1257 sha256=654a3ec4c20a23fdf0d84966298a92095a50345feaa32dba791fc9fb5919bdef
  Stored in directory: C:\Users\Peter\AppData\Local\Temp\pip-ephem-wheel-cache-e43s773g\wheels\eb\93\13\8d1af0af3d825a41b63cb8e15ccb22b8d41ac8ecd8319e75f1
Successfully built vnpy-rest aiohttp vnpy-websocket ibapi peewee python-multipart SQLAlchemy bs4
Installing collected packages: vnpy-riskmanager, vnpy-datarecorder, tspytsl, pyxll, pywin32, pyasn1, peewee, passlib, msgpack, korean-lunar-calendar, chardet, brotli, zipp, wmi, websockets,
 websocket-client, vnpy-sqlite, vnpy-postgresql, vnpy-datamanager, urllib3, typing-extensions, toolz, SQLAlchemy, soupsieve, sniffio, simplejson, shinny-structlog, rsa, pyyaml, python-rapid
json, python-multipart, pymysql, pymongo, pyluach, pyjwt, pycparser, psutil, orjson, multidict, lxml, idna, ibapi, hll, graphql-core, filelock, ecdsa, colorama, charset-normalizer, certifi,
 attrs, async-timeout, yarl, vnpy-mongodb, vnpy-ib, vnpy-chartwizard, sgqlc, requests, reactivex, python-jose, pydantic, importlib-metadata, click, cffi, beautifulsoup4, anyio, vnpy-xtp, vn
py-wind, vnpy-uft, vnpy-tts, vnpy-tora, vnpy-tinysoft, vnpy-tap, vnpy-spreadtrading, vnpy-sopt, vnpy-sec, vnpy-scripttrader, vnpy-rpcservice, vnpy-rohon, vnpy-portfoliostrategy, vnpy-portfo
liomanager, vnpy-paperaccount, vnpy-ost, vnpy-mini, vnpy-ifind, vnpy-hts, vnpy-hft, vnpy-femas, vnpy-excelrtd, vnpy-esunny, vnpy-da, vnpy-ctptest, vnpy-ctp, vnpy-ctastrategy, vnpy-comstar,
vnpy-algotrading, uvicorn, starlette, rqdatac, influxdb-client, hs-udata, exchange-calendars, cryptography, bs4, aiohttp, vnpy-websocket, vnpy-udata, vnpy-rqdata, vnpy-rest, vnpy-optionmast
er, vnpy-mysql, vnpy-influxdb, vnpy-ctabacktester, tushare, tqsdk, fastapi, vnpy-webtrader, vnpy-tushare, vnpy-tqsdk
Successfully installed SQLAlchemy-1.3.24 aiohttp-3.7.4 anyio-3.6.1 async-timeout-3.0.1 attrs-22.1.0 beautifulsoup4-4.11.1 brotli-1.0.9 bs4-0.0.1 certifi-2022.6.15 cffi-1.15.1 chardet-3.0.4
charset-normalizer-2.1.1 click-8.1.3 colorama-0.4.5 cryptography-37.0.4 ecdsa-0.18.0 exchange-calendars-4.2 fastapi-0.80.0 filelock-3.8.0 graphql-core-3.2.1 hll-0.13.0 hs-udata-0.3.8 ibapi-
9.81.1.post1 idna-3.3 importlib-metadata-4.12.0 influxdb-client-1.32.0 korean-lunar-calendar-0.2.1 lxml-4.9.1 msgpack-1.0.4 multidict-6.0.2 orjson-3.7.12 passlib-1.7.4 peewee-3.15.2 psutil-
5.9.1 pyasn1-0.4.8 pycparser-2.21 pydantic-1.9.2 pyjwt-2.4.0 pyluach-2.0.1 pymongo-4.2.0 pymysql-1.0.2 python-jose-3.3.0 python-multipart-0.0.5 python-rapidjson-1.8 pywin32-304 pyxll-5.4.4
pyyaml-6.0 reactivex-4.0.4 requests-2.28.1 rqdatac-2.9.56.1 rsa-4.9 sgqlc-16.0 shinny-structlog-0.0.4 simplejson-3.17.6 sniffio-1.2.0 soupsieve-2.3.2.post1 starlette-0.19.1 toolz-0.12.0 tqs
dk-3.2.11 tspytsl-1.3 tushare-1.2.85 typing-extensions-4.3.0 urllib3-1.26.12 uvicorn-0.18.3 vnpy-algotrading-1.0.2 vnpy-chartwizard-1.0.3 vnpy-comstar-1.0.2 vnpy-ctabacktester-1.0.8 vnpy-ct
astrategy-1.1.1 vnpy-ctp-6.6.7.0 vnpy-ctptest-6.6.7.0 vnpy-da-1.12.2 vnpy-datamanager-1.0.6 vnpy-datarecorder-1.0.4 vnpy-esunny-1.0.2.2.6 vnpy-excelrtd-1.0.1 vnpy-femas-1.0.2 vnpy-hft-1.0.1
 vnpy-hts-1.0.2 vnpy-ib-9.81.1.3 vnpy-ifind-1.0.1 vnpy-influxdb-1.0.2 vnpy-mini-1.6.0.1 vnpy-mongodb-1.0.4 vnpy-mysql-1.0.2 vnpy-optionmaster-1.0.5 vnpy-ost-2.0.1.3 vnpy-paperaccount-1.0.2
vnpy-portfoliomanager-1.0.1 vnpy-portfoliostrategy-1.0.2 vnpy-postgresql-1.0.1 vnpy-rest-1.0.3 vnpy-riskmanager-1.0.3 vnpy-rohon-6.5.1.6 vnpy-rpcservice-1.0.2 vnpy-rqdata-2.9.56.0 vnpy-scri
pttrader-1.0.1 vnpy-sec-1.0.3 vnpy-sopt-3.5.5.2 vnpy-spreadtrading-1.1.5 vnpy-sqlite-1.0.1 vnpy-tap-9.0.2 vnpy-tinysoft-2022.8.5 vnpy-tora-2022.6.25 vnpy-tqsdk-3.2.11 vnpy-tts-6.6.7.0 vnpy-
tushare-1.2.64.3 vnpy-udata-2022.8.5 vnpy-uft-3.7.2.4.4 vnpy-websocket-1.0.2 vnpy-webtrader-1.0.4 vnpy-wind-1.0.2 vnpy-xtp-2.2.32.2.1 websocket-client-0.57.0 websockets-10.3 wmi-1.5.1 yarl-
1.8.1 zipp-3.8.1

(vnpy3.10) C:\Users\Peter>_
```

图 1-23 使用 pip 成功安装 vn.py

vn.py 现在以组件的形式进行安装，使用 pip install vnpy 安装主运行环境后还需要安装策略回测、实盘策略等功能所需要的组件，笔者在此列出了 vn.py 所需要的常用组件，如下代码所示，读者可以使用 pip install <包名>进行安装，也可以直接运行 install_module.bat 文件将以下 vnpy 的组件包全部安装：

```
//ch1/install_module.bat
pip install vnpy-algotrading vnpy-chartwizard vnpy-comstar
            vnpy-ctabacktester vnpy-ctastrategy vnpy-ctp vnpy-ctptest
            vnpy-da vnpy-datamanager vnpy-datarecorder
            vnpy-esunny vnpy-excelrtd vnpy-femas vnpy-hft vnpy-hts
```

```
                vnpy-ib vnpy-ifind vnpy-influxdb
                vnpy-mini vnpy-MongoDB vnpy-mysql vnpy-optionmaster
                vnpy-ost vnpy-paperaccount vnpy-portfoliomanager
                vnpy-portfoliostrategy vnpy-PostgreSQL vnpy-rest
                vnpy-riskmanager vnpy-rohon vnpy-rpcservice vnpy-rqdata
                vnpy-scripttrader vnpy-sec vnpy-sopt vnpy-spreadtrading
                vnpy-sqlite vnpy-tap vnpy-tinysoft vnpy-tora vnpy-tqsdk
                vnpy-tts vnpy-tushare vnpy-udata vnpy-uft vnpy-websocket
                vnpy-webtrader vnpy-wind vnpy-xtp
```

完成 vn.py 的安装后,使用命令行运行 python test_vnpy.py 测试 vn.py 是否能够正常运行,测试代码如下:

```python
//ch1/test_vnpy.py
from vnpy.event import EventEngine

from vnpy.trader.engine import MainEngine
from vnpy.trader.ui import MainWindow, create_qapp

from vnpy_ctp import CtpGateway
from vnpy_uft import UftGateway
…
from vnpy_ctastrategy import CtaStrategyApp
from vnpy_ctabacktester import CtaBacktesterApp
from vnpy_spreadtrading import SpreadTradingApp
from vnpy_algotrading import AlgoTradingApp
from vnpy_portfoliostrategy import PortfolioStrategyApp
from vnpy_scripttrader import ScriptTraderApp
from vnpy_chartwizard import ChartWizardApp
from vnpy_datamanager import DataManagerApp
from vnpy_datarecorder import DataRecorderApp
from vnpy_riskmanager import RiskManagerApp
from vnpy_portfoliomanager import PortfolioManagerApp


def main():
    qapp = create_qapp()

    event_engine = EventEngine()

    main_engine = MainEngine(event_engine)

    main_engine.add_gateway(CtpGateway)
    main_engine.add_gateway(UftGateway)
```

```
    main_engine.add_app(CtaStrategyApp)
    main_engine.add_app(CtaBacktesterApp)
    main_engine.add_app(SpreadTradingApp)
    main_engine.add_app(AlgoTradingApp)
    ...
    main_engine.add_app(PortfolioStrategyApp)
    main_engine.add_app(ScriptTraderApp)
    main_engine.add_app(ChartWizardApp)
    main_engine.add_app(DataManagerApp)
    main_engine.add_app(DataRecorderApp)
    main_engine.add_app(RiskManagerApp)
    main_engine.add_app(PortfolioManagerApp)

    main_window = MainWindow(main_engine, event_engine)
    main_window.showMaximized()

    qapp.exec()


if __name__ == "__main__":
    main()
```

如果能够正确运行,则可以看到如图 1-24 所示的结果。到此,vn.py 已经手动安装完成。

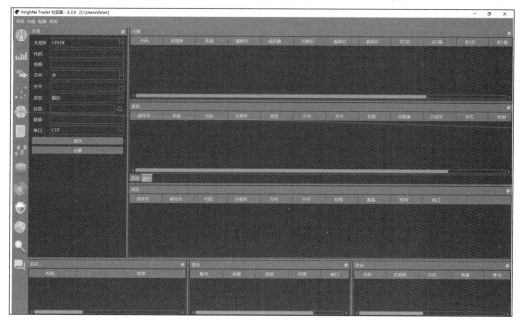

图 1-24　成功运行 vn.py

在图 1-24 中，整体的主界面由 vn.py 主框架提供，左侧的小图标表示 vn.py 不同组件提供的功能，顶部导航栏提供行情、交易接口等功能，供配置数据库连接或发送邮件相关字段使用，读者在打开如图 1-24 所示的界面后，可以先自行尝试使用。

1.6 小结

本章简要讲解了国内外量化交易的概念及其发展历程，其中着重介绍了随着时代周期量化交易的发展与应用。接着本章介绍了 Python 中常用的量化交易工具，其中主要可分为基于 Web 端的量化交易工具和本地离线使用的量化交易工具，接着对比了 vn.py 与其他量化交易工具库的优势。最后一节带领读者逐步配置 vn.py 框架所需的环境，其中分为直接使用 VeighNa Studio 安装包进行安装，其优点是简便，缺点则是只能在 Windows 环境下使用，而手动安装则从安装 Python 环境开始，逐步解决 vn.py 所需的环境依赖，最终通过脚本的方式运行 vn.py，其优点是可定制化较强，适用于不同的操作系统，缺点则是过程较为复杂。

通过本章的学习，相信读者已经基本理解量化交易的概念并且能顺利完整搭建 vn.py 的运行环境，可以进入下一章，继续学习 Python 中常用的量化交易工具。

第 2 章 常用的 Python 数据包

本章介绍一些 Python 中优秀的、常用的数据处理工具，它们在后面的 vn.py 交易策略编码中起到了关键的辅助性作用。

2.1 NumPy 的使用

NumPy 是一款在 Python 中被广泛使用的科学计算库，它的最大特点就是支持高维大型数组的运算，其图标如图 2-1 所示。在量化交易中使用 NumPy 库进行运算，尤其是在回测时计算日均盈亏、收益率、夏普比率等使用 NumPy 的运算符进行计算十分方便。除此之外，在与图像相关的应用中也可以使用 NumPy，输入的图像实际上是一个形状为(H, W, C)的高维数组，其中 H、W、C 分别为图像的高度、宽度与通道数。

图 2-1　NumPy 的图标

2.1.1　NumPy 中的数据类型

NumPy 中的数据类型众多，与 C 语言的数据类型较为相近。例如，其中的整型数就分为 int8、int16、int32、int64 及它们对应的无符号形式，而 Python 中的整型则只用 int 进行表示。同样，对于 float 类型与此类似。数据类型之间的转换使用 np.[类型](待转换数组)或.as_type([类型])。如希望将 int64 类型的数组 a 转换为 float32，则可以使用 np.float32(a)或 a.as_type(np.float32)完成。

2.1.2　NumPy 中数组的使用

1. 创建数组

在 NumPy 中多维数组被称作 ndarray，使用 NumPy 创建多维数组十分方便，可以通过转换 Python 中的 list 或 tuple 得到，也能直接通过 NumPy 中的函数创建。NumPy 中对数组进行操作的函数所返回的数据都是 ndarray。例如要创建一个形状为(2,3,4)一共 24 个 1 的 ndarray，可以通过以下的两种方式进行创建，代码如下：

```
//ch2/test_numpy.py
import numpy as np

#方法1：通过list创建array
a_list = [
    [[1, 1, 1, 1], [1, 1, 1, 1], [1, 1, 1, 1]],
    [[1, 1, 1, 1], [1, 1, 1, 1], [1, 1, 1, 1]]
]

a_np1 = np.array(a_list)
print(a_np1)
#<class 'numpy.ndarray'>
print(type(a_np1))
#<class 'numpy.int32'>
print(type(a_np1[0][0][0]))

#方法2：通过NumPy函数创建array
a_np2 = np.ones(shape=[2, 3, 4])
print(a_np2)
#<class 'numpy.ndarray'>
print(type(a_np2))
#<class 'numpy.float64'>
print(type(a_np2[0][0][0]))
```

使用 python test_numpy.py 运行程序后，发现通过这两种方式创建的数组都可以得到形状为(2, 3, 4)的数组，并且它们的类型都是<class 'numpy.ndarray'>。不同的是，a_np1 与 a_np2 中的元素数据类型分别为<class 'numpy.int32'>与<class 'numpy.float64'>，这是因为 a_list 中的元素原本是 Python 中的 int 型，所以在转换为 ndarray 时其也是 numpy.int32 型。如果将 a_list 中的元素改为 1.或 1.0，此时 a_np1 与 a_np2 中的元素类型则都是<class 'numpy.float64'>。那么，有没有办法将方法 2 创建的 ndarray 中的元素转换成<class 'numpy.int32'>呢，答案是肯定的，此时使用 ndarray 的 astype 方法进行类型转换即可，代码如下：

```
a_np2_int = a_np2.astype(np.int32)
#<class 'numpy.int32'>
print(type(a_np2_int[0][0][0]))
```

NumPy 除了提供了创建所有元素为 1 的数组的方法 np.ones，相似地，也可以使用 np.zeros 创建所有元素为 0 的数组，代码如下：

```
b_np = np.zeros([2, 3, 4])
print(b_np)
```

除了可以用 np.ones 和 np.zeros 创建指定形状的数组，也可以使用 np.ones_like 与 np.zeros_like 创建和已知数组形状相同的全 1 或全 0 数组，其过程相当于先获得目标数组的形状，再使用 np.ones 或 np.zeros 进行创建，代码如下：

```
#创建和b_np数组形状相同的，其中值全为1的数组
one_like_b_np = np.ones_like(b_np)
print(one_like_b_np)
#(2, 3, 4)
print(one_like_b_np.shape)
```

2. 创建占位符

当不知道数组中的每个元素的具体值时，还可以使用 np.empty 来创建一个"空"数组作为占位符，这个"空"只是语义上而言的，其实数组中存在随机的数值。NumPy 对使用 empty 方法创建的数组元素随机进行初始化，而需要做的是后期为数组中的元素进行赋值，代码如下：

```
#empty1和empty2中的值都是随机初始化的，empty方法实际上是创建了占位符，运行效率高
empty1 = np.empty([2, 3])
print(empty1)
empty2 = np.empty([2, 3, 4])
print(empty2)
```

3. 数组的属性

所有的 ndarray 都有 ndim、shape、size、dtype 等属性，其中 ndim 用来查看数组的维度个数，如 a_np1 的形状为(2,3,4)，那么它就是一个三维的数组，ndim 值为 3，而 shape 是用来查看数组的形状的，即 a_np1.shape 是(2, 3, 4)；size 的意义则是说明数组中总的元素个数，即 a_np1.size=2×3×4=24，代码如下：

```
#3
print(a_np1.ndim)
#(2, 3, 4)
print(a_np1.shape)
#24
print(a_np1.size)
```

4. 数组的转置

NumPy 可以对高维数组进行转置（transpose），转置是指改变数组中元素的排列关系而不改变元素的数量。转置时需要指定 axes 参数，它指输出的数组的轴顺序与输入数组的轴顺序之间的对应关系。如新建一个形状为(2, 3, 4)的数组 a，其在 0、1、2 轴上的长度分别为 2、3、4，使用 np.transpose(a, axes=[0, 2, 1])表示对 a 数组的 2 轴和 1 轴进行交换，而原数组的 0 轴保持不变，得到的新数组的形状则为(2,4,3)。可以这样理解：原数组 a 是由 2（0 轴长度）个 3×4（1 轴和 2 轴）的矩阵组成的，0 轴保持不变而只有 1 轴与 2 轴进行转置，即两个 3×4 的矩阵分别进行矩阵转置即为最后的结果，故最终的形状为(2,4,3)，具体实现转置的代码如下：

```
//ch2/test_numpy.py
b_list = [
    [[1, 2, 3, 4], [5, 6, 7, 8], [9, 10, 11, 12]],
    [[13, 14, 15, 16], [17, 18, 19, 20], [21, 22, 23, 24]]
]

b_np = np.array(b_list)
print(b_np)
#(2, 3, 4)
print(b_np.shape)

b_np_t1 = np.transpose(b_np, axes=[0, 2, 1])
print(b_np_t1)
#(2, 4, 3)
print(b_np_t1.shape)

b_np_t2 = np.transpose(b_np, axes=[1, 0, 2])
print(b_np_t2)
#(3, 2, 4)
print(b_np_t2.shape)

b_np_t3 = np.transpose(b_np, axes=[1, 2, 0])
print(b_np_t3)
#(3, 4, 2)
print(b_np_t3.shape)

b_np_t4 = np.transpose(b_np, axes=[2, 0, 1])
print(b_np_t4)
#(4, 2, 3)
print(b_np_t4.shape)

b_np_t5 = np.transpose(b_np, axes=[2, 1, 0])
print(b_np_t5)
#(4, 3, 2)
print(b_np_t5.shape)
```

5. 数组的变形

NumPy 支持对数组进行变形（reshape），变形和 2.1.2 节第 4 部分的转置一样，即都能改变数组的形状，但是转置是改变数组元素的排列，而变形是改变数组元素的分组。换言之，转置前后数组元素的顺序会发生改变而变形操作不会改变元素之间的顺序关系。比较转置操作和变形操作的异同的代码如下：

```
//ch2/test_numpy.py
```

```
b_np_transpose = np.transpose(b_np, axes=[0, 2, 1])
print(b_np_transpose)
#(2, 4, 3)
print(b_np_transpose.shape)

b_np_reshape = np.reshape(b_np, newshape=[2, 4, 3])
print(b_np_reshape)
#(2, 4, 3)
print(b_np_reshape.shape)
```

从结果可以看出，b_np_transpose 和 b_np_reshape 的形状都是(2, 4, 3)，而数组内部元素的排列不同，b_np_transpose 与原数组 b_np 中元素的排列顺序不同，而 b_np_reshape 的元素排列与原数组相同。在实际操作中，常常需要将数组变形为只有一行或者一列的形状，此时将 newshape 指定为[1,-1]或[-1,1]即可，-1 表示让程序自动求解该维度的长度。np.squeeze 也是一个常用的函数，它可以对数组中长度为 1 的维度进行压缩，其本质也是 reshape，所以在此不再赘述。

6. 数组的切分与合并

NumPy 可以将大数组拆分为若干个小数组，同时也能将若干个小数组合并为一个大数组，切分通常使用 split 方法，而根据不同的需求，通常会使用 stack 或者 concatenate 方法进行数组的合并，下面分别介绍这几种方法的应用。

当使用 split 将大数组切分为小数组时，需要指定切分点的下标或切分的数量（indices_or_sections）及在哪个维度上切分（axis）。当指定切分下标时，需要为 indices_or_sections 参数传入一个切分下标的列表（list），而当指定切分数量时，需要为 indices_or_sections 参数传入一个整数k，表示需要将待切分数组沿指定轴平均切分为k部分，若指定的k无法完成均分，此时 split 方法会抛出 ValueError，分割的结果为含有若干个分割结果 ndarray 的列表。如果需要非均等切分，读者则可以参考 array_split 方法，该方法在此不进行介绍。split 方法的不同使用场景与方法的代码如下：

```
//ch2/test_numpy.py
to_split_arr = np.arange(12).reshape(3, 4)

'''
[[ 0  1  2  3]
 [ 4  5  6  7]
 [ 8  9 10 11]]
'''
print(to_split_arr)
#形状为(3, 4)
print(to_split_arr.shape)

#[array([[0, 1, 2, 3]]), array([[4, 5, 6, 7]]), array([[ 8,  9, 10, 11]])]
```

```python
axis_0_split_3_equal_parts = np.split(to_split_arr, 3)
print(axis_0_split_3_equal_parts)

'''
[array([[0, 1],
       [4, 5],
       [8, 9]]),
 array([[2, 3],
       [6, 7],
       [10, 11]])]
'''
axis_1_split_2_equal_parts = np.split(to_split_arr, 2, axis=1)
print(axis_1_split_2_equal_parts)

#ValueError，因为轴0长度为3，所以无法被均分为2份
axis_0_split_2_equal_parts = np.split(to_split_arr, 2)

'''
[array([[0, 1, 2, 3],
       [4, 5, 6, 7]]),
 array([[8, 9, 10, 11]])]
'''
axis_0_split_indices = np.split(to_split_arr, [2, ])
print(axis_0_split_indices)

'''
[array([[ 0,  1,  2],
       [ 4,  5,  6],
       [ 8,  9, 10]]),
 array([[ 3],
       [ 7],
       [11]])]
'''
axis_1_split_indices = np.split(to_split_arr, [3, ], axis=1)
print(axis_1_split_indices)
```

运行以上程序，从控制台打印的结果可以看出 axis_0_split_3_equal_parts 与 axis_1_split_2_equal_parts 分别将原数组在轴0（长度为3）和轴1（长度为4）平均切分为3份和2份，此时为spilit的indices_or_sections传入的值分别为3和2，代表需要切分的数量，而当尝试在0轴上切分为两部分时，程序会报错，因为轴0无法均分为2份。当为split的indices_or_sections 传入的值为[2,]和[3,]时，会分别得到 axis_0_split_indices 和 axis_1_split_indices，前者表示将原数组在0轴上分为两部分，第一部分是0轴下标小于2

的部分,第二部分是下标大于或等于 2 的部分,即分为 to_split_arr[: 2, :]和 to_split_arr[2:, :];类似地,axis_1_split_indices 表示将原数组在 1 轴上分为两部分,分别为 to_split_arr[:, :3]和 to_split_arr[:, 3:]。

前面讲过,在 NumPy 中合并数组通常有两种方式:stack 和 concatenate,两者有很多相似之处,但是也有明显的区别。首先,这两个函数都需要传入待合并的数组列表及指定在哪个轴上进行合并;区别是 stack 会为合并的数组新建一个轴,而 concatenate 直接在原始数组的轴上进行合并。假设现在需要对两个形状都为(3,4)的数组进行合并,当使用 stack 函数在 2 轴进行合并时,由于原始数组只有 0 轴和 1 轴,并没有 2 轴,因此 stack 函数会为新数组新建一个 2 轴,得到的数组形状为(3,4,2),而当使用 concatenate 在 1 轴上合并时,得到的新数组形状为(3,4+4),即(3,8)。这两个函数在合并数组时的代码如下:

```
//ch2/test_numpy.py
#新建两个形状为(3, 4)的待合并数组
merge_arr1 = np.arange(12).reshape(3, 4)
merge_arr2 = np.arange(12, 24).reshape(3, 4)

print(merge_arr1)
print(merge_arr2)

#stack 为新数组新建一个轴 2
stack_arr1 = np.stack([merge_arr1, merge_arr2], axis=2)
print(stack_arr1)
#(3, 4, 2)
print(stack_arr1.shape)

#stack 为新数组新建一个轴 1,原始的轴 1 变为轴 2
stack_arr2 = np.stack([merge_arr1, merge_arr2], axis=1)
print(stack_arr2)
#(3, 2, 4)
print(stack_arr2.shape)

#新数组在原始轴 1 上进行连接
concat_arr1 = np.concatenate([merge_arr1, merge_arr2], axis=1)
print(concat_arr1)
#(3, 8)
print(concat_arr1.shape)

#新数组在原始轴 0 上进行连接
concat_arr2 = np.concatenate([merge_arr1, merge_arr2], axis=0)
print(concat_arr2)
#(6, 4)
print(concat_arr2.shape)
```

运行以上程序可以得知，stack 会在 axis 参数指定的轴上新建一个轴，改变合并后数组的维度，而 concatenate 函数仅会在原始数组的某一 axis 上进行合并，不会产生新的轴。

在此，笔者仅对 NumPy 最基本的用法进行了介绍，有兴趣了解其更多强大功能与用法的读者可以到 NumPy 的官方网站（https://numpy.org）进行进一步学习。

2.2　Matplotlib 的使用

Matplotlib 是一个强大的 Python 图形库，其图标如图 2-2 所示。可以使用它轻松画各种图形或者对数据进行可视化，如函数图、直方图、饼图等。Matplotlib 常常和 NumPy 一起配合使用，NumPy 提供绘图中的数据，而 Matplotlib 对数据进行可视化。

图 2-2　Matplotlib 的图标

2.2.1　Matplotlib 中的相关概念

在 Matplotlib 中，绘图主要通过两种方式，一种是通过 pyplot 直接绘图，其使用较为简便，但是功能比较受限；另一种方式则是通过 pyplot.subplot 返回的 fig 和 axes 对象进行绘图，这种方式的灵活性较强，本节主要对后者进行讲解。

首先需要了解 Matplotlib 中的一些概念，如图 2-3 所示。首先整个承载图像的画布称作 Figure，Figure 上可以有若干个 Axes，每个 Axes（可以将 Axes 认为是子图）有自己独立的属性，如 Title（标题）、Legend（图例）、图形（各种 Plot）等。

在实际使用时，首先使用 plt.subplot 方法创建若干个 Axes，再依次对每个 Axes 绘图并设置它的 Title 与 Legend 等属性，最后使用 plt.show 或 plt.savefig 方法对最终的图像进行显示或者保存。

2.2.2　使用 Matplotlib 绘图

1. 绘制函数图像

本节将展示如何使用 Matplotlib 绘制函数图像，以使用正弦函数为例。首先，定义数据产生接口 sin 函数并得到画图数据，接着创建 figure 与 axes 对象并使用 axes.plot 进行图像的绘制，代码如下：

```
//ch2/test_matplotlib.py
import matplotlib.pyplot as plt
import numpy as np
```

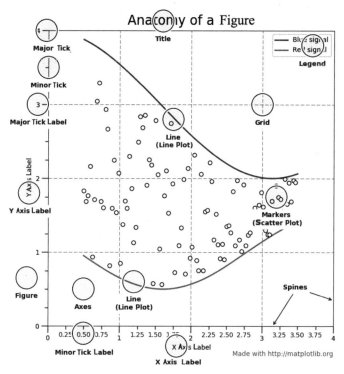

图 2-3　Matplotlib 中的各种概念

```
#定义数据产生函数
def sin(start, end):
#使用np.linspace产生1000个等间隔的数据
    x = np.linspace(start, end, num=1000)
    return x, np.sin(x)


start = -10
end = 10

data_x, data_y = sin(start, end)

#得到figure与axes对象，使用subplots默认只生成一个axes
figure, axes = plt.subplots()
axes.plot(data_x, data_y, label='sin(x)')
#显示plot中定义的label
axes.legend()
#在图中显示网格
axes.grid()
#设置图题
axes.set_title('Plot of sin(x)')
#显示图像
```

```
plt.show()
```

运行程序可以得到如图 2-4 所示的函数图像。

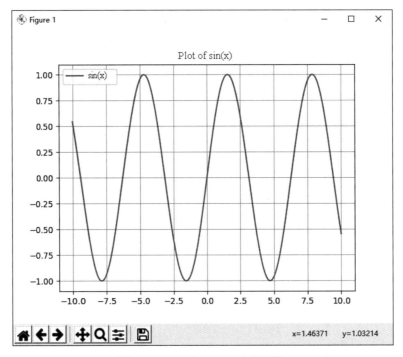

图 2-4 sin(x)在[−10,10]上的图像

如果要绘制多个子图呢？使用 plt.subplots 是再合适不过的了。给 plt.subplots 方法以行列的形式（如给函数传入(m,n)，则表示要画 m 行 n 列总共 m×n 张子图）传入需要绘制的子图的数量。绘制 2 行 3 列一共 6 张正弦函数的图像，代码如下：

```
//ch2/test_matplotlib.py
row = 2; col = 3
fig, axes = plt.subplots(row, col)
for i in range(row):
    for j in range(col):
        #以索引的形式取出每个 axes
        axes[i][j].plot(data_x, data_y, label='sin(x)')
        axes[i][j].set_title('Plot of sin(x) at [{}, {}]'.format(i, j))
        axes[i][j].legend()
#设置总图标题
plt.suptitle('All 2*3 plots')
plt.show()
```

运行以上程序可以得到如图 2-5 所示的图像。

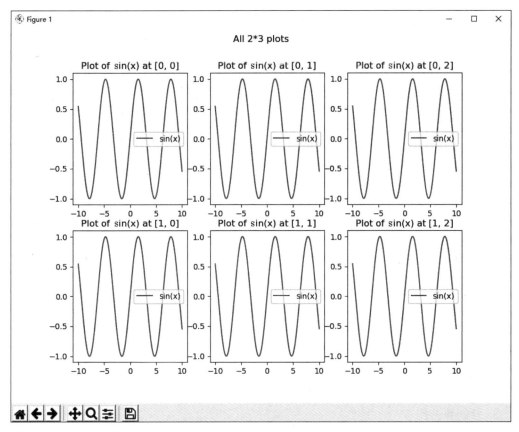

图 2-5　2×3 张 sin(x)在[−10,10]上的图像

2. 绘制散点图

当数据是杂乱无章的点时，常常需要绘制散点图以观察其在空间内的分布情况，此时可以使用 scatter 函数直接进行绘制，其用法与 2.2.2 节第 1 部分的 plot 函数基本类似。在正弦函数值上引入了随机噪声，并使用散点图呈现出来，代码如下：

```
//ch2/test_matplotlib.py
#从均值为 0、标准差为 1 的正态分布引入小的噪声
noise_y = np.random.randn(*data_y.shape) / 2
noise_data_y = data_y + noise_y

figure, axes = plt.subplots()
#使用散点图进行绘制
axes.scatter(data_x, noise_data_y, label='sin(x) with noise scatter')
axes.grid()
axes.legend()
plt.show()
```

运行程序可以得到如图 2-6 所示的结果,从图中能看出引入小噪声后图像整体仍然维持正弦函数的基本形态,以散点图的形式绘制的结果十分直观。

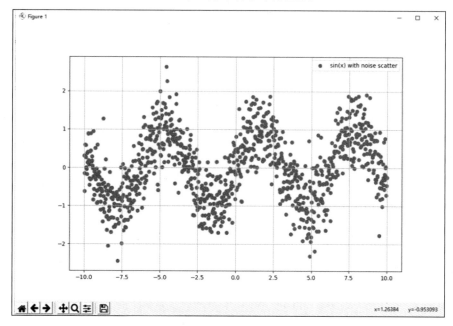

图 2-6 引入小噪声后的正弦函数散点图

3. 绘制直方图

当需要查看数据的整体分布情况时,可以绘制直方图,以便进行可视化,其用法与 2.2.2 节第 1 部分的 plot 函数基本类似,仅仅是可视化的图形表现上有所区别。绘制直方图的代码如下:

```
//ch2/test_matplotlib.py
#生成 10 000 个正态分布中的数组
norm_data = np.random.normal(size=[10000])
figure, axes = plt.subplots(1, 2)
#将数据分置于 10 个桶中
axes[0].hist(norm_data, bins=10, label='hist')
axes[0].set_title('Histogram with 10 bins')
axes[0].legend()
#将数据分置于 1000 个桶中
axes[1].hist(norm_data, bins=1000, label='hist')
axes[1].set_title('Histogram with 1000 bins')
axes[1].legend()
plt.show()
```

运行程序可以得到如图 2-7 所示的结果,能看出来桶的数量越多结果会越细腻,越接近正态分布的结果。

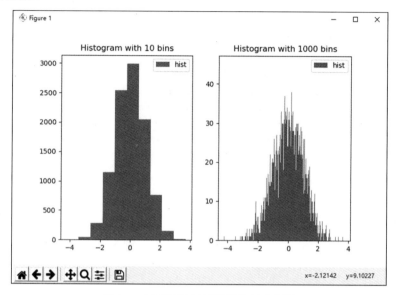

图 2-7 以不同的区间间隔绘制直方图

4. 绘制条形图

使用 Matplotlib 绘制条形图十分方便，条形图常常也被称为柱状图，它的图形表现与直方图十分类似，但是条形图常被用于分类数据的可视化，而直方图则主要用于数值型数据的可视化，这就意味着在横轴上条形图的分隔不需要连续并且区间大小可以不相等，而直方图，则需要区间连续并且间隔相等。使用 bar 进行绘图时，需要向方法传递对应的 x 与 y 值，使用条形图绘制正弦函数的图像的代码如下：

```
figure, axes = plt.subplots()
axes.bar(data_x, data_y, label='bar')
axes.legend()
axes.grid()
plt.show()
```

运行程序后可以得到如图 2-8 所示的结果，可以看出 Matplotlib 中的条形图可以绘制因变量为负值的图像，此时图像在 x 轴下方，使用 bar 绘制的条形图可以认为是散点图中所有的点向 x 轴作垂线形成的图形。

5. 在同一张图中绘制多个图像

2.2.2 节第 1 部分至第 4 部分都仅绘制了单个图像，本节就来讲解如何在同一张图中绘制多个图像。其实十分简单，Matplotlib 会维护一个当前处于活动状态的画布，此时直接在画布上使用绘图函数进行绘制即可，直到程序运行到 plt.show 显示图像时才会将整个画布清除，在一张图中同时绘制了正弦函数曲线图与散点图，代码如下：

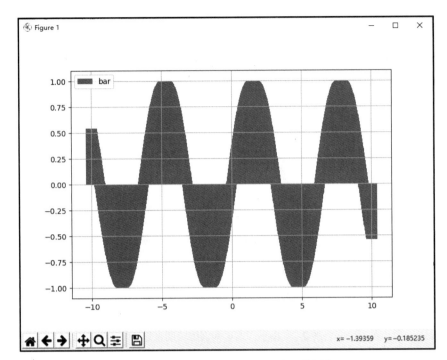

图 2-8 以条形图的形式绘制正弦函数图像

```
//ch2/test_matplotlib.py
figure, axes = plt.subplots()
#绘制曲线图
axes.plot(data_x, data_y, label='Sin(x)', linewidth=5)
#绘制散点图,此时axes对象仍处于活动状态,直接绘制即可
axes.scatter(data_x, noise_data_y, label='scatter noise data',
color='yellow')
axes.legend()
axes.grid()
plt.show()
```

程序的运行结果如图 2-9 所示,由于绘图函数默认使用蓝色,因此在绘制曲线图与散点图时,笔者额外使用 linewidth 与 color 参数指定线条和点的宽度与颜色,以便读者能看清图像。

6. 动态绘制图像

前 5 节中所绘制的图像都是静态图像,当数据随时间变化时,静态图像则不能表现出数据的变化规律,因此本节将说明如何使用 Matplotlib 绘制实时的动态图像。首先需要对用到的函数进行一些说明。

1) plt.ion()

这个函数用于开启 Matplotlib 中的交互模式(interactive),在开启交互模式后,只要程

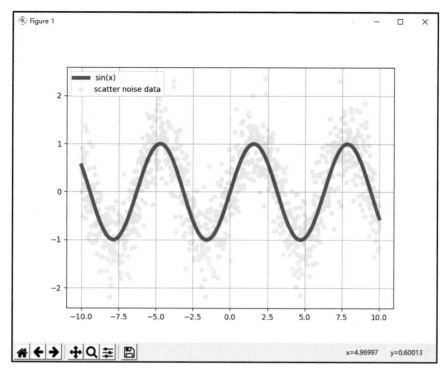

图 2-9 在同一张图中同时绘制曲线图与散点图

序遇到绘图指令，如 plot、scatter 等，就会直接显示绘图结果，而不需要再调用 plt.show 进行显示。

2）plt.cla()

这个函数表示清除当前活动的 axes 对象，清除后需要重新绘图以得到结果。相似的指令还有 plt.clf()，这个函数表示清除当前 figure 对象。

3）plt.pause(time)

这个函数是延迟函数，由于交互模式下显示的图像会立即关闭，无法看清，所以需要使用 plt.pause 函数使绘制的图像暂停，以便观察。传入的参数 time 是延迟时间，单位为秒。

4）plt.ioff()

这个函数表示退出交互模式。一般在绘图完成之后调用。

下面的代码定义了一个带系数的正弦函数，以传入不同的系数来模拟产生和时间相关的数据，并在交互模式下实时显示不同系数的正弦函数图像的变化情况，代码如下：

```
//ch2/test_matplotlib.py
figure, axes = plt.subplots()
#定义时间的长度
num = 100

#定义带系数的正弦函数，以模拟不同时刻的数据
```

```python
def sin_with_effi(start, end, effi):
    x = np.linspace(start, end, num=1000)
    return x, np.sin(effi * x)

#打开Matplotlib的交互绘图模式
plt.ion()

#对时间长度进行循环
for i in range(num):
    #清除上一次绘图结果
    plt.cla()
    #取出当前时刻的数据
    data_x, data_y = sin_with_effi(start, end, effi=i / 10)
    axes.plot(data_x, data_y)
    #暂停图像以显示最新结果
    plt.pause(0.001)

#关闭交互模式
plt.ioff()
#显示最终结果
plt.show()
```

运行以上程序可以得到如图 2-10 所示的结果,可以看到随着时间的变化,由于正弦函数的系数越来越大,函数图像越来越紧密,能以十分直观的形式观察函数图像的变化情况。

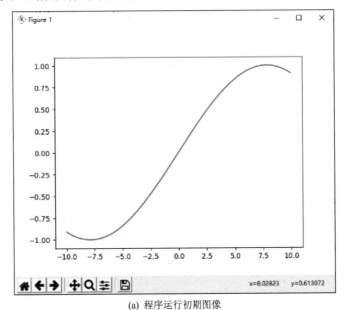

(a) 程序运行初期图像

图 2-10 在同一张图中同时绘制曲线图与散点图

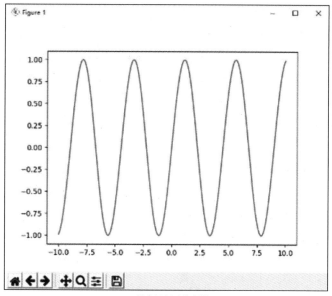

(b) 程序运行中期图像

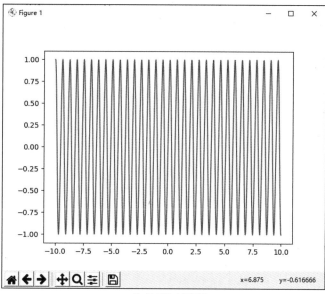

(c) 程序运行后期图像

图 2-10 （续）

7. 显示图像

Matplotlib 也可以用于显示图像，使用十分便捷，使用 Matplotlib 显示图像的代码如下：

```
img_path = 'matplotlib_logo.png'
#读取图像
img = plt.imread(img_path)
```

```
#显示图像
plt.imshow(img)
```

运行程序后,能看到如图 2-11 所示的结果(前提是当前文件夹下有 matplotlib_logo.png 这张图像)。如果需要显示非 png 格式的图像,则需要使用 pip install pillow 额外安装 pillow 库以获得对更多图像的支持。

图 2-11 使用 Matplotlib 显示图像

plt.imshow 也能以热力图的形式显示矩阵,随机初始化形状为(256, 256)矩阵并使用 Matplotlib 进行显示的代码如下:

```
//ch2/test_matplotlib.py
row = col = 256
#定义一个空的占位符
heatmap = np.empty(shape=[row, col])
#初始化占位符中的每个像素
for i in range(row):
    for j in range(col):
        heatmap[i][j] = np.random.rand() * i + j
#imshow 将输入的图像进行归一化并映射至 0~255,较小值使用深色表示,较大值使用浅色表示
plt.imshow(heatmap)
plt.show()
```

运行程序后,得到如图 2-12 所示的结果,能看出图像从左上角到右下角颜色逐渐变亮,说明其值从左上角到右下角逐渐增大,这符合代码中所写的矩阵初始化逻辑。

除了本节所展示的绘图方式与绘图类型,Matplotlib 还有许多更为广泛的应用。关于其更多用法可以查看 Matplotlib 官网(https://matplotlib.org)。

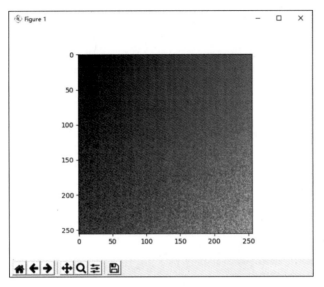

图 2-12 使用 Matplotlib 显示热力图

2.3 Pandas 的使用

Pandas 用于数据分析,其图标如图 2-13 所示。使用 Pandas 能高效地读取和处理类表格的数据,例如 CSV、Excel、SQL 数据等。

图 2-13 Pandas 的图标

2.3.1 Pandas 中的数据结构

在 Pandas 中,有两种核心的数据结构,其中 1d 的数据称为 Series,本书不对 Series 进行过多讲解,2d 的数据结构被称作 DataFrame,其结构如图 2-14 所示。从图中可以看出

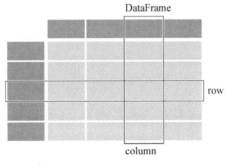

图 2-14 DataFrame 示意图

DataFrame 是一种类表格的数据结构，其包含 row 和 column，DataFrame 中的每个 row 或者 column 都是一个 Series。

2.3.2 使用 Pandas 读取数据

1. 读取 CSV 文件

CSV 是逗号分隔值文件，使用纯文本来存储表格数据，前面讲过 Pandas 适用于读取类表格格式的数据，因此本节将展示如何使用 Pandas 便捷地读取 CSV 文件。

首先，打开记事本，在其中输入如图 2-15 所示的数据，并将其保存为 num_csv.csv（实际上，不需要更改文件扩展名，只需文件内的数据使用逗号分隔）。

接着，使用 pandas.read_csv 方法进行读取即可，代码如下：

```
import pandas as pd

file_name = 'num_csv.csv'
csv_file = pd.read_csv(file_name)
print(csv_file)
```

读取后的结果如图 2-16 所示，可以看到结果中最左边一列的 0 和 1 代表行号，这说明函数认为 CSV 文件中只有两行数据，而第 1 行的 first~fifth 不算作数据，仅算作表头。

```
first, second, third, fourth, fifth
1,2,3,4,5
6,7,8,9,10
```

```
   first  second  third  fourth  fifth
0    1       2      3       4      5
1    6       7      8       9     10
```

图 2-15　用于测试的 CSV 数据　　　　图 2-16　读取 CSV 数据的结果

如果需要将第 1 行作为数据考虑，或者需要读取的 CSV 文件没有表头，则需要在 read_csv 方法中指定 header=None，即数据中不存在表头行，读取 CSV 结果如图 2-17 所示，代码如下：

```
csv_file_wo_header = pd.read_csv(file_name, header=None)
print(csv_file_wo_header)
```

从结果可以看出，指定 header=None 后，左侧行号从 0~2 一共 3 行，原本的表头被认为是第 1 行数据。除此之外程序自动给数据加上了表头，以数字进行标识。

```
       0       1       2       3       4
0   first  second  third  fourth  fifth
1     1       2      3       4      5
2     6       7      8       9     10
```

图 2-17　读取不带 header 的 CSV 数据

如果只想读取数据部分，而不需要表头与行号信息，则可以使用 DataFrame 的 values 属性进行获取，代码如下：

```
csv_file_values = pd.read_csv(file_name).values
print(csv_file_values)
```

运行结果的 csv_file_values 类型是 NumPy 的 ndarray，取出数据后可以进一步使用 NumPy 中的方法对其进行处理。

2. 读取 Excel 文件

Excel 是人们日常生活中最常用的软件之一，Pandas 对于 Excel 数据的读取也提供了十分方便的接口。和 CSV 不同，由于 Excel 中可以存在多张表（Sheet），因此在读取 Excel 时需要指定读取哪一张表，使用 Pandas 读取 Excel 数据的代码如下：

```
file_name = 'num_excel.xlsx'
#可以通过Sheet名或者Sheet的索引进行访问（'Sheet1' == 0, 'Sheet2' == 1）
excel_file = pd.read_excel(file_name, 0)
print(excel_file)
```

3. 读取 JSON 文件

Pandas 同样可以读取 JSON 数据，与 2.11 节中将要提到的 JSON 模块不同，Pandas 读入的 JSON 数据仍然是 DataFrame 的形式，所读取的 JSON 文件可以分为 4 种格式（orient），第 1 种是 split，其表示将 DataFrame 中的行号、列号及内容分开存储，具体来讲，JSON 中以 index 为 key 的内容即 DataFrame 中的最左一列的行号索引，JSON 以 columns 为 key 的内容即 DataFrame 中的表头名，JSON 中以 data 为 key 的内容即 DataFrame 中的内容；剩余 3 种分别是 index、records 及 table，这 3 种格式在此不进行讲解，详细内容可以参考 Pandas 官网（https://pandas.pydata.org/docs/reference/api/pandas.read_json.html）。

新建一个 num_json.json 文件，其内容如图 2-18 所示。

```
{
    "index": [1, 2],
    "columns": ["first", "second", "third", "fourth", "fifth", "sixth"],
    "data": [
        [1, 2, 3, 4, 5, 6],
        [7, 8, 9, 10, 11, 12]
    ]
}
```

图 2-18　新建 JSON 数据示例

读取 num_json.json 的代码如下：

```
file_name = 'num_json.json'
#index -> [index], columns -> [columns], data -> [values]
json_file = pd.read_json(file_name, orient='split')
print(json_file)
```

运行程序后，可以得到如图 2-19 所示的结果。

```
       first  second  third  fourth  fifth  sixth
1        1       2      3       4      5      6
2        7       8      9      10     11     12
```

图 2-19　读取 JSON 数据

2.3.3　使用 Pandas 处理数据

使用 Pandas 读取数据后，可以使用 NumPy 中的方法处理 DataFrame 中的 values，也可以直接使用 Pandas 对 DataFrame 进行处理，本节将介绍几种常见的数据处理方式。

1. 取行数据

本节将说明如何取出 DataFrame 中的一行。使用 DataFrame 的 loc 属性并传入行名称取出对应行，或者使用 DataFrame 的 iloc 属性，此时需要传入的是行索引以取出对应行。取出 csv_file 中的第 1 行（索引为 0）的代码如下：

```
print(csv_file.iloc[0])
```

运行以上程序后，可以得到如图 2-20 所示的结果。可以看出其确实取出了 DataFrame 中的第 1 行，并且其结果同时输出了列名、行名和数据类型等信息。

```
first     1
second    2
third     3
fourth    4
fifth     5
Name: 0, dtype: int64
```

图 2-20　取出 DataFrame 中的行数据

2. 取列数据

本节说明如何取出 DataFrame 中的一列，同样可以使用 loc 属性和 iloc 属性，此时 loc 的索引格式为 loc[:, <column_name>]，需要给 loc 传入两个索引值，前一个表示行索引，后一个则表示列索引。除此之外，还可以直接使用 DataFrame[<column_name>]的形式取出列数据，这两种方法的代码如下：

```
#方法 1
print(csv_file['first'])
#方法 2
print(csv_file.loc[:, 'first'])
```

运行程序后，可以得到如图 2-21 所示的结果。

```
0    1
1    6
Name: first, dtype: int64
```

图 2-21　取出 DataFrame 中的列数据

3. 求数据的统计信息

使用 Pandas 可以方便得到 DataFrame 的统计信息，如最大值、最小值、平均值等，下面的程序分别展示了如何取出 DataFrame 中行的最大值、DataFrame 中列的最小值及整个 DataFrame 中的平均值，代码如下：

```
#axis=1 表示对行进行操作
print(csv_file.max(axis=1))
#axis=0 表示对列进行操作，默认 axis 为 0
print(csv_file.min(axis=0))
#先取出列的平均值，接着求一次列均值的均值，即为整个 DataFrame 的均值
print(csv_file.mean().mean())
```

运行程序后可以得到如图 2-22 所示的结果，能看到第 0 行和第 1 行的最大值分别为 5 和 10，first 到 fifth 这 5 列的最小值分别为 1、2、3、4、5，而整个 DataFrame 的均值为 5.5。

```
0     5
1    10
dtype: int64
first     1
second    2
third     3
fourth    4
fifth     5
dtype: int64
5.5
```

图 2-22 DataFrame 中的统计信息

4. 处理缺失值

在数据集中，常常存在缺失数据，对于缺失数据的处理通常有两种方法，一是直接将含有缺失数据的记录删除；二是将特征值填入缺失位置，常见的方法会在该位置填入该列的平均值或 0，或者直接填入字段以示此处空缺/无效。找到 DataFrame 中的缺失数据并进一步进行处理的代码如下：

```
//ch2/test_pandas.py
#插入一条所有数据为 NaN 的记录
csv_file_with_na = csv_file.reindex([0, 1, 2])
print(csv_file_with_na)
#查看 NaN 在 DataFrame 中的位置
print(csv_file_with_na.isna())
#使用每列的平均值填入该列所有 NaN 的位置
print(csv_file_with_na.fillna(csv_file_with_na.mean(axis=0)))
#在所有 NaN 的位置填入 0
print(csv_file_with_na.fillna(0))
#在所有 NaN 的位置填入"Missing"字段
print(csv_file_with_na.fillna('Missing'))
```

```python
#丢弃 DataFrame 中含有 NaN 的行
print(csv_file_with_na.dropna(axis=0))
#丢弃 DataFrame 中含有 NaN 的列
print(csv_file_with_na.dropna(axis=1))
```

运行程序后，可以得到如图 2-23 所示的结果。从结果可以看出，使用 reindex 方法后，由于原 DataFrame 中没有索引为 2 的行，因此 Pandas 自动新建了一条所有字段都为 NaN 的记录，使用了 isna 方法查看 DataFrame 中所有 NaN 的位置，其返回一个 bool 类型的 DataFrame，可以看到除了索引为 2 的行都为 True 外，其他记录都为 False，说明只有刚才插入的记录是 NaN。接下来代码分别使用了 fillna 方法对各列均值、0 或 Missing 字段对缺失值进行了填充，从图 2-23 中可以看出不同填充方案得到的结果。最后代码还展示了如何直接舍弃含有 NaN 的数据，一共有两种舍弃方式，即舍弃行或者舍弃列。从舍弃行的结果可以看出，索引为 2 的记录被直接删除，而舍弃列的结果返回了一个空的 DataFrame，因为每列都含有 NaN，因此所有的数据都被舍弃。

```
   first  second  third  fourth  fifth
0    1.0     2.0    3.0     4.0    5.0
1    6.0     7.0    8.0     9.0   10.0
2    NaN     NaN    NaN     NaN    NaN
   first  second  third  fourth  fifth
0  False   False  False   False  False
1  False   False  False   False  False
2   True    True   True    True   True
   first  second  third  fourth  fifth
0    1.0     2.0    3.0     4.0    5.0
1    6.0     7.0    8.0     9.0   10.0
2    3.5     4.5    5.5     6.5    7.5
   first  second  third  fourth  fifth
0    1.0     2.0    3.0     4.0    5.0
1    6.0     7.0    8.0     9.0   10.0
2    0.0     0.0    0.0     0.0    0.0
     first   second    third   fourth    fifth
0        1        2        3        4        5
1        6        7        8        9       10
2  Missing  Missing  Missing  Missing  Missing
   first  second  third  fourth  fifth
0    1.0     2.0    3.0     4.0    5.0
1    6.0     7.0    8.0     9.0   10.0
Empty DataFrame
Columns: []
Index: [0, 1, 2]
```

图 2-23 处理 DataFrame 中的缺失值

本节讲解了 Pandas 的基本用法，从各种类型数据的读取到数据的处理，相比本书介绍的部分，Pandas 还有许多数据处理与分析方法，更多信息可以查看 Pandas 的官网（https://pandas.pydata.org）。

2.4 SciPy 的使用

SciPy 是一个开源的 Python 包,它致力于数学、科学及工程上的计算,其图标如图 2-24 所示。SciPy 的核心基于以下的 Python 包:NumPy、Matplotlib、IPython、SymPy、Pandas。IPython 是一个交互式的 Python 命令行,它具有变量自动补全、自动索引,并且支持 bash 命令,相较于默认的 Python 命令行,IPython 好用得多。SymPy 是一个 Python 的科学计算库,它有一套完整的符号计算体系,可以用来求极限、求解方程、求积分及级数展开等。

图 2-24 SciPy 的图标

基于以上包的 SciPy 自然对科学计算及数据的分析具有良好的支持,不过本节不涉及使用 SciPy 进行科学计算或数据分析,在此仅简要介绍使用 SciPy 读取与保存 MATLAB 中的 mat 文件。

2.4.1 使用 SciPy 写入 mat 文件

mat 文件是 MATLAB 数据存储文件,有些数据集以 mat 文件格式进行存储。本节将说明如何使用 Python 操作 mat 文件,考虑到目前读者手头可能没有现成的 mat 文件,因此笔者先说明如何使用 Python 将数据写入 mat 文件中,将在 2.4.2 节说明如何读取 mat 文件。

mat 文件中保存了各种变量,其中每个变量都保存了其变量名与变量值,这样的数据结构其实与 Python 中的字典(键-值对)十分相似,因此使用 SciPy 将数据保存至 mat 文件时,需要先将数据整理为字典的形式再保存,将 Python 数据保存至 mat 文件的代码如下:

```
//ch2/test_scipy.py
import numpy as np
import scipy.io as io

#初始化 3 个数据
#模拟一张 16×16 的三通道图像
ones_matrix = np.ones([16, 16, 3])
#模拟一张 32×32 的单通道图像
zeros_matrix = np.zeros([32, 32])
#模拟一张 256×256 的单通道图像
random_matrix = np.random.randn(256, 256)

#以字典的形式整理数据
data = {
    'ones_matrix': ones_matrix,
    'zeros_matrix': zeros_matrix,
    'random_matrix': random_matrix
```

```
}
mat_filename = 'data.mat'

#将数据存入data.mat
io.savemat(mat_filename, data)
```

运行程序后,能发现代码目录下多了一个 data.mat 文件,这就是刚才使用程序保存的数据,在 2.4.2 节将读取该 mat 文件以验证是否成功写入数据。

2.4.2 使用 SciPy 读取 mat 文件

本节将说明如何使用 SciPy 读取 mat 文件,读取及验证 mat 文件的过程的代码如下:

```
//ch2/test_scipy.py
#载入mat文件
load_data = io.loadmat(mat_filename)
#查看mat文件中有哪些变量
print(load_data.keys())
#查看mat文件中字段的内容及其形状
print(load_data['ones_matrix'])
print(load_data['ones_matrix'].shape)
print(load_data['zeros_matrix'])
print(load_data['zeros_matrix'].shape)
print(load_data['random_matrix'].shape)
```

运行程序后能看到,data.mat 文件中确实存在名为 ones_matrix、zeros_matrix 和 random_matrix 的变量,并且它们的形状分别为(16, 16, 3)、(32, 32)和(256, 256),其中 ones_matrix 和 zeros_matrix 中的值为 1 和 0。

由于本书并不使用 SciPy 处理数据,因此对于 SciPy 仅做 mat 文件的读取与写入操作的讲解,SciPy 的更多用法读者可参考其官网 https://www.scipy.org。

2.5 scikit-learn 的使用

在开始说明具体任务之前,先向读者阐述 scikit-learn 中模型的建立与使用过程。在使用 scikit-learn 做机器学习的过程中,第 1 步是准备数据,此时准备好训练集数据与测试集数据;在此之后,就可以开始准备模型了:先实例化一个模型的对象(模型即后文中将要介绍的 SVM、随机森林等),此时需要根据具体任务选择适合的模型;在实例化模型完成之后,直接调用 fit 函数即可,此函数需要传入训练数据,函数内部自动拟合所传入的数据。在 fit 完成后,若需要测试,则可调用 predict 函数,接着可以使用 score 函数对预测值与真实值之间的差异进行评估,该函数会返回一个得分,以表示差异的大小。

从上述使用框架中可以看出，scikit-learn 是一个封装性很强的包，这对于新手而言十分友好，无须自己定义过多函数或写过多代码，直接调用其封装好的函数即可，但整个过程对用户形成了一个黑盒，使用户难以理解算法内部的具体实现，这也是封装过强的弊端。

下面笔者就以回归及分类任务为例具体讲解框架中每步的做法。

2.5.1 使用 scikit-learn 进行回归

本节笔者就以简单的回归问题说明 scikit-learn 的用法，以 2.5 节中所讲的 5 个步骤依次进行介绍。

1. 准备数据

本节选取了一张图像较为复杂的函数 $y=x\sin(x)+0.1\,x^2\cos(x)+x$，使用以下程序生成 y 在 $x\in[-10, 10]$ 上的数据，并且 x 以间隔为 0.01 取值。为了验证 scikit-learn 中模型的学习能力，直接使用训练数据进行测试，代码如下：

```python
//ch2/test_scikit_learn.py
from sklearn.svm import SVR, SVC
import numpy as np
import matplotlib.pyplot as plt

#生成回归任务的数据
def get_regression_data():
    start = -10
    end = 10
    space = 0.01

    #自变量从[start, end]中以space为等间距获取
    x = np.linspace(start, end, int((end - start) / space))
    #根据自变量计算因变量，并给其加上噪声干扰
    y = x * np.sin(x) + 0.1 * x ** 2 * np.cos(x) + x + 5 * np.random.randn(*x.shape)

    #返回训练数据
    return np.reshape(x, [-1, 1]), y

#得到回归数据
x, y = get_regression_data()
#打印数据形状以进行验证
print(x.shape, y.shape)
```

运行以上程序可以得到命令行的输出：(2000, 1) (2000,)，说明训练与测试数据已经正确获取，其中训练数据 x 的形状中 2000 表示有 2000 个训练样本，1 表示每个训练样本由一个数构成，而训练标签 y 的形状表明其是由 2000 个数组成的标签。

接下来对训练数据进行可视化，让读者对数据有一个直观上的认识，同时也测试生成的

数据是否符合要求。使用 Matplotlib 对数据进行可视化，以蓝色的点进行标识，可视化的代码如下：

```
//ch2/test_scikit_learn.py
#可视化数据
figure, axes = plt.subplots()

#以散点图绘制数据
axes.scatter(x, y, s=1, label='training data')
#以 LaTeX 风格设置标题
axes.set_title('$y=x sin(x) + 0.1x^2 cos(x) + x$')
axes.legend()
axes.grid()
plt.show()
```

运行以上程序可以得到如图 2-25 所示的函数图像，从图中能看出数据基本属于一条曲线，该曲线即上面设置的函数，说明训练与测试数据都被正确生成。

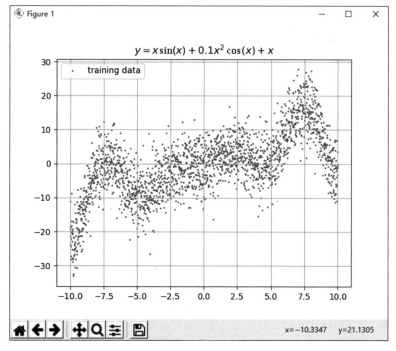

图 2-25　训练数据的图像

2. 实例化模型

在这一节笔者选用 SVR（Support Vctor Regression）模型，将 SVM 运用到回归问题上。本节对了原理不进行阐述，仅说明 scikit-learn 的用法。初始化 SVR 模型的代码如下：

```
#初始化分类模型
```

```
svr = SVR(Kernel='rbf', C=10)
```

上面的代码表示初始化了一个 SVR 模型,其 Kernel 参数表示模型选用的核函数,scikit-learn 对 SVR 的核函数有以下常见 3 种选择:rbf、linear 和 poly,在此选用 rbf 作为核函数,C 表示误差的惩罚系数,惩罚系数越大,则对训练数据拟合越好,但有可能造成过拟合,其默认值为 1,由于训练数据较难拟合,所以笔者将 C 值设置为 10,以加强模型的拟合能力,读者可以自行尝试其他值。

3. 使用模型进行拟合

定义好模型后,接下来就可使用模型拟合训练数据了,代码如下:

```
#用模型对数据进行拟合
svr_fit = svr.fit(x, y)
```

使用 fit 函数对训练数据进行拟合,需要传入数据及其对应的标签。

4. 使用模型进行测试

在模型拟合完数据后,为了测试模型的性能,可以使用 predict 函数查看其对不同的输入值的预测,测试的代码如下:

```
#使用模型进行测试
svr_predict = svr_fit.predict(x)
```

predict 函数中只用传入训练数据,函数会将预测值返回,此时使用训练数据进行预测,这样方便在之后的可视化过程中查看模型预测值与真实值之间的差异。绘制真实值与预测值的代码如下:

```
#可视化模型学到的曲线
fig, axes = plt.subplots()
axes.scatter(x, y, s=1, label='training data')
axes.plot(x, svr_predict, lw=2, label='rbf model', color='red')
axes.legend()
axes.grid()
plt.show()
```

可视化的结果如图 2-26 所示,其中曲线是模型预测结果,从图中可以看出,该曲线和原离散数据呈现的图形很相似,说明模型对数据的拟合较好。

5. 评估模型性能

除了可以使用可视化的方式查看模型的拟合情况,还可以使用 score 方法定量评估模型的好坏,score 函数定量地刻画了预测值与真实值之间的差异,其用法的代码如下:

```
#评估模型性能
score = svr_fit.score(x, y)
print(score)
```

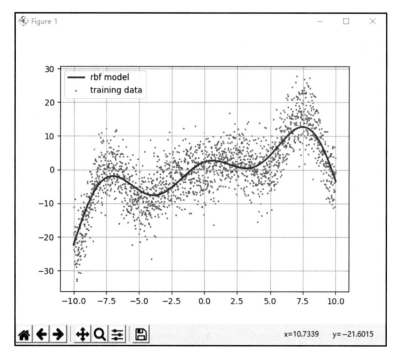

图 2-26　SVR 拟合结果

score 方法需要传入训练数据及其标签，最终在命令行输出的 score 为 0.6428078808326549（读者的 score 和笔者的可能不同，因为数据的初始化是随机的），说明模型对于 64.28%的数据预测正确。由于原数据在空间中较为离散，过高的 score 可能会带来过拟合问题，因此无论从可视化的结果还是 score 上来看，该模型的表现可以接受。

2.5.2　使用 scikit-learn 进行分类

本节同样以使用 scikit-learn 的 5 个步骤分别说明如何解决分类问题。

1. 准备数据

与回归的数据不同，分类需要给特定的数据指定类标签，为了简便起见，本节使用二维坐标作为分类特征，落在椭圆 $\frac{x^2}{1.5^2}+y^2=1$ 内的点为一类，类标签以 0 表示，而落在椭圆 $\frac{x^2}{1.5^2}+y^2=1$ 与圆 $x^2+y^2=4$ 之间的点为另一类，其类标签为 1。下面的程序用于生成分类的训练数据，代码如下：

```
//ch2/test_scikit_learn.py
#生成分类任务的数据
def get_classification_data():
    #数据量
    cnt_num = 1000
    #计数器
```

```python
    num = 0
    
    #初始化数据与标签的占位符,其中训练数据为平面上的坐标,标签为类别号
    x = np.empty(shape=[cnt_num, 2])
    y = np.empty(shape=[cnt_num])
    
    while num < cnt_num:
        #生成随机的坐标值
        rand_x = np.random.rand() * 4 - 2
        rand_y = np.random.rand() * 4 - 2
        
        #非法数据,超出了圆 x^2 + y^2 = 4 的范围,重新生成合法坐标
        while rand_x ** 2 + rand_y ** 2 > 4:
            rand_x = np.random.rand() * 4 - 2
            rand_y = np.random.rand() * 4 - 2
        
        #如果生成的坐标在椭圆 x^2 / 1.5^2 + y^2 = 1范围内,则类标号为0,否则为1
        if rand_x ** 2 / 1.5 ** 2 + rand_y ** 2 <= 1:
            label = 0
        else:
            label = 1
        
        #将坐标存入占位符
        x[num][0] = rand_x
        x[num][1] = rand_y
        
        #将标签存入占位符
        y[num] = label
        
        num += 1
    
    #给训练数据添加随机扰动以模拟真实数据
    x += 0.3 * np.random.randn(*x.shape)
    
    return x, y

#得到训练数据与标签
x, y = get_classification_data()
#查看数据和标签的形状
print(x.shape, y.shape)
```

运行上面的程序后,能看到命令行输出(1000, 2) (1000,),表示有1000个训练数据及其对应的标签,其中每个训练数据由两个数(坐标)构成,而标签由1个数字构成。

除此之外，使用 Matplotlib 以散点图的形式可视化训练数据，由于同时存在不同类别的数据，需要先将类标为 0 的数据和类标为 1 的点分开，并以不同的标识绘制，这样会增强图像的直观性，代码如下：

```python
//ch2/test_scikit_learn.py
#获取标签为 0 的数据下标
zero_cord = np.where(y == 0)
#获取标签为 1 的数据下标
one_cord = np.where(y == 1)

#以下标取出标签为 0 的训练数据
zero_class_cord = x[zero_cord]
#以下标取出标签为 1 的训练数据
one_class_cord = x[one_cord]

figure, axes = plt.subplots()
#以圆点画出标签为 0 的训练数据
axes.scatter(zero_class_cord[:, 0], zero_class_cord[:, 1], s=15, marker='o', label='class 0')
#以十字画出标签为 1 的训练数据
axes.scatter(one_class_cord[:, 0], one_class_cord[:, 1], s=15, marker='+', label='class 1')
axes.grid()
axes.legend()

#分别打印标签为 0 和 1 的训练数据的形状
print(zero_class_cord.shape, one_class_cord.shape)
plt.show()
```

运行以上程序，命令行会输出(388, 2) (612, 2)（读者输出的数据可能不同，因为数据的初始化是随机的），表示在 1000 个训练样本中，有 388 个属于类 0，有 612 个属于类 1，同时能看到类似图 2-27 的结果。

2. 实例化模型

本节使用 SVM 完成对训练数据的分类，对 SVM 的介绍可以参见 2.5.1 节的第 2 部分，代码如下：

```python
#创建 SVM 模型
clf = SVC(C=100)
```

3. 使用模型进行拟合

同样，类似 2.5.1 节中的第 3 部分，使用 fit 函数即能使模型拟合训练数据，代码如下：

```python
clf.fit(x, y)
```

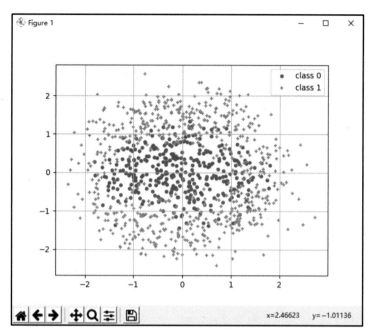

图 2-27　分类数据的散点图

4．使用模型进行测试

本节对分类器的分类边界进行可视化，变量（训练数据）可以充斥整个二维空间，因此从二维空间中取出足够多的点，以覆盖所关心的区域（由于需要将分类数据与分类边界相比较，可以将关心的区域设置为训练数据所覆盖的区域），使用得到的模型对关心的区域中的每个点进行分类，以得到其类别号，最终将不同预测的类别号以不同的颜色画出，即可得到模型的分类边界，代码如下：

```
//ch2/test_scikit_learn.py
def border_of_classifier(sklearn_cl, x):
    #求出所关心范围的边界值：最小的x、最小的y、最大的x、最大的y
    x_min, y_min = x.min(axis = 0) - 1
    x_max, y_max = x.max(axis = 0) + 1
    
    #将[x_min, x_max]和[y_min, y_max]这两个区间分成足够多的点（以0.01为间隔）
    x_values, y_values = np.meshgrid(np.arange(x_min, x_max, 0.01),
                                     np.arange(y_min, y_max, 0.01))
    
    #将上一步分隔的x与y值使用np.stack两两组成一个坐标点，覆盖整个关心的区域
    mesh_grid = np.stack((x_values.ravel(), y_values.ravel()), axis=-1)
    
    #使用训练好的模型对上一步得到的每个点进行分类，得到对应的分类结果
    mesh_output = sklearn_cl.predict(mesh_grid)
```

```
#改变分类输出的形状,使其与坐标点的形状相同(颜色与坐标一一对应)
mesh_output = mesh_output.reshape(x_values.shape)

fig, axes = plt.subplots()

#根据分类结果从 cmap 中选择颜色进行填充(为了使图像清晰,此处选用binary配色)
axes.pcolormesh(x_values, y_values, mesh_output, cmap='binary')

#将原始训练数据绘制出来
axes.scatter(zero_class_cord[:, 0],
             zero_class_cord[:, 1], s=15, marker='o', label='class 0')
axes.scatter(one_class_cord[:, 0],
             one_class_cord[:, 1], s=15, marker='+', label='class 1')
axes.legend()
axes.grid()

plt.show()

#绘制分类器的边界,传入已训练好的分类器,以及训练数据(为了得到关心的区域范围)
border_of_classifier(clf, x)
```

运行上面的程序可以得到类似图 2-28 所示的结果(由于训练数据的随机性,读者模型的分类边界与图 2-28 所示的分类边界可能会不完全一致)。

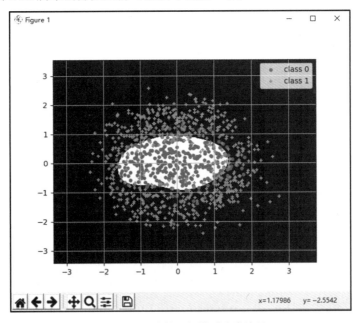

图 2-28　训练数据与模型分类边界

5. 评估模型性能

与 2.5.1 节第 5 部分类似，使用 score 函数评估模型即可，代码如下：

```
#评估模型性能
score = clf.score(x, y)
print(score)
```

运行以上代码，可以输出 0.859（读者的结果可能与此不同），说明分类器对于 85.9%的数据正确分类，而从可视化结果能看出来，剩余 14.1%未被正确分类的数据很有可能是噪声数据（存在于两类数据交叉部分的点），因此基于这个准确率，可以接受此分类器。

本节以简单的回归与分类问题作为实例，讲解了 scikit-learn 的基本用法，其还有许多别的模型和应用值得读者进一步探究，本书不涉及过多的机器学习知识，所以在此不进行讲解，更多信息可以参考 scikit-learn 官网。

2.6 Pillow 的使用

Pillow 的前身是 PIL（Python Imaging Library），作为 Python 平台图像处理库，PIL 仅支持到 Python 2.7，而 Pillow 则是由一群志愿者在 PIL 的基础上进行更新并维护的兼容库，支持 Python 3。前面讲过，Pillow 是一个图像处理的专用库，因此本节将主要说明如何使用 Pillow 对图像进行处理。

2.6.1 使用 Pillow 读取并显示图像

由于需要对图像进行处理，读取图像永远是第 1 步，本节就说明如何使用 Pillow 读取图像。Pillow 中的常见 Image 格式（也称为 mode）有以下几种：1、L、P、RGB、RGBA、CMYK、YCbCr、LAB、HSV、I 及 F，下面就几种使用较多的格式进行说明。1 代表图像为二值图像，0 值表示黑，255 表示白；而 L 表示灰度图，其每个像素值以 8 位进行表示；RGB 即三通道彩色图像，每个通道以 8 位表示；RGBA 除了彩色的三通道还有一个 8 位的 alpha 通道；I 代表整型的灰度图，与 L 不同的是，I 的像素值以 32 位表示；类似地，F 模式下的每个像素也以 32 位表示，而每个像素值是浮点类型。首先需要准备待读取的图像 pillow_logo.jpg（读者可以使用任意其他图像），使用 Pillow 中 Image 模块的 open 方法进行读取，将图像的格式转换成以上的常见格式的代码如下：

```
//ch2/test_pillow.py
from PIL import Image
import numpy as np

img_name = 'pillow_logo.jpg'
#使用 open 方法读取图像
rgb_im = Image.open(img_name)
```

```python
#显示图像
rgb_im.show()
#显示图像的格式及其大小(宽度,高度)
print(rgb_im.mode, rgb_im.size)

#图像格式转换函数
def convert(im, mode):
    #将图像转换为mode格式
    im = im.convert(mode)
    im.show()
    #取出图像中的一像素,以便查看其类型
    pixel = im.getpixel((0, 0))
    #查看特定mode下图像的相关信息
    print(im.mode, im.size, pixel, type(pixel))
    im.close()

#待查看的mode
modes = ['1', 'L', 'RGBA', 'I', 'F']

for m in modes:
    convert(rgb_im, m)
    input()
```

以上程序首先读取了 pillow_logo.jpg,此时图像读进来的是 RGB 格式。接着定义了一个 convert 函数,表示将 RGB 图像转换成目标格式,并在 convert 函数中打印转换后图像的相关信息。运行以上程序能在控制台得到如图 2-29 所示的输出。

```
RGB (1014, 918)
1 (1014, 918) 255 <class 'int'>
L (1014, 918) 255 <class 'int'>
RGBA (1014, 918) (255, 255, 255, 255) <class 'tuple'>
I (1014, 918) 255 <class 'int'>
F (1014, 918) 255.0 <class 'float'>
```

图 2-29 Pillow 中不同 mode 及其像素的数据类型

从结果可以看出,原读入的 jpg 格式为 RGB,转换为格式 1、L 及 I 后,像素值都是以 int 进行表示的,而转换成格式 F 后,像素值则以 float 进行表示;较为特殊的是,RGBA 格式的每个像素由 4 个通道组成,因此其类型为 tuple。同时,由于调用了 show 函数,运行完程序读者还可以得到如图 2-30 所示的图像显示结果。

2.6.2 使用 Pillow 处理图像

本节简要说明如何使用 Pillow 进行图像处理,其中涉及的模块主要有 ImageEnhance 及

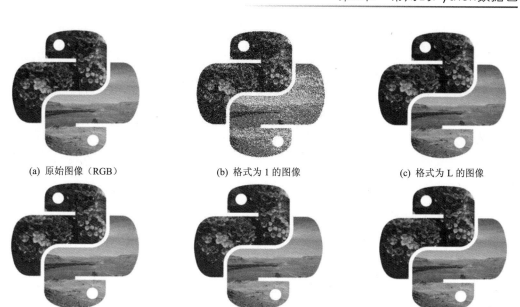

(a) 原始图像（RGB）　　(b) 格式为 1 的图像　　(c) 格式为 L 的图像

(d) 格式为 RGBA 的图像　(e) 格式为 I 的图像　　(f) 格式为 F 的图像

图 2-30　Pillow 中不同格式的图像

ImageOps，其中 ImageEnhance 模块提供了一系列图像增强类，使用这些类的统一接口 enhance 方法执行具体的增强，可以为 enhance 方法传入不同的调节因子以获得不同强度的处理效果。下面就以具体图像处理方法介绍这些模块的使用。

1. 调节图像的色彩饱和度

使用 ImageEnhance 中的 Color 类对图像的饱和度进行调节，首先为待调节图像创建 Color 对象，再给 enhance 方法传入调节因子。

当调节因子为 0.0 时，图像将被调节为灰度图像（饱和度为 0）；当调节因子为 1.0 时，图像则保持不变；传入的调节因子越大，则图像的色彩饱和度越高。不同调节因子对于图像色彩饱和度的影响的代码如下：

```python
//ch2/test_pillow.py
from PIL import ImageEnhance

#待测试的饱和度调节因子
color_factors = [0, 0.5, 1, 10]
#创建 Color 对象
color_im = ImageEnhance.Color(rgb_im)
for cf in color_factors:
    #显示增强后的图像
    color_im.enhance(cf).show()
    input()
```

运行以上程序，可以得到如图 2-31 所示的结果，能看出随着调节因子的增大，色彩饱和度也在进一步增加。

(a) 调节因子为 0　　　(b) 调节因子为 0.5　　　(c) 调节因子为 1　　　(d) 调节因子为 10

图 2-31　使用不同的调节因子改变图像色彩饱和度

2. 调节图像的对比度

和调节图像的色彩饱和度类似，本节调节图像对比度的方法也采用 ImageEnhance 中的 Contrast 类实现，流程依然是先创建对象，接着为 enhance 函数传入调节因子并进行调用。当调节因子为 0.0 时，图像变为纯灰色图像（对比度为 0）；当调节因子为 1.0 时，图像不发生改变。不同调节因子的影响的代码如下：

```python
//ch2/test_pillow.py
#待测试的对比度调节因子
contrast_factors = [0, 0.5, 1, 10]
#创建 Contrast 对象
contrast_im = ImageEnhance.Contrast(rgb_im)
for cf in contrast_factors:
    #显示增强后的图像
    contrast_im.enhance(cf).show()
    input()
```

运行以上程序后，可以得到如图 2-32 所示的输出图像，能看出随着调节因子的增大，图像对比度也在增强。

(a) 调节因子为 0　　　(b) 调节因子为 0.5　　　(c) 调节因子为 1　　　(d) 调节因子为 10

图 2-32　使用不同的调节因子改变图像的对比度

3. 调节图像的亮度

同样，使用 ImageEnhance 模块中的 Brightness 类完成对图像的亮度调节。当调节因子为 0.0 时，输出图像为全黑（亮度为 0）；调节因子越大，则输出的图像越亮，当调节因子为 1.0 时，输出原图，这一过程的代码如下：

```
//ch2/test_pillow.py
#待测试的亮度调节因子
brightness_factors = [0, 0.5, 1, 10]
#创建 Brightness 对象
brightness_im = ImageEnhance.Brightness(rgb_im)
for bf in brightness_factors:
    #显示增强后的图像
    brightness_im.enhance(bf).show()
    input()
```

运行以上程序,读者能看到如图 2-33 所示的输出图像。

(a) 调节因子为 0　　　　(b) 调节因子为 0.5　　　　(c) 调节因子为 1　　　　(d) 调节因子为 10

图 2-33　使用不同的调节因子改变图像的亮度

4. 调节图像的锐度

图像锐度不像颜色饱和度、亮度及对比度那样被人们经常使用,所以此处首先说明什么是图像锐度。锐度由不同颜色的区域之间的边界进行定义,当锐度调高时,图像不同区域边界的细节对比度也更高,看起来更清楚。

使用 ImageEnhance 模块中的 Sharpness 类很容易调节图像锐度。同样地,使用的调节因子越大,图像的锐度则越高,边缘看起来越清晰。当调节因子为 1.0 时,输出原图像,不同调节因子对图像锐度的影响的代码如下:

```
//ch2/test_pillow.py
#待测试的锐度调节因子
sharpness_factors =[0, 0.5, 1, 10]
#创建 Sharpness 对象
sharpness_im = ImageEnhance.Sharpness(rgb_im)
for sf in sharpness_factors:
    #显示增强后的图像
    sharpness_im.enhance(sf).show()
    input()
```

运行以上程序可以得到如图 2-34 所示的图像,可以看出随着调节因子的增大,图像的细节越清晰,边界的对比度越高。

(a) 调节因子为 0　　　　(b) 调节因子为 0.5　　　　(c) 调节因子为 1　　　　(d) 调节因子为 10

图 2-34　使用不同的调节因子改变图像的锐度

5. 裁剪图像

裁剪图像使用 Pillow 中的 ImageOps 模块中的 crop 方法，该函数需要传入待裁剪的图像及需要裁剪的宽度，裁剪的宽度为图像四周需要裁剪的宽度，裁剪方式如图 2-35 所示，可以看出 crop 方法只能完成四边等距的裁剪，无法完成任意大小的裁剪，更多的裁剪方式可以参考 2.7 节中的 OpenCV 操作。

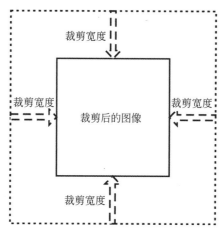

图 2-35　ImageOps 中 crop 方法对图像的裁剪方式

同样以 pillow_logo.jpg 图像（大小为 1014×918px）为例说明 crop 函数的使用方式，不同裁剪宽度的图像裁剪效果的代码如下：

```
//ch2/test_pillow.py
from PIL import ImageOps

#待测试的裁剪宽度
crop_borders = [0, 10, 20, 50]

for cb in crop_borders:
    #为 crop 函数传入待裁剪图像及裁剪宽度
    crop_im = ImageOps.crop(rgb_im, cb)
    #打印裁剪后图像的大小
    print(crop_im.size)
```

```
#显示裁剪后的图像
crop_im.show()
input()
```

运行以上程序,能看到如图 2-36 所示的结果(图 2-36 将 4 张图像缩放到了同一大小,以便直观比较),同时在控制台可以得到 4 个输出,分别表示裁剪后的图像大小:(1014, 918)、(994, 898)、(974, 878)及(914, 818)。

(a) 裁剪宽度为 0　　　(b) 裁剪宽度为 10　　　(c) 裁剪宽度为 20　　　(d) 裁剪宽度为 50

图 2-36　对同一图像进行不同尺度的裁剪

6. 缩放图像

使用 ImageOps 模块中的 scale 方法对图像进行缩放,其参数有 3 个,分别为待缩放的图像、缩放因子及采样方法,其默认方法为双三次插值。scale 函数的使用方法的代码如下:

```
//ch2/test_pillow.py
#待测试的缩放因子
scale_factors = [0.1, 0.3, 0.5, 0.7]

for sf in scale_factors:
    #为 scale 函数传入待缩放图像及缩放因子
    scale_im = ImageOps.scale(rgb_im, sf)
    #打印缩放后图像的大小
    print(scale_im.size)
    #显示缩放后的图像
    scale_im.show()
    input()
```

运行以上程序可以得到如图 2-37 所示的结果,并且控制台会打印如下缩放后图像的大小:(101, 92)、(304, 275)、(507, 459)和(710, 643),缩放因子分别为 0.1、0.3、0.5 和 0.7 的缩放图像大小。从结果可以看出,缩放后的图像边长为缩放因子乘原图像的边长。大小为 1014×918px 的原图,经过因子为 0.1 的缩放操作后,图像大小变为 101×92px。

7. 翻转图像

翻转图像包括水平翻转及竖直翻转,这两种操作在 ImageOps 中采用不同的函数进行实现,其分别为 mirror 和 flip。由于操作是固定的,这两个函数仅需传入待翻转的图像即可,这两个翻转函数的使用方法的代码如下:

(a) 缩放因子为 0.1　　(b) 缩放因子为 0.3　　(c) 缩放因子为 0.5　　(d) 缩放因子为 0.7

图 2-37　使用不同的调节因子对图像进行缩放

```
//ch2/test_pillow.py
#竖直翻转图像
flip_im = ImageOps.flip(rgb_im)
flip_im.show()

#水平翻转图像
mirror_im = ImageOps.mirror(rgb_im)
mirror_im.show()
```

运行以上代码可以得到如图 2-38 所示的图像翻转结果。

(a) 竖直翻转图像　　　　　　　　(b) 水平翻转图像

图 2-38　使用不同方式翻转图像

8. 旋转图像

图像的旋转并不用使用 ImageEnhance 或 ImageOps 中的方法，所有 Pillow 中的 Image 对象都可以直接使用 rotate 方法进行旋转。

使用 rotate 方法需要指定如下参数：旋转的角度（逆时针）、旋转中心（以坐标形式给出，默认为图像中心）、旋转后图像空缺的填充颜色（默认填充黑色）及是否扩展旋转后图像的边界以保留原始图像信息（默认为不进行扩展）。rotate 方法的代码如下：

```
//ch2/test_pillow.py
#旋转角度
rotate_angle = 45

#将图像逆时针旋转45°
rgb_im.rotate(rotate_angle).show()
```

```
#将图像旋转中心设置为左上角,并逆时针旋转45°
rgb_im.rotate(rotate_angle, center=(0, 0)).show()
#将图像逆时针旋转45°并以白色填充缺失部分
rgb_im.rotate(rotate_angle, fillcolor='white').show()
#扩展图像边界以容纳所有图像信息
rgb_im.rotate(rotate_angle, expand=1).show()
```

运行以上程序,可以得到如图 2-39 所示的结果,从结果可以看出,当将 center 设置为 (0, 0)时,整个图像以左上角为旋转中心进行旋转,如图 2-39(b)所示;当将 fillcolor 设置为 white 时,原本旋转填充背景的黑色变为了白色,如图 2-39(c)所示;当把 expand 设置为非 0 值时,旋转后的图像会保留原图所有的信息,而不会裁剪原图任何部分,如图 2-39(d)所示。

(a) 旋转角度为45°　　(b)设置旋转中心　　(c)设置填充为白色　　(d) 设置扩展

图 2-39　使用不同的参数对图像进行旋转

9. 使图像反色

图像反色也是一种常见的操作,反色表示将图像中所有的颜色替换为互补的颜色(使用白色减去其颜色值)。在 Pillow 中,使图像反色十分简便,只需调用 ImageOps 中的 invert 方法,由于反色操作是固定的,其函数只需传入待反色的图像,无需其他任何参数,invert 函数的代码如下:

```
#使图像反色
ImageOps.invert(rgb_im).show()
```

运行以上程序可以得到如图 2-40 所示的反色图像结果。

图 2-40　图像反色结果

10. Posterize

在 Pillow 中，可以使用 ImageOps 模块中的 posterize 方法调整图像。其在代码上的具体做法是对原图像每个通道的像素值进行截断，仅保留每个通道原像素值的前 k 位。由于像素值的范围是 0~255，即使用 8 位表示颜色，因此保留的位数 k 的范围只能是 1~8。这个操作比较烦琐，整个过程的代码如下：

```
//ch2/test_pillow.py
#图像像素保留位数
posterize_bits = [1, 2, 4, 8]

for pb in posterize_bits:
    posterized_im = ImageOps.posterize(rgb_im, bits=pb)
    #显示图像
    posterized_im.show()
    #查看图像左上角的像素
    pixel = posterized_im.getpixel((0, 0))
    #打印左上角像素及其对应的二进制值
    print(pixel, bin(pixel[0]))
```

运行以上程序，能看到如图 2-41 所示的结果。从图像结果可以看出，随着保留位数的增加，图像的亮度也随之增加，当保留位数为 8 时输出原图。当保留位数较少时，只有较亮的像素被保留（较暗的像素被截断），相应地，图像的细节损失较多，如图 2-41(a)与 2-41(b)所示；反之图像整体变化不大，细节也更多地被保留，如图 2-41(c)和 2-41(d)所示。

(a) 保留位数为 1　　(b)保留位数为 2　　(c)保留位数为 4　　(d) 保留位数为 8

图 2-41　图像曝光结果

除此之外，在控制台能看到如图 2-42 所示的打印信息。四行输出分别代表图像像素保留前 1、2、4、8 位（原图像）之后的像素结果。为了方便理解具体操作，程序还将像素值转换为二进制值进行输出。可以看到当将像素保留 8 位（原图像）时，像素值为 255，其二进制值为 1111 1111，而当保留 1 位时，仅在原图像素基础上保留了最高位的 1，二进制值为 1000 0000，像素值被截断为 128。同理，对于其他的保留位数与此类似。

```
(128, 128, 128) 0b10000000
(192, 192, 192) 0b11000000
(240, 240, 240) 0b11110000
(255, 255, 255) 0b11111111
```

图 2-42　图像 posterize 后的像素值

11. Solarize

在 Pillow 中，可以使用 ImageOps 中的 solarize 方法反转图像的颜色。与前面介绍过的 invert 不同，solarize 方法仅对高于阈值 threshold 的像素进行反转，不改变其余像素，而 invert 会反转图像中的所有像素，因此在调用 solarize 方法时，需要传入待处理的图像与阈值作为参数。

值得注意的是，solarize 单独考虑每个通道值，使用原三通道 RGB 图像的每个单独的通道与 threshold 进行对比，换言之，solarize 操作对于通道是独立的。下面的程序就以不同的阈值对比了 solarize 与 invert 方法，并查看了操作前后的像素值，代码如下：

```
//ch2/test_pillow.py
#图像solarize像素参数
solarize_thresh = [127, 255]

for st in solarize_thresh:
    #solarize方法
    solarized_im = ImageOps.solarize(rgb_im, threshold=st)
    solarized_im.show()

    #invert方法
    invert_im = ImageOps.invert(rgb_im)
    invert_im.show()
    input()
    #对比原图、solarize及invert图像中的像素
    print(rgb_im.getpixel((400, 400)), solarized_im.getpixel((400, 400)),
invert_im.getpixel((400, 400)))
```

运行以上程序可以得到如图 2-43 所示的结果，从图 2-43(a)与 2-43(b)对比可以看出，对于不同的阈值，solarize 操作会得到不同结果，阈值越大，被反转的像素越少；将图 2-43(a)与图 2-43(c)对比，不难发现当使用 invert 方法对图像的所有像素进行反转（图 2-43(c)）时，原为橙色的 Pillow 的标志被反转换为蓝色（互补色），而将阈值设置为 127 的图像 solarize 结果（图 2-43(a)）得到了绿色的标志，这说明 solarize 方法并没有将图像中的所有像素反转（否则图像的结果和 invert 得到的结果应一致），而是仅反转了高于阈值的部分，这一点从控制台输出的结果也能看出。

(a) solarize 方法（阈值为 127）　　(b) solarize 方法（阈值为 255）　　(c) invert 方法

图 2-43　solarize 后的图像结果

同时，程序打印了 Pillow 标志在 solarize 和 invert 前后的像素值（位于图像中央的像素）。从图 2-44 可以看出，原始图像中的 Pillow 标志的像素值为(190, 63, 144)（紫红色），当使用 invert 对图像进行反转后，得到的像素为(255-190, 255-63, 255-144)，即(65, 192, 111)(绿色)，当阈值设置为 127 时，由于只有 R 和 B 通道上的值（190、144）大于阈值，所以只有该通道的值被反转，因此阈值 127 时的 solarize 结果为(255-190, 63, 255-144)，即(65, 63, 111)（紫色）；同理，当阈值为 255 时，由于各个通道值都不高于阈值，所以此时颜色保持不变。

```
(190, 63, 144)  (65, 63, 111)   (65, 192, 111)
(190, 63, 144)  (190, 63, 144)  (65, 192, 111)
```

图 2-44 原图、solarize 与 invert 后的像素值

12. 将图像直方图均衡化

灰度图的每个像素使用 8 位进行表示，其值为 0~255，而直方图则统计了灰度图中每个像素值（或某个区间的像素值）在图像中出现的频数（频率）。图像的直方图很直观地反映了不同灰度（亮度）在图像中的分布情况，如果直方图中的灰度集中在某一区域，则说明图像中的灰度大多类似，此时图像不清晰，对比度不高，可以使用均衡化方法使图像对比度增强。图像的直方图均衡化指修改图像在整个灰度区间内的分布，使输出的图像直方图在区间内大致呈均匀分布（Uniform Distribution）。

读者可以使用 ImageOps 中的 equalize 方法对图像直方图进行均衡化，该函数需要的参数为待均衡化的图像及一个图像掩码（mask），使用掩码可以指定只对图像中的特定区域进行均衡化，默认为 None，即对整幅图像进行均衡化，下面的程序说明了 equalize 函数的使用方法，并使用 Matplotlib 中的条形图绘制出了其直方图分布情况（2.2.2 节中第 4 部分），代码如下：

```python
//ch2/test_pillow.py
#导入Matplotlib 以绘制直方图
import matplotlib.pyplot as plt

#直方图均衡化
equalized_im = ImageOps.equalize(rgb_im)

#将图像转换为灰度图并得到直方图数据（在此仅考虑灰度图直方图）
#原图像直方图
rgb_hist = rgb_im.convert('L').histogram()
#均衡化后图像直方图
equalized_hist = equalized_im.convert('L').histogram()

#绘制图像及其对应的直方图
figure, axes = plt.subplots(1, 4)

axes[0].imshow(rgb_im)
```

```
axes[0].set_title('Original image')
axes[1].bar(range(len(rgb_hist)), rgb_hist)
axes[1].set_title('Original histogram')
axes[2].imshow(equalized_im)
axes[2].set_title('Equalized image')
axes[3].bar(range(len(equalized_hist)), equalized_hist)
axes[3].set_title('Equalized histogram')

plt.show()
```

运行以上程序，可以得到如图 2-45 所示的结果，从结果可以看出原图整体亮度较高，其灰度分布集中于 200 左右，而在经过直方图均衡化后，其灰度分布整体更加均匀，此时图像的对比度也有所提高。

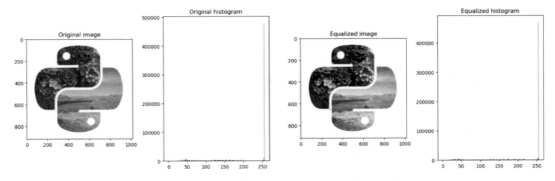

图 2-45　直方图均衡化前后的图像及其灰度分布情况

本节介绍了 Python 图像处理包 Pillow 的用法，其中着重介绍了几种图像处理方法，对图像像素进行了改变，从而生成新的图像。

2.7　OpenCV 的使用

OpenCV 是一个开源的跨平台计算机视觉库，其图标如图 2-46 所示。OpenCV 的代码由 C 与 C++编写，并提供 Python 接口，因此使用 OpenCV 处理图像能同时兼顾高效性和易用性。由于 OpenCV 年限较长，其默认读取图像的通道顺序为 BGR，而非现在常见的 RGB，这一点读者需要特别注意。不过好在 OpenCV 读入的图像格式为 NumPy 数组（ndarray），能够使用 NumPy 一切对数组的操作方法处理图像。

本节就几种简单的图像处理对 OpenCV 进行介绍。

图 2-46　OpenCV 的图标

2.7.1 使用 OpenCV 读取与显示图像

在 OpenCV 中，使用 imread 方法读取图像，在读取图像时可以指定读取模式：读取彩色图像（mode1）、读取灰度图像（mode0）、读取图像 alpha 通道（mode-1）。读取彩色图像时，通道顺序为 BGR，形状为(H, W, 3)，此时可使用 NumPy 对数组进行切片操作，直接对最后一个维度取反即可得到 RGB 的通道顺序。读取图像后，使用 OpenCV 的 imshow 方法即可显示图像，此外还需要为该函数传入窗口名及待显示图像。由于该函数是非阻塞的，显示图像的窗口会在极短时间内关闭，因此在调用 imshow 后，还需要使用 waitKey 函数并为其传入 0，以表示程序无限等待键盘输入，使显示窗口不被关闭（若传入任意正数 n，则表示函数等待 n 毫秒后关闭）。在不需要显示图像的窗口时，需要调用 destroyAllWindows() 以销毁所有的图像显示窗口，尽管这不是必需的，但是这是一个好的编程习惯。使用 OpenCV 读取并显示图像的代码如下：

```python
//ch2/test_opencv.py
import cv2

img_name = 'opencv_logo.png'

#以彩色模式读取图像
im_bgr = cv2.imread(img_name, 1)
#以灰度模式读取图像
im_gray = cv2.imread(img_name, 0)
#连同图像的alpha通道一起读取
im_alpha = cv2.imread(img_name, -1)

#打印各个模式图像的数据类型及形状
print(type(im_bgr), im_bgr.shape)
print(type(im_gray), im_gray.shape)
print(type(im_alpha), im_alpha.shape)

#显示图像
cv2.imshow('im_bgr', im_bgr)
cv2.imshow('im_gray', im_gray)
cv2.imshow('im_alpha', im_alpha)
#阻塞以防止窗口关闭
cv2.waitKey(0)
#销毁所有图像显示窗口
cv2.destroyAllWindows()
```

运行以上程序得到如图 2-47 所示的结果，从显示结果来看，模式 1 与模式-1 所显示的图像一致，而模式 0 则将彩色图像转换为灰度图进行显示。

(a) 以模式 1 读取图像　　　(b) 以模式 0 读取图像　　　(c) 以模式 -1 读取图像

图 2-47　以不同的模式读取图像并显示

与此同时，控制台还打印了各个模式图像的数据类型和形状大小，如图 2-48 所示，可以看出由 imread 函数读取的图像类型都是 NumPy 的 ndarray；在形状上，以彩色模式读取的形状有 3 个通道，而灰度图由于每个像素只需一个数字进行表示，因此本为 1 的通道数在 OpenCV 中被省略，而将 alpha 通道一起读入时，总通道数变为了 4。需要注意的是，OpenCV 的 imread 方法不支持路径中含有中文字符。如果路径中含有中文字符，则 imread 函数不会报错，此时函数返回 None。若一定需要读取含有中文字符路径的图像，则可以借助 NumPy 的 fromfile 先读取图像内容，再使用 OpenCV 中的 imdecode 方法对读到的内容进行解码，该方法在此不做展开，有兴趣的读者可以自行尝试。

```
<class 'numpy.ndarray'> (299, 245, 3)
<class 'numpy.ndarray'> (299, 245)
<class 'numpy.ndarray'> (299, 245, 4)
```

图 2-48　以不同模式读取图像的数据类型和形状大小

在 waitKey 等待时间内，若用户按下键盘上的键，waitKey 则会返回按下按键的 ASCII 码值；若超过了 waitKey 等待时间用户没有任何输入，则此时函数返回 -1。可以通过判断用户按下的按键是否和某键的 ASCII 码值相等来控制程序的逻辑。下面的程序写法只有当用户在 2000ms（2s）内按下 Q 键才会打印 True，代码如下：

```
print(ord('q') == cv2.waitKey(2000))
```

2.7.2　使用 OpenCV 处理图像

本节简要介绍几种 OpenCV 中处理图像的方式，对于较为复杂的处理方式（如调节图像亮度、对比度等）及更多复杂计算机图形学操作，在此不涉及，需要学习或使用的读者可以参考 OpenCV 官方的 Python 教程。

1. 裁剪图像

裁剪 OpenCV 中的图像十分方便，因为处理的对象是 NumPy 的 ndarray，因此直接对图像使用 NumPy 数组的切片操作即可，在图像正中间裁剪出了一块 100px×100px 的子图并进行显示的代码如下：

```
//ch2/test_opencv.py
#定义需要裁剪的子图大小
sub_h = sub_w = 100
#获取原图像的形状
h, w = im_bgr.shape[: 2]

#计算子图的左上角坐标
x = (w - sub_w) //2
y = (h - sub_h) //2

print(x, y)
#切割子图,仅需要在空间上(前二维)切割,通道信息则全部保留(第三维)
sub_im = im_bgr[y: y + sub_h, x: x + sub_w, :]
print(sub_im.shape)
#显示子图
cv2.imshow('sub_im', sub_im)
cv2.waitKey(0)
cv2.destroyAllWindows()
```

运行以上程序可以得到如图 2-49 所示的结果,从结果可以看出程序确实裁剪出了原图像中间的一块,并且从控制台能看到打印的子图大小为(100, 100, 3)。需要注意的是,在显示的图像右侧有一条灰色的背景,这一块并不属于裁剪出的图像,这是 OpenCV 显示时默认的背景色。

图 2-49　裁剪子图并显示

2. 使用仿射变换处理图像

仿射变换指将几何图形在向量空间中进行一次线性变换和一次平移,变换至另一个向量空间。简单来讲,仿射变换不会改变原图中的几何关系,如平行关系等,而有一些变换可能会改变这种几何关系,如透视变换等,如图 2-50 说明了这两种变换的区别,可以看出仿射变换尽管进行了旋转、缩放、拉伸及平移等操作,但是变换后图像中线段的几何关系和原图保持了一致,而透视变换则改变了这一关系,将原图中的平行关系破坏。

从图中可以看出,仿射变换实际上是透视变换的一个子集,这一点从这两种变换的数学关系上也可以得到印证。透视变换将二维数据投影到三维空间,再将其映射回另一个二维空间,而仿射变换仅包括二维空间的映射。使用 OpenCV 对图像进行透视变换也是十分便捷的,不过笔者在此只对仿射变换进行简要介绍,不涉及透视变换。

由前面的介绍可以知道,旋转、平移、缩放、翻转、拉伸等操作实际上都属于仿射变换,并且这些操作的任意组合的变换也属于仿射变换。仿射变换对图像中的坐标逐一进行变换(具体而言,就是以仿射矩阵和原坐标相乘,得到新图像的坐标),如图像中有一个点(x,y),为简便表示,此时将坐标点(x, y)表示为列向量,即$[x, y]^T$,形状为$(1, 2)$,现在需要通过一个变换矩阵得到新的坐标(新坐标的形状仍然是$(1, 2)$),因此需要一个2×2的矩阵与原坐标相

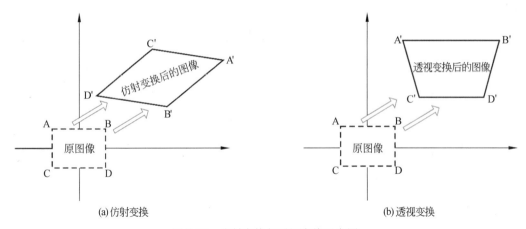

图 2-50 仿射变换与透视变换示意图

乘，得到新坐标 $[x', y']^T$：

$$\begin{bmatrix} x' \\ y' \end{bmatrix} = \begin{bmatrix} a & b \\ c & d \end{bmatrix} \begin{bmatrix} x \\ y \end{bmatrix} \tag{2-1}$$

在新坐标中：$x'=ax+by$、$y'=cx+dy$，这便是仿射变换中所讲的线性变换部分，仅凭此无法完成平移操作，由于平移操作实际上仅仅对坐标加上一个偏置，即新坐标应满足以下形式，其中 p、q 为任意实数：

$$\begin{cases} x' = ax + by + p \\ y' = cx + dy + q \end{cases} \tag{2-2}$$

因此仿射变换一般使用以下形式进行书写：

$$\begin{bmatrix} x' \\ y' \\ 1 \end{bmatrix} = \begin{bmatrix} a & b & p \\ c & d & q \\ 0 & 0 & 1 \end{bmatrix} \begin{bmatrix} x \\ y \\ 1 \end{bmatrix} \tag{2-3}$$

这样就能满足变换中存在平移操作，只不过最后仅需取出 x' 与 y' 即可。从仿射变换的一般形式（式(2-2)中）可以看出，当 a>1 时表示在原图的 x 方向上放大，反之表示缩小，同理系数 d 对图像 y 轴上的大小也是一样；p、q 分别用于控制图像在 x 轴与 y 轴上的平移程度；当 $a=-1$、$b=0$、$p=$width（图像宽度）时，新坐标 x' 与原坐标 x 刚好关于图像竖直方向中轴线对称，此时完成图像的水平翻转，对于图像的竖直翻转与此类似，而仿射变换中的旋转不是很直观，当 $a=\cos\alpha$、$b=-\sin\alpha$、$p=0$、$c=\sin\alpha$、$d=\cos\alpha$、$q=0$ 时表示将原图顺时针旋转 α，这一点在极坐标系下容易得证，如果读者有兴趣，则可以自行推导，笔者在此不赘述。

下面的程序说明了如何使用 OpenCV 中的仿射变换完成图像的旋转，使用了自定义的矩阵进行图像的旋转，并将自定义的矩阵与使用 getRotationMatrix2D 得到的矩阵进行了比较，得到的旋转结果如图 2-51(a)所示，其旋转中心为图像左上角，即(0, 0)，图像被顺时针旋转了 30°，代码如下：

```
//ch2/test_opencv.py
```

```python
import numpy as np

#图像旋转
#定义顺时针旋转角度
angle = 30

#求旋转角度的正弦及余弦值
sine = np.sin(angle / 180 * np.pi)
cosine = np.cos(angle / 180 * np.pi)

#用于旋转的仿射矩阵
rotate_mat = np.array([[cosine, -sine, 0], [sine, cosine, 0]])
#将旋转的仿射矩阵用于图像
rotate_im = cv2.warpAffine(im_bgr, rotate_mat, dsize=im_bgr.shape[: 2])
cv2.imshow('rotate', rotate_im)

#使用OpenCV的api得到旋转矩阵,需要传入旋转中心、旋转角度(以逆时针旋转换为正方向)和
#缩放尺度
rotate_mat2 = cv2.getRotationMatrix2D((0, 0), -30, scale=1)
#比较手动初始化的矩阵与api初始化的矩阵是否相同(True)
print(rotate_mat == rotate_mat2)
```

平移只需改变(2-3)式中的 p 与 q,所以不需要改变图像的形状信息。下面的程序说明了如何使用仿射变换完成图像的平移,将图像分别向右和向下平移 100px,得到的结果如图 2-51(b)所示,代码如下:

```python
#平移
shift_mat = np.array([[1., 0., 100.], [0., 1., 100.]])
shift_im = cv2.warpAffine(im_bgr, shift_mat, dsize=im_bgr.shape[: 2])
cv2.imshow('shift', shift_im)
```

改变原图 x 与 y 坐标前的系数 a 与 d 即能完成图像的缩放,下面的程序说明了如何使用仿射变换完成图像的缩放,将原图像在 x 与 y 方向上放大了 2 倍,所得结果如图 2-51(c)所示,代码如下:

```python
#缩放
scale_mat = np.array([[2., 0., 0.], [0., 2., 0.]])
scale_im = cv2.warpAffine(im_bgr, scale_mat, dsize=im_bgr.shape[: 2])
cv2.imshow('scale', scale_im)
```

如本节开头所描述,改变坐标和平移系数即可完成图像的翻转。下面的程序展示了在 OpenCV 中两种翻转图像的方式:一种是使用仿射变换,程序将原图在水平方向进行了翻转;另一种是直接使用 OpenCV 中的 flip 方法,为其传入相应的翻转代码即可完成不同方向上的翻转,仿射变换完成的翻转结果如图 2-51(d)所示,代码如下:

```
//ch2/test_opencv.py
#翻转
flip_mat = np.array([[-1., 0., im_bgr.shape[0]], [0., 1., 0]])
flip_im = cv2.warpAffine(im_bgr, flip_mat, dsize=im_bgr.shape[: 2])
cv2.imshow('flip', flip_im)

#竖直方向翻转（翻转代码为0）
cv2.flip(im_bgr, 0)
#水平方向翻转（翻转代码为1）
cv2.flip(im_bgr, 1)
#水平和竖直方向同时翻转（翻转代码为-1）
cv2.flip(im_bgr, -1)
```

如果要完成更加一般的仿射变换，则应如何初始化仿射矩阵呢？在 OpenCV 中，提供了 **getAffineTransform** 求仿射矩阵，由于(2-3)式中共有 6 个未知量，因此总共需要 3 对变换前后的点（3 个点不可以重合或共线，需要组成三角形）作为已知量进行求解(6 个未知量，12 个已知量，6 个方程)。如下面的程序取了原图中的 3 个点：(0, 0)、(200, 200)和(0, 100)，以及对应变换后的 3 个点：(100, 0)、(100, 200)和(50, 100)，将求解到的仿射矩阵应用到图像上进行变换，得到的结果如图 2-51(e)所示，能看到变换前后的点确实满足之前所定义的关系，此时原为矩形的图像被拉伸为平行四边形，代码如下：

```
//ch2/test_opencv.py
#拉伸
#使用变换前后图像中的 3 个点确定仿射矩阵（getAffineTransform）
#[0, 0], [200, 200], [0, 100]为变换前图像中的 3 个点
pts1 = np.float32([[0, 0], [200, 200], [0, 100]])
#[100, 0], [100, 200], [50, 100]为变换后图像中对应的 3 个点
pts2 = np.float32([[100, 0], [100, 200], [50, 100]])

stre_mat = cv2.getAffineTransform(pts1, pts2)
print(stre_mat)

stre_im = cv2.warpAffine(im_bgr, stre_mat, dsize=im_bgr.shape[: 2])
cv2.imshow('stre', stre_im)
```

在此用来演示仿射变换的例子都十分简单直观，读者可以使用随机初始化的仿射矩阵完成图像的随机变换。在一定的变换程度上，图像的内容不会发生改变，因此，使用随机的仿射矩阵处理后的图像也能作为神经网络模型新的训练样本，以数据增强的形式辅助模型的训练。

图 2-51　使用仿射变换处理图像

2.8　collections 的使用

collections 模块在 Python 标准数据类型的基础上极大地扩展了一些特殊用途的数据类型，包括 namedtuple、deque、ChainMap、Counter、OrderedDict、defaultdict、UserDict、UserList 和 UserString，本节将对其中的几种常用的数据类型进行介绍。

2.8.1　namedtuple

namedtuple 是 collections 中一个很重要的数据结构，从名称可以看出，它其实是一种类型元组的数据结构，但同时元组内的每个元素还有其对应的名称，这使它也具有类似字典的特性，如下代码展示了使用 namedtuple 表示四通道图像中每个通道值：

```
//ch2/test_collections.py
from collections import namedtuple

#创建一个表示四通道图像的namedtuple
Channel = namedtuple('ImageChannels', field_names=['R', 'G', 'B', 'A'])
ch = Channel(R=127, G=200, B=255, A=100)
#获取四通道中的R通道值
print(ch[0], ch.R)
```

创建 namedtuple 时，第 1 个参数为类型名（typename），类似于 class 的名称，表示所创建的 namedtuple 名称，第 2 个参数表示 namedtuple 中的属性名，可以传入一个 str 的列表或者用空格分隔的字符串，为了提高代码的可读性，如上代码中采用了传入字符串列表的形式对 namedtuple 中的变量进行定义。从 namedtuple 中获取属性值则可以采取元组或者类似字典的形式，如上代码所示。

从以上示例可以看出，使用 namedtuple 相比使用元组而言更加灵活，在获取元组中的元素时只能使用下标的形式，这对于代码阅读而言十分不直观，同时由于字典类型无法哈希，因此其无法被添加进入集合，而 namedtuple 则能很好地解决这个问题。

2.8.2 Counter

顾名思义，Counter 是一个计数器的数据类型，其能方便地辅助计数相关应用的实现，其本质是 dict 的一个子类，使用 Counter 进行计数时，其会返回一个 dict，key 为元素，value 为该元素出现的次数，如下代码以不同的方式对字符串中不同字符进行了计数：

```
//ch2/test_collections.py
from collections import Counter
#待计数的字符串
s = 'abbcdd'
#直接传入字符串进行计数
counter1 = Counter(s)
#传入列表进行计数
counter2 = Counter(list(s))
#传入元组进行计数
counter3 = Counter(tuple(s))
#传入字典进行计数
counter4 = Counter({'a': 1, 'b': 2, 'c': 1, 'd': 2})
print(counter1, counter2, counter3, counter4)
```

以上代码分别以直接传入字符串、传入列表/元组、字典计数器的方式创建了具有相同结果的 Counter。

2.8.3 OrderedDict

OrderedDict 可以使读取字典中数据的顺序与写入数据的顺序相同，代码如下：

```
//ch2/test_collections.py
from collections import OrderedDict
#创建 OrderedDict 对象
od = OrderedDict()
#向 OrderedDict 中存放值
od['A'] = 'a'
od['B'] = 'b'
od['C'] = 'c'
#读取 OrderedDict 中的值
for k, v in od.items():
```

```
print(k, v)
```

运行如上代码可以看出,打印出来的元素的顺序与插入数据时的顺序一致。在 Python 3.5 及之前,标准数据类型 dict 的存储和数据插入顺序并不一致,因此在 Python 3.5 及其之前需要使用 OrderedDict 保证读取数据的有序性,而从 Python 3.6 开始,标准数据类型 dict 的读取顺序和写入顺序已经保持一致。读者可以根据自身的应用场景使用字典的顺序特性。

2.8.4 defaultdict

当使用 Python 标准数据类型 dict 时,如果访问的 key 不在字典中,程序则会抛出异常 KeyError,此时需要使用逻辑判断该 key 是否存在于字典或者使用字典的 get 方法为不存在键赋予默认值,如下代码所示。

```
//ch2/test_collections.py
#创建只包含一个元素的字典
d = {'ip': '127.0.0.1'}
#当尝试访问一个字典中不存在的元素时会抛出 KeyError
#port = d['port']
#在使用前判断字典中是否有键
port = d['port'] if 'port' in d else None
#使用 get 方法赋予默认值
port = d.get('port')
```

虽然通过以上两种方法能够避免程序的异常,但是无疑都增加了编程的成本,因此此时可以使用 collections 模块中的 defaultdict 来创建带有默认值的字典,如果此时字典中不存在某键,则会直接返回默认值,如下代码为字典中不存在的键返回的默认值为 80:

```
//ch2/test_collections.py
from collections import defaultdict
#创建一个默认值为 80 的 defaultdict
dd = defaultdict(lambda: 80)
dd['ip'] = '127.0.0.1'
#返回 80
port = dd['port']
```

使用 defaultdict 一方面简化了开发者对于异常处理的过程,另一方面若使用不慎则会为程序引入额外的调试成本,因为此时程序有默认返回值,而这种行为可能是开发人员不希望的,读者可以根据自身的需要酌情使用。

2.9 typing 的使用

由于 Python 是动态语言,其对于类型的定义没有严格的检查,因此其编程方式十分灵活,然而便捷的同时也会带来另一个问题,即在编程过程中代码提示较少,在阅读他人写的代码或后期进行代码维护时会增加成本，因此，在 Python 3.5 及其以后，原生 Python 内置了 typing 模块，用于辅助 Python 编程时的类型检查，可以很方便地用于集成开发环境。

在 Python 中，对于参数或者变量的类型，使用"：[类型]"的形式编写，而函数返回值的类型则在函数签名后使用"-> [类型]"即可，代码如下：

```
//ch2/test_typing.py
a: str = 2
#期望接受一种类型为 str 的参数，没有返回值
def print_var(v: str) -> None:
    print(v)
```

从代码中可以看出，虽然变量 a 的值为整型值，但是在进行类型标注时可以任意进行标注，并且在编程过程中以开发人员标注的类型为准，除此之外，以上代码还定义了一个期望接受一种类型为字符串的参数，并且由于函数体内只进行了打印操作，没有返回值，所以在函数头使用"-> None"进行表示。

在程序运行时，Python 不强制开发人员标注函数和变量的类型，使用 typing 的主要作用为类型检查，防止程序运行时出现参数或返回值类型不一致的情形；此外，可作为开发文档的附加说明，方便调用。本节将分不同的数据类型（Python 标准数据类型、扩展类型等）为读者介绍使用 typing 的代码写法。

2.9.1 标准数据类型标识

Python 3 中有 6 个基本的数据类型，分别是 Number、String、List、Tuple、Set 和 Dictionary，在 Number 中又包含 int、float、bool 和 complex，下面就分别介绍这几种数据类型在 typing 中的使用方法。

对于 Number 和 String 类型的标识比较简单，直接使用类型即可，代码如下：

```
//ch2/test_typing.py
#整型变量
int_var: int = 1
#浮点型变量
float_var: float = 1.0
#布尔型变量
bool_var: bool = True
#复数型变量
complex_var: complex = 1 + 2j
#字符串变量
str_var: str = '1'
#将一个整型变量和一个浮点型变量相加并返回
def func_with_type(i: int, f: float, b: bool, c: complex, s: str) -> float:
    return i + f
```

对于 Number 和 String 类型变量的标识只需读者理解类型标识的基本写法，并未用到 typing 模块，而在对 List、Tuple、Set 和 Dictionary 类型的变量进行标识时，则需要进一步标识出这些组合类型中数据的类型，例如对于 List 类型变量，需要使用如下代码进行标识：

```
//ch2/test_typing.py
from typing import List
#将元素标识为整型值的列表
list_var: List[int] = [1, 2, 3, 4]
```

可以看出，在进行类型定义时，需要在"[]"中表明列表中元素的类型。类似地，在对 Tuple、Set 及 Dictionary 进行类型定义时，可以使用的代码如下：

```
//ch2/test_typing.py
from typing import Tuple, Set, Dict
#含有 4 个不同类型元素的元组
tuple_var: Tuple[int, str, float, bool] = [1, '2', '3.0', False]
#元素为整型变量的集合
set_var: Set[int] = {1, 2, 3, 4}
#键为字符串且值为整型值的字典
dict_var: Dict[str, int] = {'1': 1, '2': 2, '3': 3}
```

在 Python3.9 及其以后，Python 中标准的组合类型也开始支持"[]"进行类型标识，因此更加推荐使用以下方式进行类型标识：

```
//ch2/test_typing.py
#将元素标识为整型值的列表
list_var2: list[int] = [1, 2, 3, 4]
#含有 4 个不同类型元素的元组
tuple_var2: tuple[int, str, float, bool] = [1, '2', '3.0', False]
#元素为整型变量的集合
set_var2: set[int] = {1, 2, 3, 4}
#键为字符串且值为整型值的字典
dict_var2: dict[str, int] = {'1': 1, '2': 2, '3': 3}
```

当然，不同类型的标识也可以进行组合使用，例如下面的代码标识了变量 combined_var，此变量是一个内部元素，同时是一个包含 List、Tuple 和 Dict 的元组：

```
//ch2/test_typing.py
combined_var: tuple[list[int], tuple[int, str, float, bool], dict[str, int]]
```

不难看出，每次进行类型标识时都需要重新写一次类型的定义，因此 Python 提供了类型别名的写法，如下代码所示，分别使用了 A、B、C 共 3 个变量代表不同的复合数据类型，这样做的好处是能增强代码的可读性，其次也能很方便地复用已经定义过的类型。

```
//ch2/test_typing.py
#自定义类型别名
```

```
A = list[int]
B = tuple[int, str, float, bool]
C = dict[str, int]
combined_var2: tuple[A, B, C] = ([1, ], (1, '2', 3., True), {'1': 1})
```

对于 List、Set 等可以存储不同类型变量的复合数据结构而言,则需要使用 Union 进行标识,从 Python 3.10 开始,Union 可以使用 "|" 进行标识,下面的代码表示变量为包含整型值或字符串的列表:

```
//ch2/test_typing.py
from typing import Union
int_str_var: list[Union[int, str]] = ['a', 2, 'b', 4]
#Python 3.10 及以后
int_str_var2: list[int | str] = ['a', 2, 'b', 4]
```

2.9.2　collections 中的数据类型标识

类似地,typing 模块也支持为 collections 中的数据类型进行标识,下面将分别进行介绍。在 2.8 节中已经向读者介绍了 collections 模块中常用的几种数据结构,本节就以 2.8 节中的数据结构为例说明 collections 中的数据类型标识。

使用 typing 中的 NamedTuple 为 collections 中的 namedtuple 进行类型标识时并不用在注解内,而是使用如下代码进行声明:

```
//ch2/test_typing.py
from typing import NamedTuple
#相当于 collections.namedtuple('Address', ['ip', 'port'])
class Address(NamedTuple):
    ip: str
    port: int
address = Address(ip='127.0.0.1', port=80)
```

可以看到,在 typing 中对于 namedtuple 是以类继承的形式进行实现的,在创建 namedtuple 实例时使用类似创建类对象的方法即可。

对于 Counter、OrderedDict 和 defaultdict 则还是以注解的形式进行类型标识,代码如下:

```
//ch2/test_typing.py
from typing import Counter as TCnt, OrderedDict as TOrdD, DefaultDict as TDD
from collections import Counter, OrderedDict, defaultdict
#Counter 的 value 必定为 int,因此只需标识 key 的类型
counter: TCnt[str] = Counter('aabbccddefg')
#OrderedDict 需要标识 key 和 value 的类型
od: TOrdD[str, str] = OrderedDict()
#defaultdict 需要标识 key 和 value 的类型
dd: TDD[str, str] = defaultdict(str)
```

对于 Counter、OrderedDict 和 defaultdict 的类型标识与 Python 中的标准数据类型标识方法类似，因此在此不再说明。

在 Python 3.9 及其之后，collections 中的 Counter、OrderedDict 和 defaultdict 已原生支持，代码如下：

```
//ch2/test_typing.py
#Python 3.9之后
counter2: Counter[str] = Counter('aabbccddefg')
od2: OrderedDict[str, str] = OrderedDict()
dd2: defaultdict[str, str] = defaultdict()
```

2.9.3 其他常用标识

本节将为读者介绍一些在 typing 模块中常用的类型标识。

Callable 表示当前的变量或参数是一个可调用对象，例如在以下代码中函数期望传入一个函数对象：

```
//ch2/test_typing.py
from typing import Callable
#传入的函数参数接收一个整型值作为参数并且返回值为 str
def wrapper1(func: Callable[[int], str]):
    return func(0)
#传入的函数参数可接受任意的可变参数，无返回值
def wrapper2(func: Callable[…, None]):
    func()
```

Callable 使用列表的形式接收函数的入参类型，并在其后跟随返回值类型。

当传入的参数类型可以为任意时，可以使用 Any 进行标识，在 Python 中无法进行类型推断的变量同样也被默认认为是 Any 类型，在此不使用代码进行说明。

当一个函数从不终止或总会抛出异常时，可以使用 NoReturn 标识，代码如下：

```
//ch2/test_typing.py
from typing import NoReturn
#包含死循环的函数
def func_while() -> NoReturn:
    from time import sleep
    while True:
        sleep(1)
#必定会抛出异常的函数
def func_exc(num: int) -> NoReturn:
    raise ValueError(f'Bad Value: {num}')
```

读者需要注意返回值为 NoReturn 和 None 的区别，NoReturn 表示函数不会终止或者不

会返回，而 None 表示函数无返回值。

Optional 表示当前的类型标识是可选的，代码如下：

```
//ch2/test_typing.py
from typing import Optional
#期望传入一种类型为整型或浮点型的参数，允许传入None
def func_with_optional_param(num: Optional[Union[int, float]]):
    if num is None:
        raise ValueError(f'Unexpected value: {num}')
    print(num)
```

Literal 表示变量或参数只能为 Literal 指定的字面值，如下代码指定了打开文件的模式只能采用['r', 'rb', 'w', 'wb']中的值：

```
//ch2/test_typing.py
from typing import Literal
MODE = Literal['r', 'rb', 'w', 'wb']
#打开文件
def open_helper(file: str, mode: MODE) -> str:
    with open(file, mode, encoding='utf8'):
        pass
    return ''
```

2.10 argparse 的使用

在 Python 中，可以使用 argparse 模块方便地对命令行参数进行处理。编程时，可以通过命令行传入的不同参数改变程序的执行逻辑，极大地增加了程序的灵活性，因此本节将对 argparse 模块做一个简要的介绍。

2.10.1 argparse 的使用框架

argparse 模块能处理指明的命令行参数与位置命令行参数（根据传入参数的位置进行识别），其整体使用流程如下：

首先使用 ArgumentParser 方法创建一个解析器 parser（此时 parser 中的参数列表为空），在创建过程中可以为 ArgumentParser 方法传入定制化的属性，如对该 parser 的描述等。

创建完 parser 后，接下来需要为 parser 添加参数，一般使用 add_argument 方法，该方法需要指定参数名，同时 add_argument 方法含有许多可选的属性，如参数目标数据类型、默认值、目标参数指定动作 action 等。读者可以将一个添加完参数的 parser 理解成一个参数的集合，该集合包含了所有即将从命令行接受的参数。对于 add_argument 方法的探究是本节的重点，将在 2.10.2 节详细说明。

为 parser 添加完目标参数后，最后使用 parse_args 方法将命令行中传入的参数转换为

argparse 中的 Namespace 对象（表示参数读取完毕），此时可以使用 args.[变量名]的形式访问由命令行传入的参数。

通过以上 3 个步骤，即可方便地解析来自命令行的参数，不过值得注意的是，在使用 add_argument 方法为 parser 添加参数时，如何正确地设计参数的类型、属性及动作是至关重要的，有时错误的设计会给之后的编码带来不小的麻烦。

2.10.2 使用 argparse 解析命令行参数

本节只对 add_argument 方法进行探讨，若读者想进一步学习 ArgumentParser 方法的运用，则可以参考 argparse 的文档。

1. 解析字符串类型的参数

parser 从命令行接受的参数的默认类型是字符串，因此直接按照 2.10.1 节所讲的方法使用流程接受参数即可，下面的程序说明了这一过程，为创建的 parser 添加一个名为 vvv（--vvv）的参数，并且此参数的简写形式为 v（-v），默认值为 string，代码如下：

```
//ch2/test_argparse.py
import argparse

def parse_str():
    #创建parser
    parser = argparse.ArgumentParser()
    #为parser添加一个名为vvv（简称v）的参数，其默认值为string
    parser.add_argument('-v', '--vvv', default='string')
    #解析参数
    args = parser.parse_args()
    return args


args = parse_str()
#打印Namespace
print(args)
#打印接受的参数及其类型
print(args.vvv, type(args.vvv))
```

在控制台使用命令 python test_argparse.py -v vnpy_is_good（或 python test_argparse.py --vvv vnpy_is_good）可以得到如图 2-52(a)所示的结果，能看到 args 中只有一个名为 vvv 的参数，它的值恰好是从命令行传入的 vnpy_is_good 字符串。同时该参数的类型为 str。如果直接使用命令 python test_argparse.py（不传入任何参数），则会得到如图 2-52(b)所示的结果，

```
Namespace(vvv='vnpy_is_good')            Namespace(vvv='string')
vnpy_is_good <class 'str'>               string <class 'str'>
```
(a)从命令行传入参数　　　　　　　　　　　(b)使用默认值

图 2-52　使用 argparse 解析字符串参数

可以看到此时 vvv 参数的值为默认值 string。

2. 解析 int 型的参数

与 2.10.2 节的第 1 部分类似，在使用 add_argument 时，为 type 参数传入目标类型即可，下面的程序说明了如何将 type 指定为 int，以解析整型参数，代码如下：

```
#为parser添加一个名为iii（简称i）的参数，其默认值为0，将传入的类型限制为整型
parser.add_argument('-i', '--iii', default=0, type=int)
```

将 type 指定为 int 后，程序会尝试将从命令行传入的参数转换为 int 型，如果转换失败（如使用命令 python test_argparse.py -i vnpy_is_good），程序则会报错终止。有意思的一点是，default 值的类型可以与指定的类型无关，因为只有当命令行未传入参数时，才会使用 default 值（尝试将 default 值转换为 type 类型），因此，如果将上述程序的 default 改为 string，而使用正确传入整型数的命令时，程序仍能正常执行。除了可以使用 int 作为 type 外，对于 float 也采用类似的处理方式，对于 type 为 bool 的情况则采用其他的处理方法，有兴趣的读者可以自行尝试将 type 指定为 bool 的解析结果（因为本质上是将字符转换为 bool 值，因此会发现无论传入什么数，结果都为 True，除非将 default 置为 False 并不传入任何参数）。

3. 解析 bool 型的参数

bool 仅有两个值，即 True 或 False，因此在 argparse 处理 bool 的过程中，不需要传入任何值，仅以是否写出该参数进行判别。例如定义了一个名为 b 的参数，仅当命令中写出了参数 b 时，该值才为 True（或 False），没写时为 False（或 True），而无须显式地传入 True 或 False。这一点和使用 if 语句判别 bool 值十分相似，如下面的程序，使用 b==True 进行判断是多此一举的，直接使用 b 本身即可，代码如下：

```
b = True
if b == True:
    …
if b:
    …
```

对于 bool 型参数的处理，需要用到 add_argument 中的 action 参数，将其指定为 store_true（或 store_false）表示命令中写了该参数就将其置为 True（False），解析 bool 型的参数的代码如下：

```
#添加一个名为bbb（简称b）的参数，其默认值为False，若命令写出--bbb(-b)，则值为True
parser.add_argument('-b', '--bbb', default=False, action='store_true')
#添加一个名为ppp（简称p）的参数，其默认值为True，若命令写出--ppp(-p)，则值为False
parser.add_argument('-p', '--ppp', default=True, action='store_false')
```

4. 解析 list 型参数

将命令行传入的参数返回为一个 list 有多种方法，本节介绍其中常用的两种。下面就分别对这两种方法进行介绍。

一是将 add_argument 方法的 action 指定为 append（列表的追加），这种用法适合命令中多次重复使用相同参数传值的情况。假设现已为 parser 添加了名为 eee 的参数并将 action 指定为 append，此时使用命令 python test_argparse.py --eee 1 --eee 2 则会得到参数 eee 为['1', '2']，这种方法的缺点是需要多次传入同名参数，不方便使用。

第 2 种更为便捷的方法是指定 add_argument 方法中的 nargs 参数，将这个参数指定为"+""?"或"*"，分别表示传入 1 个或多个参数、0 个或 1 个参数及 0 个或多个参数（同正则表达式的规则一致），并将传入的参数转换为 list。例如将 nargs 指定为"+"并且变量名为 eee 的整型变量时，使用 python test_argparse.py --eee 1 2 后，直接可以得到名为 eee 的值为[1, 2]的参数。

下面的程序分别说明了以上两种解析列表参数的方法，第 1 种方法得到的结果为['1', '2']，而由于第 2 种方法将 type 指定为 int，因此结果为[1, 2]，代码如下：

```python
#添加一个名为 eee（简称 e）的参数，若多次使用--eee（-e），则结果以列表的 append 形式连接
parser.add_argument('-e', '--eee', action='append')
#添加一个名为 lll（简称 l）的参数，将传入的参数返回为一个 list
parser.add_argument('-l', '--lll', nargs='+', type=int)
```

argparse 还有更多高级用法，如打开指定文件等。由于其他操作在后面的章节编码中不会用到，笔者就不加以说明了。

2.11 JSON 的使用

JSON 的全称为 JavaScript Object Notation，是一种轻量级的数据交换格式，其使用键-值对的形式存储与交换数据（与 Python 中的字典相同，不过 Python 中的字符串可以使用单引号或双引号表示，而 JSON 中仅能使用双引号）。其键是无序的，仅支持由键访问数据，而其值是可以有序的，即使用有序列表（数组）进行存储。

在 Python 中，使用 JSON 模块可以轻松完成 JSON 数据的存储与读取。在 Python 中，JSON 支持直接以 JSON 格式处理 Python 字典，也支持处理类 JSON 格式的字符串。值得注意的一点是，使用 JSON 持久化字典数据时，仅支持 Python 中的内置数据类型，除此以外的类型需要进行转换，如键-值对中存在 NumPy 中的数据类型(常常会持久化 NumPy 数组)，需要先将其转换为 Python 中的基本类型才能继续持久化。下面以 JSON 数据的写入与读取来分别介绍这两种处理方式。

2.11.1 使用 JSON 写入数据

在 JSON 中，写入数据使用 dump 方法，需要为其传入待存储的字典数据及对应的文件指针。除此之外，可以使用 dumps（dump+string）方法将 Python 字典数据转换为字符串，dump 与 dumps 用法的代码如下：

```python
//ch2/test_json.py
import json

#初始化 Python 字典
py_dict = {'message': 'json is brilliant!', 'version': 1.14, 'info': 'python dict'}

#使用 dump 方法向文件写入 Python 字典
with open('py_dict.json', 'w', encoding='utf8') as f:
    json.dump(py_dict, f)

#使用 dumps（dump+string）将字典值转换为对应字符串
dict2str = json.dumps(py_dict)
print(dict2str)
```

运行以上程序后，能发现代码目录下多了一个 py_dict.json 文件，其内容即定义的 py_dict 字典中的值，不同的是，在持久化为 JSON 文件时，会将原字典中的格式自动重整为 JSON 的标准格式。与此同时，控制台打印的 dict2str 结果也正是 py_dict 转换为 JSON 格式字符串的结果。

2.11.2 使用 JSON 读取数据

说明了如何使用 JSON 写入数据后，本节将说明如何读取 JSON 文件。与持久化数据时所用的 dump 与 dumps 这一对孪生兄弟类似，读取 JSON 文件时也有对应的 load 与 loads（load+string）方法：load 方法从 JSON 文件中将持久化内容读取到 Python 字典中，而 loads 则直接从类 JSON 字符串中获取数据，这两种数据读取的方法的代码如下：

```python
//ch2/test_json.py
#打开并读取 JSON 文件
with open('py_dict.json', 'r', encoding='utf8') as f:
    load_json_file = json.load(f)

#初始化一个 JSON 格式的字符串
json_like_str = r'{"message": "json is brilliant!", "version": 1.14, "info": "json-like string"}'
#从字符串中读取数据
load_json_str = json.loads(json_like_str)

#打印从文件中读取的数据
print(load_json_file)
#打印从字符串读取的数据
print(load_json_str)
```

运行程序后，能看到控制台分别打印出来自文件与字符串的内容，并且它们都是 Python 中的字典类型，说明读取的内容已经从字符串正确加载并转换为字典类型。

2.12 TA-Lib 的使用

TA-Lib 的全称为 Technical Analysis Library，从其名称可以看出这是一个"技术分析"库，其中包含了 ADX、MACD、RSI 技术指标，还包括 K 线信号的模式识别，下面将分别对技术指标和模式识别进行说明。

2.12.1 技术指标

本节将为读者简单介绍几种 TA-Lib 中常用的技术指标及其使用方法。首先在路径 code/ch2/下准备 CSV 数据 fu888.csv，其数据内容如图 2-53 所示，可以看出数据包含以日为单位的 OHLC（开盘价、最高价、最低价、收盘价）与成交量等信息。

```
datetime,open,high,low,close,volume,open_interest
2021-6-15,2625,2670,2606,2637,746067,349005
2021-6-16,2655,2718,2642,2700,1201631,431675
2021-6-17,2700,2702,2654,2687,1040078,395302
2021-6-18,2673,2725,2609,2619,1241374,352293
2021-6-21,2615,2692,2607,2651,1029963,358157
2021-6-22,2641,2711,2620,2707,1084162,391356
2021-6-23,2692,2738,2680,2731,1069078,430967
2021-6-24,2744,2751,2700,2736,1007665,414810
2021-6-25,2703,2767,2694,2717,1247385,392798
2021-6-28,2730,2777,2684,2733,1341579,371805
2021-6-29,2737,2745,2661,2669,1072981,336692
2021-6-30,2695,2709,2650,2659,942441,313293
2021-7-1,2680,2692,2642,2646,1128015,295551
2021-7-2,2700,2735,2685,2719,1207877,275689
2021-7-5,2740,2742,2689,2734,998580,307287
2021-7-6,2730,2761,2681,2737,1099012,302722
```

图 2-53　fu888.csv 中的数据示例

使用 Pandas 模块读取 CSV 数据，代码如下：

```python
//ch2/test_talib.py
import pandas as pd
#读取 CSV 数据
data = pd.read_csv('fu888.csv')
print(data)
#获取开盘/最高/最低/收盘价
opens = data.loc[:, 'open']
highs = data.loc[:, 'high']
```

```
lows = data.loc[:, 'low']
closes = data.loc[:, 'close']
```

接下来使用最常用的指标简单移动平均（Simple Moving Average，SMA），其计算如式(2-4)所示。

$$\mathrm{SMA}_i^k = \frac{1}{k}\sum_{j=i-k+1}^{i} x_j \tag{2-4}$$

其中，下标 i 表示第 i 个简单移动平均值，上标 k 表示周期为 k，因此 SMA 用于简单计算原数据中包含第 i 个元素在内的前 k 个元素的平均值，使用 TA-Lib 计算 SMA 的方法如下代码所示。

```
//ch2/test_talib.py
import talib
#计算周期为 5 天的收盘价的移动平均值
sma = talib.SMA(closes, timeperiod=5)
print(sma)
```

运行以上代码，可以得到收盘价的简单移动平均值的计算结果，如图 2-54 所示。

```
0         NaN
1         NaN
2         NaN
3         NaN
4         2658.8
           ...
295       3324.8
296       3330.4
297       3293.6
298       3230.6
299       3150.8
Length: 300, dtype: float64
```

图 2-54　计算收盘价简单移动平均值的结果

从图 2-54 中可以看出，前 4 个 SMA 计算值为 NaN，这是因为代码中计算 SMA 的周期值为 5，因此在计算前 4 个收盘价的 SMA 时数据不足，因此返回值为 NaN，而第 5 个值的计算方式为 $\frac{1}{5}$(2637+2700+2687+2619+2651)=2658.8，其他的 SMA 值的计算以此类推。

接下来再介绍一个常用的指标——异同移动平均线（Moving Average Convergence/Divergence，MACD），其需要计算一个快速平均线（指数平均线，典型周期为 12）和一个慢速平均线（指数平均线，典型周期为 26），并计算两者之间的差值作为信号的依据，平均线的计算方法如式（2-5）所示。

$$\begin{aligned}\mathrm{EMA}_m^{\mathrm{fast}} &= \mathrm{EMA}_{m-1}^{\mathrm{fast}} \times \frac{M-1}{M} + x_m \times \frac{1}{M}\\ \mathrm{EMA}_n^{\mathrm{slow}} &= \mathrm{EMA}_{n-1}^{\mathrm{slow}} \times \frac{N-1}{N} + x_n \times \frac{1}{N}\end{aligned} \tag{2-5}$$

式中的 M、N 表示计算 EMA 的周期，m、n 表示序列中第 m、第 n 个元素的 EMA 值，在 TA-Lib 中，如果计算 EMA 的所需元素不够，则可直接使用算术平均值代替。得到快速和慢速平均线后，使用式（2-6）计算 DIF 值：

$$\text{DIF}_m = \text{EMA}_m^{fast} - \text{EMA}_m^{slow} \tag{2-6}$$

对 DIF 同样使用 EMA 计算指数移动平均值即可得到 DEA（MACD 值），如式（2-7）所示。

$$\text{DEA}_n = \text{DEA}_{n-1} \times \frac{N-1}{N} + \text{DIF}_m \times \frac{1}{N} \tag{2-7}$$

分别得到 DIF 和 DEA 的值之后，再使用如式（2-8）计算 MACD 值：

$$\text{MACD} = \text{DIF}_m - \text{DEA}_n \tag{2-8}$$

得到的 MACD 值即为行情软件中 MACD 指标的红/绿柱所表示的值。在 TA-Lib 中计算 MACD 值，代码如下：

```
//ch2/test_talib.py
#使用定义计算MACD
ema_fast = talib.EMA(closes, timeperiod=3)
ema_slow = talib.EMA(closes, timeperiod=5)
dif = ema_fast - ema_slow
dea = talib.EMA(dif, timeperiod=2)
macd_hist = (dif - dea)
print(macd_hist)

#直接使用talib计算MACD
macd, macd_signal, macd_hist = \
    talib.MACD(closes, fastperiod=3, slowperiod=5, signalperiod=2)
print(macd_hist)
```

如上代码中展示了如何使用定义与 TA-Lib 计算 MACD 值，运行代码可以发现两者的计算结果一致。

2.12.2　模式识别

TA-Lib 中除了能计算各指标值以外，还能针对 K 线的排列进行模式识别，例如乌云盖顶、三只乌鸦等 K 线形态。本节将以较简单的乌云盖顶形态说明使用 TA-Lib 进行 K 线模式识别的用法。

乌云盖顶是包含双 K 线的一种看跌组合，一般而言在市场里一段上升趋势的末期出现乌云盖顶形态的信号最明确，市场价格在第 1 个交易日表现为一根大阳线，第二天却高开低走，于第一天的收盘价之上开盘，而后大幅下跌，跌幅达第一天阳线实体一半以下，这常常是一种见顶标志，表明后市价格失去上涨动能，可能转而下跌。

如图 2-55 所示的行情走势，可以看出在前期一段时间内的上涨行情在顶点处产生了乌云盖顶的 K 线形态，后一天的大阴线从头到尾包裹住了前一大的阳线，是一个完美的形态，后市行情走势则转头下跌。

图 2-55 乌云盖顶形态

使用 TA-Lib 判定乌云盖顶形态，代码如下：

```
//ch2/test_talib.py
res = talib.CDLDARKCLOUDCOVER(opens, highs, lows, closes, penetration=0.5)
```

其中，penetration 参数表示第二根阴线插入第一根阳线的比例，默认值为 0.5，表示只有当阴线插入前一根阳线一半以上时才算乌云盖顶形态，函数的输出值为-100～-1 的整数或 0，表示信号的确认程度，负号表示当前信号是看跌（当乌云盖顶形态发生时总是看跌），如果输出 0，则表示当前 K 线不符合乌云盖顶形态。

TA-Lib 中包含数十种 K 线模式匹配的形态，读者可以自行尝试。

2.13 Tushare 的使用

Tushare 是一个免费提供各类数据并助力行业和量化研究的大数据开放社区，其拥有股票、基金、期货、数字货币等市场行情数据，同时也包括公司财务、基金经理等基本面数据，相较于需要收费的 Wind、RQData 等服务，Tushare 是一个对于新手而言较为友好的量化数据获取方式，其官网首页如图 2-56 所示。

首先需要在官网注册一个 Tushare 账号，登录之后在个人主页能够查看接口 TOKEN，如图 2-57 所示。

获取 TOKEN 后，可以使用的代码如下，以便测试是否能够正常使用接口：

```
//ch2/test_tushare.py
import tushare as ts
```

图 2-56　Tushare 官网首页

图 2-57　获取 Tushare 的接口 TOKEN

```
#读者的 Tushare 接口 TOKEN
TOKEN = '****************************************'
#需要读取行情的标的代码
TS_CODE = '600519.SH'
#行情的起止日期
START_DATE = '20220701'
END_DATE = '20221010'

#使用 TOKEN 初始化 API
pro = ts.pro_api(TOKEN)
#读取标的日线数据
```

```
daily = pro.daily(ts_code=TS_CODE, start_date=START_DATE,
end_date= END_DATE)
print(daily)
```

运行以上代码，可以得到如图 2-58 所示的结果，可以看到已经能够正常读取贵州茅台（600519.SH）的日线数据，其中包含的字段有股票代码、交易日期、开盘价、最高价、最低价、收盘价、昨收价（前复权）、涨跌额、涨跌幅（未复权）、成交量（手）和成交额（千元）。

```
     ts_code  trade_date    open    high     low   close  pre_close  change  pct_chg       vol     amount
0   600519.SH  20221010  1890.00  1891.00  1780.20  1786.00   1872.50   -86.50  -4.6195  48584.13  8865386.496
1   600519.SH  20220930  1898.62  1901.99  1866.00  1872.50   1880.35    -7.85  -0.4175  21289.08  4000917.951
2   600519.SH  20220929  1897.98  1902.18  1871.13  1880.35   1883.00    -2.65  -0.1407  21589.66  4075515.187
3   600519.SH  20220928  1880.50  1899.40  1874.01  1883.00   1888.00    -5.00  -0.2648  21445.97  4042506.330
4   600519.SH  20220927  1868.86  1897.00  1851.11  1888.00   1863.00    25.00   1.3419  28820.19  5422668.135
..        ...       ...      ...      ...      ...      ...       ...      ...      ...       ...          ...
61  600519.SH  20220707  2005.00  2009.35  1985.01  1990.00   2002.00   -12.00  -0.5994  20931.77  4179088.240
62  600519.SH  20220706  2032.00  2039.00  1986.00  2002.00   2033.01   -31.01  -1.5253  32751.66  6566374.982
63  600519.SH  20220705  2025.28  2054.45  2010.00  2033.01   2018.00    15.01   0.7438  26329.40  5345189.852
64  600519.SH  20220704  2020.01  2024.29  2001.01  2018.00   2029.05   -11.05  -0.5446  25075.89  5042804.258
65  600519.SH  20220701  2055.00  2067.77  2015.21  2029.05   2045.00   -15.95  -0.7800  21596.45  4385555.299

[66 rows x 11 columns]
```

图 2-58　使用 Tushare 读取股票的日线数据

Tushare 的 API 功能众多，本书在此仅以读取股票日线的 API 为例对用法进行简单说明，更多的 API 用法可参见 Tushare 数据接口说明 https://tushare.pro/document/2。

2.14　Orange 的使用

Orange 是一个基于 Python 的数据挖掘和机器学习平台，其不依赖过多的代码就能完成数据分析的数据流，因此可以使用 Orange 快速验证模型和想法。Orange 的官网如图 2-59 所示。

图 2-59　Orange 的官网首页

从 Orange 的官网介绍不难看出，这是一个方便的数据挖掘的可视化工具，安装 Orange 有多种方式，其下载页面如图 2-60 所示，其可以通过直接下载并安装包进行本地安装，也可以通过 conda、pip 或者源码安装，为了方便起见，建议读者直接下载并安装包进行安装，其他安装方法可以参见 https://orangedatamining.com/download/#linux。

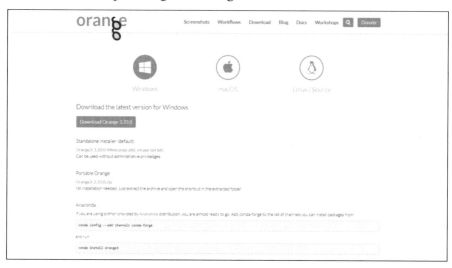

图 2-60　Orange 的下载页面

2.14.1　Orange 中的示例

安装完 Orange 后，双击其图标可以看到如图 2-61 所示的界面，可以通过单击 Help→

图 2-61　Orange 的主界面

Example Workflows 来查看 Orange 内置的部分工作流的示例，如图 2-62 所示，创建一个 Orange 中主成分分析（PrincipalComponents Analysis，PCA）的工作流。

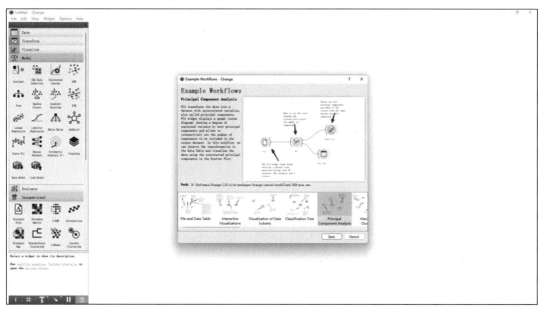

图 2-62　Orange 中的主成分分析示例

对于工作流中的每个构件都可以双击，打开后可查看并调整其属性，在如图 2-63 所示的主成分分析工作流中，可以看到整个流的起始节点为 File 节点，说明数据输入是以文件的

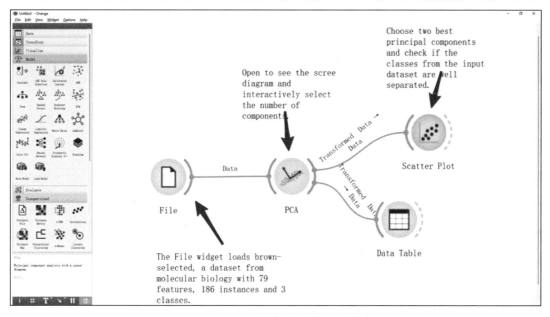

图 2-63　Orange 的主成分分析工作流图

形式，在示例中采用的是 brown-selected 数据集，其包含 186 个数据，其中每个数据由 79 个特征组成，数据总共可以分为 3 类。

双击 File 节点，可以看到数据集的相关信息，例如各数据列的数据类型及其属性（特征、标签等），File 组件支持多种格式的数据，例如 CSV、Excel、H5 等数据，其也支持自动检测数据源格式。

类似地，双击 PCA 组件则能看到 PCA 的相关设置，例如降维后的维数等，每次为 PCA 进行不同的设置时，在勾选 Apply Automatically 选项之后都会自动生效。经过 PCA 降维处理后的数据流向了两个节点，分别是 ScatterPlot 和 DataTable，其中 ScatterPlot 会以散点图的形式绘制出降维后的数据，如图 2-64 所示，而 DataTable 则是以表格的形式展示降维后的数据，如图 2-65 所示。

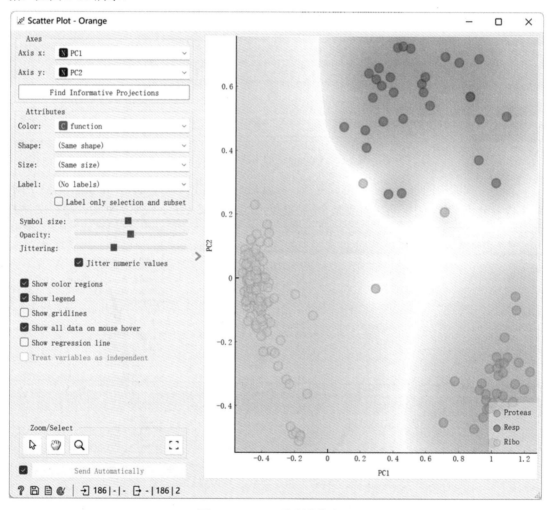

图 2-64 Orange 绘制的散点图

图 2-65　Orange 展示的表格数据

从图 2-64 不难看出，由于降维维数默认为 2，因此绘制散点图时的 x 轴和 y 轴分别对应着 PC1 和 PC2 两个降维后的生成数据，从绘制的散点图来看，将原本包含 79 维的数据降到二维后，其在平面内也是可分的，因此降维效果十分显著。

而使用 DataTable 展示数据则可以允许用户查看所有降维后的数据，相较于散点图的展示形式，使用表格能够展示更多数据的具体值。不难发现，Orange 可以将上一个节点处理的数据结果输入若干个不同的下游节点，极大地方便了用户验证自己的思路。

2.14.2　创建自己的工作流

本节将说明如何使用 Orange 创建自己的工作流，如果目前想验证使用 ARIMA 模型对燃料油期货价格的时间序列预测是否有效，则如何使用 Orange 进行快速验证呢？最终总体的工作流图如图 2-66 所示。

总体来看，工作流大致分为 4 部分：数据读取、数据预处理、模型预测、结果可视化，数据读取的组件使用的是 CSV File Import，读取的文件为 2.12 节中使用的 fu888.csv，接着使用 Select Columns 组件从源数据中选取并指定数据分析中忽略的列、特征值列及目标值列。在进行时间序列分析之前，需要将输入数据通过 As Timeseries 组件将数据转换为时间序列的数据，至此已经可以获取时间序列数据。在此之后，如图 2-66 所示，延伸出了 7 条不同分支，其中每个分支都会尝试对时间序列数据进行分析，例如查看时间序列数据的周期图、自相关图、格兰杰因果关系检验、原数据一阶差分的 ARIMA 模型预测结果等，详细的原理在此不进行说明。

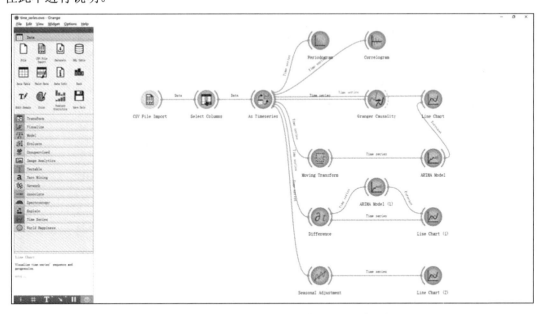

图 2-66　使用 Orange 完成 ARIMA 模型对时间序列的预测

与时间序列数据处理相关的组件位于左侧的工具箱中，如图 2-67 所示，从图中可以看

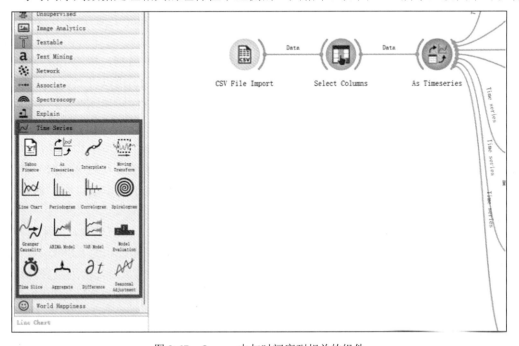

图 2-67　Orange 中与时间序列相关的组件

出其包含雅虎财经的数据源组件（Yahoo Finance），以及可以对时间序列进行内插值的组件（Interpolate）等，在确定需要使用的组件后，可以直接单击组件或将组件拖入右侧的画布中，再使用箭头将不同的组件连接起来得到完整的数据流图。

读者可以在安装 Orange 之后打开 ch2/time_series.ows 文件，自行尝试使用 Orange 进行测试。

2.15 Optunity 的使用

Optunity 是一个包含用于超参数调整的各种优化器的库。无论是监督学习还是非监督学习方法，超参数调优都是必须解决的问题。

超参数的优化问题的目标函数通常是非凸的，非光滑的并且难以直接求解其极值。Optunity 则提供了一种数值优化的方法，可对优化问题进行求解，Optunity 由 Python 编写，不过其也能很方便地集成到 R 或 MATLAB 中。

Optunity 需要待优化的函数返回一个数值类型的值，并支持最大化或最小化目标函数值，在指定了优化算法后能够从优化器中获得最终最优参数的结果及优化过程的中间结果，十分直观与方便。

本节以常用的粒子群（Particle Swarm）优化算法，简要说明 Optunity 的使用。以优化函数 $y = (\sin(x)+2) \times x^2$ 为例，可以先用 Matplotlib 绘制出该函数的图像，代码如下：

```
//ch2/test_optunity.py
import optunity
import numpy as np
import matplotlib.pyplot as plt


def func(x):
    """ 待优化的函数 """
    return (np.sin(x) + 2) * x ** 2


x_range = [-100, 100]
xs = list(range(*x_range))
ys = [func(i) for i in xs]

#绘制待优化函数的图像
plt.plot(xs, ys)
plt.show()
```

运行以上程序得到的函数图像如图 2-68 所示。

从函数图像观察不难发现，其最小值应该位于 $x = 0$ 附近，接下来使用 Optunity 寻找极值：

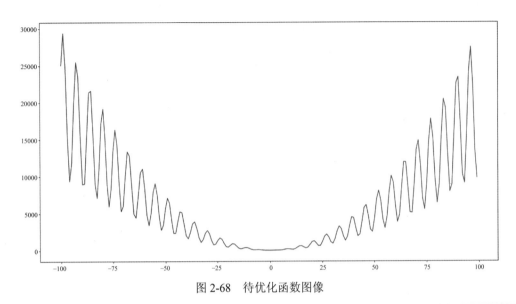

图 2-68 待优化函数图像

```
//ch2/test_optunity.py
opt = optunity.minimize(
            func, num_evals=500, solver_name='particle swarm', x=x_range
)
opt_params, details, suggestion = opt
print(opt_params)
print(details)
print(suggestion)
```

如上代码所示,由于需要搜寻目标函数的最小值,使用了 optunity.minimize 方法,类似地,在寻找最大值时可以使用 optunity.maximize 方法,其中 num_evals 表示优化过程中允许调用优化目标函数的最大次数,在指定了优化器方法 solver_name 后,需要传入优化目标函数的参数值的搜寻范围,如代码中指定了参数 x 的搜寻范围为[−100,100]。运行以上程序可以观察到其打印的 opt_params 的结果为{'x': −0.0025152026389108073},是一个近似 x=0 的结果。

由于 Optunity 框架的灵活性,其需要用户传入一个可以返回数值类型的待优化目标函数,以及指定该函数的输入参数的取值范围,在进行量化交易的回测时,可以编写函数返回回测的收益率或回撤值作为待优化参数,对该函数进行最大值或最小值优化。

2.16 Optuna 的使用

类似于 2.15 节中的 Optunity,Optuna 也是一个参数优化工具,其支持自定义剪枝函数等,并且支持对于不同类型取值的初始化,例如枚举值、整型值、浮点型值等都有不同的参数值初始化取值方法。下面的代码说明了如何使用 Optuna 对数值型的函数进行优化:

```
//ch2/test_optuna.py
import optuna
import numpy as np

def func(x):
    """ 待优化的函数 """
    return (np.sin(x) + 2) * x ** 2

def objective(trial):
    x_range = trial.suggest_uniform('x', -100, 100)
    return func(x_range)

study = optuna.create_study()
study.optimize(objective, n_trials=500)
print(study.best_params)
```

代码中选用的待优化目标函数与 2.15 节中的一样，在 Optuna 中，需要先定义一个学习任务 study，在创建 study 时可以为其传入 direction 参数，表示优化方向（最小化 minimize 或最大化 maximize），默认值为 minimize。

创建学习任务后，再向该任务中添加优化目标 objective，需要在目标中使用 suggest 相关的方法（如代码中的 suggest_uniform 用于以均匀分布的方式生成随机数）为目标函数生成初始值，再将这些初始值传入目标函数，对得到的目标值进行评价，由于在上述代码中对于目标函数的评价值即函数值，无须再额外地进行评价。

在调用 optimize 方法时，需要将 n_trials 指定为实验次数，完成优化后，打印 study.best_params 则是优化后的最优参数值。除此之外，还可以打印 best_value、best_trial 等，分别表示最优参数下的最优函数值及最优的一次实验相关信息等。

在进行量化回测方面的相关优化时，其通常只涉及对于数值的优化，因此 Optuna 与 Optunity 在使用成本上相似，读者可以根据自身的习惯进行选取。

2.17 小结

本章向读者介绍了 Python 中常用的工具包，从科学计算常用库 NumPy、Pandas 等到绘图库 Matplotlib 这些 Python 编程中常用的通用库，再到介绍量化交易中常用的库 TA-Lib、Tushare 等，相信读者完成本章的学习后对于各种 Python 工具会有一个较为全面的了解，本章所介绍的工具也是本书后面几章内容与读者平时进行 Python 编程时的基础。

第 3 章 vn.py 基础

本章将对 vn.py 基础进行介绍，首先从 vn.py 整体架构入手，再分别介绍 vn.py 的交易链路中的部分，最后结合 VeighNa Trader 的界面对该软件的各部分功能进行说明。通过本章的学习，读者将会对 vn.py 的整个数据链路有一定的了解，对于量化交易软件的构成部分有深刻的理解。

20min

3.1 vn.py 的整体架构

vn.py 的架构主要分为三层，首先是底层接口，其负责与各交易所通信并提供各品种交易的接口；在底层接口之上，vn.py 提供了一套事件或时间驱动的中层引擎，其用于完成事件的分发、订单的路由与数据的分发等；最上层的接口用于实现不同的应用，例如 CTA 策略模块、GUI 界面、行情记录等，接下来将分别介绍这三层架构的内容。

3.1.1 底层接口

vn.py 的底层接口主要提供行情与交易的 API，将行情数据发送到中层的引擎并接收来自引擎的订单数据并将其发送。对于目前 vn.py 3.x 版本而言，其对不同厂商的接口进行了分离，表 3-1 列出了部分 vn.py 3.x 版本支持的部分交易接口与品种。

表 3-1　vn.py 3.x 版本支持的部分交易接口与品种

接口	品种	接口	品种
CTP	国内期货、期权	中泰 XTP	A 股、ETF 期权
CTP Mini	国内期货、期权	华鑫奇点	A 股、ETF
CTP 证券	ETF 期权	国泰君安	A 股、两融
飞马	国内期货	东证 OST	A 股
恒生 UFT	国内期货、ETF 期权	东方财富 EMT	A 股
易盛	国内期货、黄金 TD	飞鼠	黄金 TD、国内期货
顶点飞创	ETF 期权	金仕达黄金	黄金 TD
顶点 HTS	ETF 期权	融航	期货资管

续表

接口	品种	接口	品种
杰宜斯	期货资管	恒生云 UF	A 股仿真
中汇亿达	银行间市场	TTS	国内期货仿真
掘金	A 股仿真	火象	国内期货仿真

从表 3-1 不难看出，vn.py 支持许多交易接口，当用户需要交易特定的品种时，可以自由选择对应的接口完成交易等功能。得益于好的抽象，用户在切换交易接口时是无感的，因为 vn.py 已经对不同的交易接口进行了统一的封装。

3.1.2 中层引擎

vn.py 文件中的中层引擎包括事件引擎、订单路由及数据引擎等，其中事件引擎负责将底层接口的行情、交易执行情况等消息推送到订阅了该信息的上层应用，而订单路由则负责将上层应用的下单请求推送到底层接口的路由；数据引擎则负责处理上层应用对数据库数据的读取与处理。

中层引擎将程序中的各组件（不同的底层接口、数据库接口等）处理为统一的数据格式，以便上层应用来进行调用。

1. 主引擎 MainEngine

主引擎 MainEngine 中包含交易中所需要的一系列方法，方法及其用途如表 3-2 所示。

表 3-2　MainEngine 提供的方法及其用途

方法	用途
add_engine	添加引擎（如日志引擎、订单管理引擎、邮件引擎等）
add_gateway	添加底层交易接口（如 CTP 接口、UFT 接口等）
add_app	添加上层应用（如实盘交易应用、回测应用等）
init_engines	初始化所有已添加的引擎（默认包含日志引擎、订单管理引擎、邮件引擎）
write_log	写日志，向日志引擎的队列中放入日志消息
get_gateway	根据名称获取底层交易接口实例
get_engine	根据名称获取引擎实例
get_default_setting	根据接口名称获取底层接口的默认配置信息
get_all_gateway_names	获取所有底层接口的名称
get_all_apps	获取所有应用的实例
get_all_exchanges	获取所有交易所
connect	根据名称完成底层接口的连接
subscribe	根据名称订阅品种行情信息
send_order	根据名称使用底层接口发送订单
cancel_order	根据名称使用底层接口取消订单

续表

方法	用途
send_quote	根据名称使用底层接口发送双边报价请求
cancel_quote	根据名称使用底层接口取消双边报价请求
query_history	根据名称使用底层接口查询历史 K 线信息
close	停止各引擎和各底层接口

从表 3-2 中不难看出，MainEngine 是一个聚合了各底层接口（gateway）和上层应用（app）的类，起到了承上启下的作用，并且由于其支持添加多个底层接口与上层应用，MainEngine 支持的交互过程变得十分灵活，读者可以很方便地在 MainEngine 中定制自己的应用与接口的交互逻辑。

2. 事件引擎 EventEngine

事件引擎 EventEngine 负责根据事件的类型将其分发到对应的处理函数（handler）上处理，目前 EventEngine 支持的事件类型如表 3-3 所示。

表 3-3 EventEngine 支持的事件类型

类型	说明
EVENT_TIMER	定时任务
EVENT_TICK	收到 tick 数据的事件
EVENT_TRADE	收到成交回报的事件
EVENT_ORDER	收到下单回报的事件
EVENT_POSITION	收到持仓更改消息的事件
EVENT_QUOTE	收到双边报价回报的事件
EVENT_CONTRACT	收到合约信息查询回报的事件
EVENT_LOG	收到写日志请求的事件

在订单管理引擎 OmsEngine 中（主引擎 MainEngine 默认注册的引擎之一）完成了大部分不同类型事件与其处理函数的绑定，代码如下：

```
//ch3/trader_engine.py
def register_event(self) -> None:
    """"""
    self.event_engine.register(EVENT_TICK, self.process_tick_event)
    self.event_engine.register(EVENT_ORDER, self.process_order_event)
    self.event_engine.register(EVENT_TRADE, self.process_trade_event)
    self.event_engine.register(EVENT_POSITION, self.process_position_event)
    self.event_engine.register(EVENT_ACCOUNT, self.process_account_event)
    self.event_engine.register(EVENT_CONTRACT, self.process_contract_event)
    self.event_engine.register(EVENT_QUOTE, self.process_quote_event)
```

当上层应用或底层接口产生了表 3-3 中的类型事件时,通过事件引擎 EventEngine 的 put 方法将待处理事件 Event 放入 EventEngine 的队列_queue 中,与此同时,EventEngine 中有一个启动的单独线程不断地从队列_queue 中获取待处理事件并传给 handler 进行处理,代码如下:

```
//ch3/event_engine.py
…
#将待处理事件放入队列
def put(self, event: Event) -> None:
    """
    Put an event object into event queue.
    """
    self._queue.put(event)
…
…
#不断地从队列中获取事件
def _run(self) -> None:
    """
    Get event from queue and then process it.
    """
    while self._active:
        try:
            event: Event = self._queue.get(block=True, timeout=1)
            self._process(event)
        except Empty:
            pass
…
#将不同类型的事件分发给不同的 handler
def _process(self, event: Event) -> None:
    """
    First distribute event to those handlers registered listening
    to this type.

    Then distribute event to those general handlers which listens
    to all types.
    """
    if event.type in self._handlers:
        [handler(event) for handler in self._handlers[event.type]]

    if self._general_handlers:
        [handler(event) for handler in self._general_handlers]
…
```

3. 数据引擎 BaseDatabase

vn.py 支持很多数据库作为后端，其默认使用 SQLite，除此之外目前其还支持 MySQL、PostgreSQL、DolphinDB、Arctic、TDengine、TimescaleDB、MongoDB、InfluxDB 和 LevelDB。vn.py 目前以分模块设计，所以具体数据库对应的模块都位于具体的名为 vnpy_[数据库名] 的包中（如 vnpy_mysql）。

本节以数据引擎的基类 BaseDatabase 为例讲解其包含的方法，不涉及具体某个数据库的执行逻辑。表 3-4 列出了 BaseDatabase 中包含的方法及其说明。

表 3-4 BaseDatabase 包含的方法及说明

方法	说明
save_bar_data	保存 K 线数据
save_tick_data	保存 tick 数据
load_bar_data	读取某品种特定时间与周期内的 K 线数据
load_tick_data	读取某品种特定时间内的 tick 数据
delete_bar_data	删除某品种特定周期的 K 线数据
delete_tick_data	删除某品种的 tick 数据
get_bar_overview	获取所有品种的 K 线统计数据
get_tick_overview	获取所有品种的 tick 统计数据

从表 3-4 可以看出，数据引擎主要负责对 K 线与 tick 数据进行增、删、查、改操作。

3.1.3 上层应用

vn.py 文件中的上层应用仅与中层引擎进行交互，通过引擎调用底层接口的具体方法完成交易链路与回报链路的通信。vn.py 文件中的上层应用众多，本节不举例进行讲解，本章的 3.4 节~3.14 节将对不同的上层应用进行更为详细的讲解。

3.2 vn.py 文件中的交易接口

如 3.1.1 节中所述，vn.py 支持众多交易接口，本节以 CTP 和 UFT 接口为例进行讲解。

3.2.1 CTP 接口

综合交易平台（ComprehensiveTransactionPlatform，CTP）是上海期货信息技术有限公司开发的一套柜面系统。交易者通过 CTP 可以将报文发送给各个交易所，在 vnpy_ctp 模块中，可以看到其包含一个 api 文件夹和一个 gateway 文件夹，其中 api 文件夹中包含 CTP 系统的一些库文件，其用 C++编写或以 dll 或 lib 文件出现。

以 api 文件夹下的 include/ctp 文件夹中的文件为例，其中的 C++头文件 ThostFtdcMdApi.h

包含获取与行情相关的指令，C++头文件 ThostFtdcTraderApi.h 包含与交易相关的指令，C++头文件 ThostFtdcUserApiDataType.h 包含所有用到的数据类型，C++头文件 ThostFtdcUserApiStruct.h 包含了所有用到的数据结构。

在 api/libs 下包含两个 lib 文件 thostmduserapi_se.lib 和 thosttraderapi_se.lib，其分别是行情部分和交易部分的静态链接库，由于 lib 文件无法直接打开，用户在进行 CTP 编程时只需关注 C++头文件中定义的方法。

在 gateway 文件夹下有一个名为 ctp_gateway.py 的文件，这个文件对 CTP 的 C++ API 进行了 Python 层面的接口封装，通过 pybind11 使 Python 与 C++之间的数据对象进行互相转换。在此不过多分析 C++层面的编程细节，主要分析 ctp_gateway.py 文件中的 Python API 封装。

下面选取了部分 ctp_gateway.py 文件中的代码：

```python
//ch3/ctp_gateway.py
#委托状态映射
STATUS_CTP2VT: Dict[str, Status] = {
    THOST_FTDC_OST_NoTradeQueueing: Status.NOTTRADED,
    THOST_FTDC_OST_PartTradedQueueing: Status.PARTTRADED,
    THOST_FTDC_OST_AllTraded: Status.ALLTRADED,
    THOST_FTDC_OST_Canceled: Status.CANCELLED,
    THOST_FTDC_OST_Unknown: Status.SUBMITTING
}

#多空方向映射
DIRECTION_VT2CTP: Dict[Direction, str] = {
    Direction.LONG: THOST_FTDC_D_Buy,
    Direction.SHORT: THOST_FTDC_D_Sell
}
DIRECTION_CTP2VT: Dict[str, Direction] = {v: k for k, v in DIRECTION_VT2CTP.items()}
DIRECTION_CTP2VT[THOST_FTDC_PD_Long] = Direction.LONG
DIRECTION_CTP2VT[THOST_FTDC_PD_Short] = Direction.SHORT

#委托类型映射
ORDERTYPE_VT2CTP: Dict[OrderType, tuple] = {
    OrderType.LIMIT: (THOST_FTDC_OPT_LimitPrice, THOST_FTDC_TC_GFD, THOST_FTDC_VC_AV),
    OrderType.MARKET: (THOST_FTDC_OPT_AnyPrice, THOST_FTDC_TC_GFD, THOST_FTDC_VC_AV),
    OrderType.FAK: (THOST_FTDC_OPT_LimitPrice, THOST_FTDC_TC_IOC, THOST_FTDC_VC_AV),
    OrderType.FOK: (THOST_FTDC_OPT_LimitPrice, THOST_FTDC_TC_IOC, THOST_FTDC_VC_CV),
}
ORDERTYPE_CTP2VT: Dict[Tuple, OrderType] = {v: k for k, v in ORDERTYPE_
```

```
VT2CTP.items()}

    #开平方向映射
    OFFSET_VT2CTP: Dict[Offset, str] = {
        Offset.OPEN: THOST_FTDC_OF_Open,
        Offset.CLOSE: THOST_FTDC_OFEN_Close,
        Offset.CLOSETODAY: THOST_FTDC_OFEN_CloseToday,
        Offset.CLOSEYESTERDAY: THOST_FTDC_OFEN_CloseYesterday,
    }
    OFFSET_CTP2VT: Dict[str, Offset] = {v: k for k, v in OFFSET_VT2CTP.items()}

    #交易所映射
    EXCHANGE_CTP2VT: Dict[str, Exchange] = {
        "CFFEX": Exchange.CFFEX,
        "SHFE": Exchange.SHFE,
        "CZCE": Exchange.CZCE,
        "DCE": Exchange.DCE,
        "INE": Exchange.INE,
        "GFEX": Exchange.GFEX
    }

    #产品类型映射
    PRODUCT_CTP2VT: Dict[str, Product] = {
        THOST_FTDC_PC_Futures: Product.FUTURES,
        THOST_FTDC_PC_Options: Product.OPTION,
        THOST_FTDC_PC_SpotOption: Product.OPTION,
        THOST_FTDC_PC_Combination: Product.SPREAD
    }

    #期权类型映射
    OPTIONTYPE_CTP2VT: Dict[str, OptionType] = {
        THOST_FTDC_CP_CallOptions: OptionType.CALL,
        THOST_FTDC_CP_PutOptions: OptionType.PUT
    }
```

以上代码主要定义了 CTP 接口使用的数据字典到 vn.py 中使用的数据字典之间的映射，包含下单、行情、产品类型等的映射。经过 vn.py 的映射，不同接口的行情或从 vn.py 下单到不同接口的数据类型都会被转换为 vn.py 内部使用的统一格式。

在 ctp_gateway.py 文件中包含了一个核心类 CtpGateway，其封装了 CTP 接口与 vn.py 之间交互的各种方法，代码如下：

```
//ch3/ctp_gateway.py
class CtpGateway(BaseGateway):
```

```python
"""
VeighNa 用于对接期货 CTP 柜台的交易接口
"""

default_name: str = "CTP"

default_setting: Dict[str, str] = {
    "用户名": "",
    "密码": "",
    "经纪商代码": "",
    "交易服务器": "",
    "行情服务器": "",
    "产品名称": "",
    "授权编码": ""
}

exchanges: List[str] = list(EXCHANGE_CTP2VT.values())

def __init__(self, event_engine: EventEngine, gateway_name: str) -> None:
    """构造函数"""
    super().__init__(event_engine, gateway_name)

    self.td_api: "CtpTdApi" = CtpTdApi(self)
    self.md_api: "CtpMdApi" = CtpMdApi(self)

def connect(self, setting: dict) -> None:
    """连接交易接口"""
    userid: str = setting["用户名"]
    password: str = setting["密码"]
    brokerid: str = setting["经纪商代码"]
    td_address: str = setting["交易服务器"]
    md_address: str = setting["行情服务器"]
    appid: str = setting["产品名称"]
    auth_code: str = setting["授权编码"]

    if (
        (not td_address.startswith("tcp://"))
        and (not td_address.startswith("ssl://"))
        and (not td_address.startswith("socks"))
    ):
        td_address = "tcp://" + td_address

    if (
```

```python
                    (not md_address.startswith("tcp://"))
                    and (not md_address.startswith("ssl://"))
                    and (not md_address.startswith("socks"))
            ):
                md_address = "tcp://" + md_address

        self.td_api.connect(td_address, userid, password, brokerid, auth_code, appid)
        self.md_api.connect(md_address, userid, password, brokerid)

        self.init_query()

    def subscribe(self, req: SubscribeRequest) -> None:
        """订阅行情"""
        self.md_api.subscribe(req)

    def send_order(self, req: OrderRequest) -> str:
        """委托下单"""
        return self.td_api.send_order(req)

    def cancel_order(self, req: CancelRequest) -> None:
        """委托撤单"""
        self.td_api.cancel_order(req)

    def query_account(self) -> None:
        """查询资金"""
        self.td_api.query_account()

    def query_position(self) -> None:
        """查询持仓"""
        self.td_api.query_position()

    def close(self) -> None:
        """关闭接口"""
        self.td_api.close()
        self.md_api.close()

    def write_error(self, msg: str, error: dict) -> None:
        """输出错误信息日志"""
        error_id: int = error["ErrorID"]
        error_msg: str = error["ErrorMsg"]
        msg: str = f"{msg}, 代码: {error_id}, 信息: {error_msg}"
        self.write_log(msg)
```

```python
def process_timer_event(self, event) -> None:
    """定时事件处理"""
    self.count += 1
    if self.count < 2:
        return
    self.count = 0

    func = self.query_functions.pop(0)
    func()
    self.query_functions.append(func)

    self.md_api.update_date()

def init_query(self) -> None:
    """初始化查询任务"""
    self.count: int = 0
    self.query_functions: list = [self.query_account, self.query_position]
    self.event_engine.register(EVENT_TIMER, self.process_timer_event)
```

代码中包含连接 CTP 柜台的配置，包括行情、交易服务器地址（以 TCP 进行连接）、登录账号和密码等信息。不同的行为，例如订阅行情（subscribe）、委托下单（send_order）须调用行情 API 或交易 API 的具体接口完成。

读者容易在 ctp_gateway.py 文件中看到 CtpMdApi 和 CtpTdApi 类，其分别对应着 CTP 接口的行情和交易类，以 CtpMdApi 为例，代码如下：

```python
//ch3/ctp_gateway.py
class CtpMdApi(MdApi):
    """"""

    def __init__(self, gateway: CtpGateway) -> None:
        """构造函数"""
        super().__init__()

        self.gateway: CtpGateway = gateway
        self.gateway_name: str = gateway.gateway_name

        self.reqid: int = 0

        self.connect_status: bool = False
        self.login_status: bool = False
        self.subscribed: set = set()
```

```python
        self.userid: str = ""
        self.password: str = ""
        self.brokerid: str = ""

        self.current_date: str = datetime.now().strftime("%Y%m%d")

    def onFrontConnected(self) -> None:
        """服务器连接成功回报"""
        self.gateway.write_log("行情服务器连接成功")
        self.login()

    def onFrontDisconnected(self, reason: int) -> None:
        """服务器连接断开回报"""
        self.login_status = False
        self.gateway.write_log(f"行情服务器连接断开,原因{reason}")

    def onRspUserLogin(self, data: dict, error: dict, reqid: int, last: bool) -> None:
        """用户登录请求回报"""
        if not error["ErrorID"]:
            self.login_status = True
            self.gateway.write_log("行情服务器登录成功")

            for symbol in self.subscribed:
                self.subscribeMarketData(symbol)
        else:
            self.gateway.write_error("行情服务器登录失败", error)

    def onRspError(self, error: dict, reqid: int, last: bool) -> None:
        """请求报错回报"""
        self.gateway.write_error("行情接口报错", error)

    def onRspSubMarketData(self, data: dict, error: dict, reqid: int, last: bool) -> None:
        """订阅行情回报"""
        if not error or not error["ErrorID"]:
            return

        self.gateway.write_error("行情订阅失败", error)

    def onRtnDepthMarketData(self, data: dict) -> None:
        """行情数据推送"""
        #过滤没有时间戳的异常行情数据
```

```python
        if not data["UpdateTime"]:
            return

        # 过滤还没有收到合约数据前的行情推送
        symbol: str = data["InstrumentID"]
        contract: ContractData = symbol_contract_map.get(symbol, None)
        if not contract:
            return

        # 对大商所的交易日字段取本地日期
        if not data["ActionDay"] or contract.exchange == Exchange.DCE:
            date_str: str = self.current_date
        else:
            date_str: str = data["ActionDay"]

        timestamp: str = f"{date_str} {data['UpdateTime']}.{int(data['UpdateMillisec']/100)}"
        dt: datetime = datetime.strptime(timestamp, "%Y%m%d %H:%M:%S.%f")
        dt: datetime = dt.replace(tzinfo=CHINA_TZ)

        tick: TickData = TickData(
            symbol=symbol,
            exchange=contract.exchange,
            datetime=dt,
            name=contract.name,
            volume=data["Volume"],
            turnover=data["Turnover"],
            open_interest=data["OpenInterest"],
            last_price=adjust_price(data["LastPrice"]),
            limit_up=data["UpperLimitPrice"],
            limit_down=data["LowerLimitPrice"],
            open_price=adjust_price(data["OpenPrice"]),
            high_price=adjust_price(data["HighestPrice"]),
            low_price=adjust_price(data["LowestPrice"]),
            pre_close=adjust_price(data["PreClosePrice"]),
            bid_price_1=adjust_price(data["BidPrice1"]),
            ask_price_1=adjust_price(data["AskPrice1"]),
            bid_volume_1=data["BidVolume1"],
            ask_volume_1=data["AskVolume1"],
            gateway_name=self.gateway_name
        )

        if data["BidVolume2"] or data["AskVolume2"]:
```

```python
            tick.bid_price_2 = adjust_price(data["BidPrice2"])
            tick.bid_price_3 = adjust_price(data["BidPrice3"])
            tick.bid_price_4 = adjust_price(data["BidPrice4"])
            tick.bid_price_5 = adjust_price(data["BidPrice5"])

            tick.ask_price_2 = adjust_price(data["AskPrice2"])
            tick.ask_price_3 = adjust_price(data["AskPrice3"])
            tick.ask_price_4 = adjust_price(data["AskPrice4"])
            tick.ask_price_5 = adjust_price(data["AskPrice5"])

            tick.bid_volume_2 = data["BidVolume2"]
            tick.bid_volume_3 = data["BidVolume3"]
            tick.bid_volume_4 = data["BidVolume4"]
            tick.bid_volume_5 = data["BidVolume5"]

            tick.ask_volume_2 = data["AskVolume2"]
            tick.ask_volume_3 = data["AskVolume3"]
            tick.ask_volume_4 = data["AskVolume4"]
            tick.ask_volume_5 = data["AskVolume5"]

        self.gateway.on_tick(tick)

    def connect(self, address: str, userid: str, password: str, brokerid: str) -> None:
        """连接服务器"""
        self.userid = userid
        self.password = password
        self.brokerid = brokerid

        # 禁止重复发起连接，会导致异常，从而崩溃
        if not self.connect_status:
            path: Path = get_folder_path(self.gateway_name.lower())
            self.createFtdcMdApi((str(path) + "\\Md").encode("GBK"))

            self.registerFront(address)
            self.init()

            self.connect_status = True

    def login(self) -> None:
        """用户登录"""
        ctp_req: dict = {
            "UserID": self.userid,
```

```python
            "Password": self.password,
            "BrokerID": self.brokerid
        }

        self.reqid += 1
        self.reqUserLogin(ctp_req, self.reqid)

    def subscribe(self, req: SubscribeRequest) -> None:
        """订阅行情"""
        if self.login_status:
            self.subscribeMarketData(req.symbol)
        self.subscribed.add(req.symbol)

    def close(self) -> None:
        """关闭连接"""
        if self.connect_status:
            self.exit()

    def update_date(self) -> None:
        """更新当前日期"""
        self.current_date = datetime.now().strftime("%Y%m%d")
```

CtpMdApi 类中主要包含三类方法（除构造函数 __init__ 以外），一类是如上代码所示的 login、connect、close 等方法的 CTP 行情接口连接状态管理函数；其次是像代码中的 subscribe、update_date 等方法，用于管理类中的成员变量值；剩下的以 on 开头的函数则是回调函数，其继承了 MdApi 中的方法，在行情接口推送了已订阅的标的行情后，以函数 onRtnDepthMarketData 为例，对于底层 C++ 接口推送来的逐笔行情，CtpMdApi 将其转换为 vn.py 文件中定义的 TickData 对象并最终通过 BaseGateway 类（CtpGateway 的父类）中的 on_tick 方法把 tick 行情通过引擎进行推送。其他的回调函数的执行逻辑与 onRtnDepthMarketData 方法类似，读者可以自行学习。

3.2.2　UFT 接口

UFT 是一个由恒生开发的极速交易系统，其依托于统一接入的系统 UFX，可以认为 UFT 是一个快速交易的订单子系统，其专门负责进行极速交易，而 UFX 的后台业务系统可以基于 UFT 实现。

vn.py 的 UFT 接口相关文件位于 vnpy_uft 项目中。与 CTP 接口类似，UFT 接口同样也维护了一套自身的行情与交易服务器，与 CTP 接口不同的是，UFT 接口有一套不同的登录所需的字段，代码如下：

```python
//ch3/uft_gateway.py
def connect(self, setting: dict) -> None:
```

```python
"""连接交易接口"""
userid: str = setting["用户名"]
password: str = setting["密码"]
md_address: str = setting["行情服务器"]
td_address: str = setting["交易服务器"]
self.server: str = setting["服务器类型"]
appid: str = setting["产品名称"]
auth_code: str = setting["授权编码"]
application_type: str = setting["委托类型"]

if not md_address.startswith("tcp://"):
    md_address = "tcp://" + md_address

if not td_address.startswith("tcp://"):
    td_address = "tcp://" + td_address

license_path: Path = TRADER_DIR.joinpath("license.dat")

if license_path.exists():
    server_license: str = str(license_path)
else:
    if self.server == "期货":
        server_license: str = FUTURES_LICENSE
    else:
        server_license: str = OPTION_LICENSE

…
)
```

从代码中可以看出，与 CTP 接口连接不同，UFT 接口的 connect 函数需要额外的服务器类型、委托类型字段，并需要根据不同的服务器类型验证证书。剩余代码与处理逻辑与 CTP 接口基本类似，在本节不再赘述。

3.3　vn.py 文件中的数据库

在 3.1.2 节中的第 3 部分已经简要介绍了 vn.py 支持的数据库后端，其默认的数据库为 SQLite，基于文件系统的 SQLite 单文件最大支持 128TB 数据，并且其在索引列上的读写性能并不差，因此本节将讲解 SQLite 作为 vn.py 数据库后端的应用。

vn.py 文件中与 SQLite 数据库交互的模块叫作 vnpy_sqlite，使用 vnpy_sqlite 会在用户目录下的.vntrader 文件夹内生成一个 database.db 文件，vn.py 产生的 K 线和 tick 数据都存储于其中。核心类为 SqliteDatabase，SQLite 中的 ORM 继承了 peewee 包中的 Model 进行实现。

它的基类为 3.1.2 节中所介绍的 BaseDatabase，因此其实现了表 3-4 中方法的具体逻辑，下面将逐一分析这些方法的实现。

1. save_bar_data

save_bar_data 的具体逻辑代码如下：

```
//ch3/sqlite_database.py
def save_bar_data(self, bars: List[BarData], stream: bool = False) -> bool:
    """保存K线数据"""
    #读取主键参数
    bar: BarData = bars[0]
    symbol: str = bar.symbol
    exchange: Exchange = bar.exchange
    interval: Interval = bar.interval

    #将BarData数据转换为字典，并调整时区
    data: list = []

    for bar in bars:
        bar.datetime = convert_tz(bar.datetime)

        d: dict = bar.__dict__
        d["exchange"] = d["exchange"].value
        d["interval"] = d["interval"].value
        d.pop("gateway_name")
        d.pop("vt_symbol")
        data.append(d)

    #使用upsert操作将数据更新到数据库中
    with self.db.atomic():
        for c in chunked(data, 50):
            DbBarData.insert_many(c).on_conflict_replace().execute()

    #更新K线汇总数据
    overview: DbBarOverview = DbBarOverview.get_or_none(
        DbBarOverview.symbol == symbol,
        DbBarOverview.exchange == exchange.value,
        DbBarOverview.interval == interval.value,
    )

    if not overview:
        overview = DbBarOverview()
        overview.symbol = symbol
        overview.exchange = exchange.value
```

```python
            overview.interval = interval.value
            overview.start = bars[0].datetime
            overview.end = bars[-1].datetime
            overview.count = len(bars)
        elif stream:
            overview.end = bars[-1].datetime
            overview.count += len(bars)
        else:
            overview.start = min(bars[0].datetime, overview.start)
            overview.end = max(bars[-1].datetime, overview.end)

            s: ModelSelect = DbBarData.select().where(
                (DbBarData.symbol == symbol)
                & (DbBarData.exchange == exchange.value)
                & (DbBarData.interval == interval.value)
            )
            overview.count = s.count()

        overview.save()

        return True
```

其中，DbBarData 类的定义如下：

```
//ch3/sqlite_database.py
class DbBarData(Model):
    """K线数据表映射对象"""

    id: AutoField = AutoField()

    symbol: str = CharField()
    exchange: str = CharField()
    datetime: datetime = DateTimeField()
    interval: str = CharField()

    volume: float = FloatField()
    turnover: float = FloatField()
    open_interest: float = FloatField()
    open_price: float = FloatField()
    high_price: float = FloatField()
    low_price: float = FloatField()
    close_price: float = FloatField()

    class Meta:
```

```
    database: PeeweeSqliteDatabase = db
    indexes: tuple = ((("symbol", "exchange", "interval", "datetime"), True),)
```

从 DbBarData 的代码可以看出，其对于一个 K 线对象不同的数据域进行了定义，例如标的代码、时间、OHLC 等。在 save_bar_data 中，其取出一个待存储的 K 线对象，并获取了待存储对象的相同数据（save_bar_data 接收的一批 K 线对象是按照同一标的进行聚合的）。

接着将每个 K 线对象转换为字典对象，并使用 upsert 方法将字典对象按照列名存入 SQLite 数据库。除此之外，save_bar_data 还在数据库中维护了一个 K 线汇总对象，便于获取与 K 线相关的统计信息。

2. save_tick_data

与 save_bar_data 类似，save_tick_data 的代码如下：

```
//ch3/sqlite_database.py
def save_tick_data(self, ticks: List[TickData], stream: bool = False) -> bool:
    """保存 tick 数据"""
    # 读取主键参数
    tick: TickData = ticks[0]
    symbol: str = tick.symbol
    exchange: Exchange = tick.exchange

    # 将 TickData 数据转换为字典，并调整时区
    data: list = []

    for tick in ticks:
        tick.datetime = convert_tz(tick.datetime)

        d: dict = tick.__dict__
        d["exchange"] = d["exchange"].value
        d.pop("gateway_name")
        d.pop("vt_symbol")
        data.append(d)

    # 使用 upsert 操作将数据更新到数据库中
    with self.db.atomic():
        for c in chunked(data, 10):
            DbTickData.insert_many(c).on_conflict_replace().execute()

    # 更新 tick 汇总数据
    overview: DbTickOverview = DbTickOverview.get_or_none(
        DbTickOverview.symbol == symbol,
        DbTickOverview.exchange == exchange.value,
    )
```

```python
    if not overview:
        overview: DbTickOverview = DbTickOverview()
        overview.symbol = symbol
        overview.exchange = exchange.value
        overview.start = ticks[0].datetime
        overview.end = ticks[-1].datetime
        overview.count = len(ticks)
    elif stream:
        overview.end = ticks[-1].datetime
        overview.count += len(ticks)
    else:
        overview.start = min(ticks[0].datetime, overview.start)
        overview.end = max(ticks[-1].datetime, overview.end)

        s: ModelSelect = DbTickData.select().where(
            (DbTickData.symbol == symbol)
            & (DbTickData.exchange == exchange.value)
        )
        overview.count = s.count()

    overview.save()

    return True
```

save_tick_data 的代码结构与 save_bar_data 相同，大致也分为获取 tick 数据的共同部分数据、存储 tick 数据（tick 数据的域定义与 K 线定义自然不同）与修改或创建 tick 数据对象。

3. load_bar_data

load_bar_data 根据传入的筛选条件（标的代码、交易所、K 线周期、起止日期）返回数据库中的 K 线数据，其代码如下：

```python
//ch3/sqlite_database.py

def load_bar_data(
    self,
    symbol: str,
    exchange: Exchange,
    interval: Interval,
    start: datetime,
    end: datetime
) -> List[BarData]:
    """读取K线数据"""
    s: ModelSelect = (
```

```
        DbBarData.select().where(
            (DbBarData.symbol == symbol)
            & (DbBarData.exchange == exchange.value)
            & (DbBarData.interval == interval.value)
            & (DbBarData.datetime >= start)
            & (DbBarData.datetime <= end)
        ).order_by(DbBarData.datetime)
    )

    bars: List[BarData] = []
    for db_bar in s:
        bar: BarData = BarData(
            symbol=db_bar.symbol,
            exchange=Exchange(db_bar.exchange),
            datetime=datetime.fromtimestamp(db_bar.datetime.timestamp(), DB_TZ),
            interval=Interval(db_bar.interval),
            volume=db_bar.volume,
            turnover=db_bar.turnover,
            open_interest=db_bar.open_interest,
            open_price=db_bar.open_price,
            high_price=db_bar.high_price,
            low_price=db_bar.low_price,
            close_price=db_bar.close_price,
            gateway_name="DB"
        )
        bars.append(bar)

    return bars
```

使用 ORM 对象 SELECT 后，其还对筛选出的数据进行了数据类型转换，使其返回的结果为 vn.py 文件中的 BarData 对象列表，这么做的好处是能统一不同数据库同一 API 的返回值，便于上层应用的进一步处理。

4. load_tick_data

与 load_bar_data 类似，load_tick_data 对数据库中的 tick 数据按照筛选条件进行获取并返回一个 TickData 对象的列表，代码如下：

```
//ch3/sqlite_database.py
def load_tick_data(
    self,
    symbol: str,
    exchange: Exchange,
    start: datetime,
    end: datetime
```

```python
) -> List[TickData]:
    """读取tick数据"""
    s: ModelSelect = (
        DbTickData.select().where(
            (DbTickData.symbol == symbol)
            & (DbTickData.exchange == exchange.value)
            & (DbTickData.datetime >= start)
            & (DbTickData.datetime <= end)
        ).order_by(DbTickData.datetime)
    )

    ticks: List[TickData] = []
    for db_tick in s:
        tick: TickData = TickData(
            symbol=db_tick.symbol,
            exchange=Exchange(db_tick.exchange),
            datetime=datetime.fromtimestamp(db_tick.datetime.timestamp(),DB_TZ),
            name=db_tick.name,
            volume=db_tick.volume,
            turnover=db_tick.turnover,
            open_interest=db_tick.open_interest,
            last_price=db_tick.last_price,
            last_volume=db_tick.last_volume,
            limit_up=db_tick.limit_up,
            limit_down=db_tick.limit_down,
            open_price=db_tick.open_price,
            high_price=db_tick.high_price,
            low_price=db_tick.low_price,
            pre_close=db_tick.pre_close,
            bid_price_1=db_tick.bid_price_1,
            bid_price_2=db_tick.bid_price_2,
            bid_price_3=db_tick.bid_price_3,
            bid_price_4=db_tick.bid_price_4,
            bid_price_5=db_tick.bid_price_5,
            ask_price_1=db_tick.ask_price_1,
            ask_price_2=db_tick.ask_price_2,
            ask_price_3=db_tick.ask_price_3,
            ask_price_4=db_tick.ask_price_4,
            ask_price_5=db_tick.ask_price_5,
            bid_volume_1=db_tick.bid_volume_1,
            bid_volume_2=db_tick.bid_volume_2,
            bid_volume_3=db_tick.bid_volume_3,
            bid_volume_4=db_tick.bid_volume_4,
```

```
            bid_volume_5=db_tick.bid_volume_5,
            ask_volume_1=db_tick.ask_volume_1,
            ask_volume_2=db_tick.ask_volume_2,
            ask_volume_3=db_tick.ask_volume_3,
            ask_volume_4=db_tick.ask_volume_4,
            ask_volume_5=db_tick.ask_volume_5,
            localtime=db_tick.localtime,
            gateway_name="DB"
        )
        ticks.append(tick)

    return ticks
```

5. delete_bar_data

delete_bar_data 会根据传入的标的代码、交易所及周期对 K 线数据进行删除，其不支持传入起止日期，所以执行 delete_bar_data 后会将这些参数对应的 K 线数据全部删除，其代码如下：

```
//ch3/sqilte_database.py
def delete_bar_data(
    self,
    symbol: str,
    exchange: Exchange,
    interval: Interval
) -> int:
    """删除K线数据"""
    d: ModelDelete = DbBarData.delete().where(
        (DbBarData.symbol == symbol)
        & (DbBarData.exchange == exchange.value)
        & (DbBarData.interval == interval.value)
    )
    count: int = d.execute()

    #删除K线汇总数据
    d2: ModelDelete = DbBarOverview.delete().where(
        (DbBarOverview.symbol == symbol)
        & (DbBarOverview.exchange == exchange.value)
        & (DbBarOverview.interval == interval.value)
    )
    d2.execute()

    return count
```

代码较容易理解，首先根据筛选条件执行了数据库的 delete 方法，接着删除了 K 线数据的汇总信息。

6. delete_tick_data

与 delete_bar_data 类似，delete_tick_data 同样将符合条件的 tick 数据全部删除，并且删除了 tick 数据的汇总信息，代码如下：

```python
//ch3/sqlite_database.py
def delete_tick_data(
    self,
    symbol: str,
    exchange: Exchange
) -> int:
    """删除tick数据"""
    d: ModelDelete = DbTickData.delete().where(
        (DbTickData.symbol == symbol)
        & (DbTickData.exchange == exchange.value)
    )
    count: int = d.execute()

    #删除tick汇总数据
    d2: ModelDelete = DbTickOverview.delete().where(
        (DbTickOverview.symbol == symbol)
        & (DbTickOverview.exchange == exchange.value)
    )
    d2.execute()

    return count
```

7. get_bar_overview

get_bar_overview 方法用于读取已存储的 K 线汇总信息，代码如下：

```python
//ch3/sqlite_database.py
def get_bar_overview(self) -> List[BarOverview]:
    """查询数据库中的K线汇总信息"""
    #如果已有K线，但缺失汇总信息，则执行初始化操作
    data_count: int = DbBarData.select().count()
    overview_count: int = DbBarOverview.select().count()
    if data_count and not overview_count:
        self.init_bar_overview()

    s: ModelSelect = DbBarOverview.select()
    overviews: List[BarOverview] = []
    for overview in s:
        overview.exchange = Exchange(overview.exchange)
        overview.interval = Interval(overview.interval)
```

```
        overviews.append(overview)
    return overviews
```

8. get_tick_overview

get_tick_overview 方法用于读取已存储的 tick 汇总信息，代码如下：

```
//ch3/sqlite_database.py
def get_tick_overview(self) -> List[TickOverview]:
    """查询数据库中的tick汇总信息"""
    s: ModelSelect = DbTickOverview.select()
    overviews: list = []
    for overview in s:
        overview.exchange = Exchange(overview.exchange)
        overviews.append(overview)
    return overviews
```

3.4 vn.py 文件中的回测模块

回测模块是 vn.py 文件中一个常用的上层应用。通过回测模块，用户可以使用历史数据测试策略的表现，其界面如图 3-1 所示。

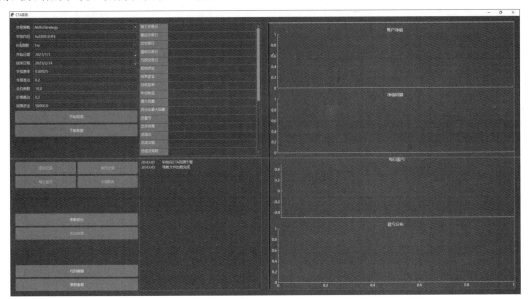

图 3-1　回测模块的界面

如图 3-1 所示，界面一共分为 3 部分，其中左侧是操作面板，包括策略的选择、回测数据的选取、初始资金等配置，中间与右侧为展示面板，中间的面板以表格的形式展示回测结果，包括盈利与亏损的时间、收益率等信息，而右侧面板则是以图像的形式展示账户净值、净值回撤等信息，vn.py 采用两种不同的形式展示回测结果极大地方便了用户感知策略的回测结果。

在 vn.py 文件中，上层应用通过向 MainEngine 中添加回测模块进行实现，代码如下：

```python
//ch3/run.py
…
from vnpy.trader.engine import MainEngine
from vnpy.trader.ui import MainWindow, create_qapp
…
from vnpy_ctastrategy import CtaStrategyApp
from vnpy_ctabacktester import CtaBacktesterApp
…

def main():
    """"""
    qapp = create_qapp()
    event_engine = EventEngine()

    main_engine = MainEngine(event_engine)

    …
    #添加回测模块
    main_engine.add_app(CtaBacktesterApp)

    …
    main_window = MainWindow(main_engine, event_engine)
    main_window.showMaximized()

    qapp.exec()


if __name__ == "__main__":
    main()
```

使用 main_engine.add_app 方法将 App 添加到 main_engine 中，再使用 qapp.exec 方法即可打开 VeighNa Trader 主界面，由上侧菜单栏的"功能"选项卡进入"CTA 回测模块"，如图 3-2 所示。

回测模块的源代码位于包 vnpy_ctabacktester 中，其运算回测结果时使用的是包 vnpy_ctastrategy 里 backtesting 文件中的 BacktestingEngine，以此作为引擎，有兴趣的读者可以自行找到对应的包进行研究。

图 3-2　由 VeighNa Trader 主界面进入回测模块

编写脚本运用 BacktestingEngine 并使用命令行运行的方式同样可以完成回测功能，代码如下：

```
//ch3/backtesting_no_ui.py
from vnpy.trader.optimize import OptimizationSetting
from vnpy_ctastrategy.backtesting import BacktestingEngine
from vnpy_ctastrategy.strategies.atr_rsi_strategy import (
    AtrRsiStrategy,
)
from datetime import datetime

engine = BacktestingEngine()

#设置回测参数，与界面左侧的配置框对应
engine.set_parameters(
    vt_symbol="IF888.CFFEX",
    interval="1m",
    start=datetime(2019, 1, 1),
    end=datetime(2019, 4, 30),
    rate=0.3/10000,
    slippage=0.2,
    size=300,
```

```
    pricetick=0.2,
    capital=1_000_000,
)
#添加待回测策略
engine.add_strategy(AtrRsiStrategy, {})

#加载数据
engine.load_data()
#执行回测
engine.run_backtesting()
#计算回测结果,对应界面的中间部分表格
df = engine.calculate_result()
engine.calculate_statistics()
#展示图形,对应界面的右侧绘制区
engine.show_chart()

#优化参数
setting = OptimizationSetting()
#定义优化目标
setting.set_target("sharpe_ratio")
#定义待优化参数及其范围与步长
setting.add_parameter("atr_length", 25, 27, 1)
setting.add_parameter("atr_ma_length", 10, 30, 10)

#使用遗传算法完成参数优化
engine.run_ga_optimization(setting)
#使用暴力求解完成参数优化
engine.run_bf_optimization(setting)
```

如上代码所示,其核心使用了 BacktestingEngine 并用它执行回测与优化策略参数,详细注释在如上代码中已经注明,在此不再赘述。

3.5 vn.py 文件中的自动交易模块

通常而言,在回测模块测试完交易策略后,会将表现好的策略应用于实盘交易,而自动交易模块正是为实盘交易开发的模块,其界面如图 3-3 所示。在本模块中,其会加载 vn.py 默认的几个策略,首先添加需要运行的策略,填写完参数后单击"添加"按钮即可,如图 3-4 所示。

在完成策略的添加后,单击界面上相应的"启动"或"停止"按钮就可以方便地完成交易策略的启停,对于新手而言这是十分方便的。

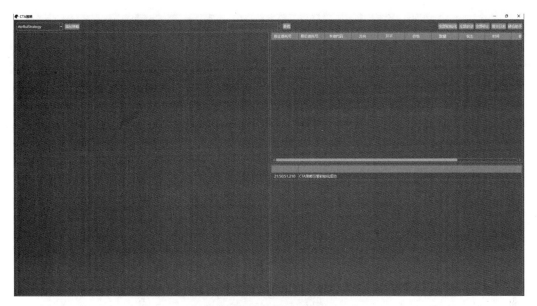

图 3-3 自动交易模块的界面

图 3-4 填写交易策略参数的界面

3.6 vn.py 文件中的实盘行情记录模块

14min

由前面的内容可知,使用 vn.py 可以对接底层接口获取行情,因此为了数据的存储,vn.py 专门提供了一个实盘行情的记录模块,支持从底层接口 gateway 中获取行情消息并存储至数据库中。其界面如图 3-5 所示,单击图中左侧菜单栏的图标即可打开行情记录界面。

在界面中,输入需要记录的标的代码并指定将数据写入数据库的间隔,如图 3-5 所示,此时状态为录制代码为 TA301.CZCE、TA302.CZCE 等的 K 线数据,并且每 10s 写入一次数据。

借助实盘行情记录模块,用户可以方便地完成数据的获取与更新。当不再需要记录某一合约的行情时,可以输入代码并移除其对应的录制任务。

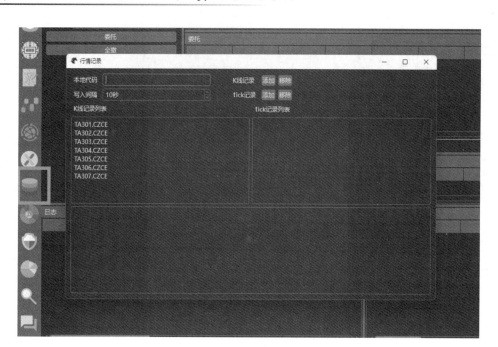

图 3-5　填写交易策略参数的界面

3.7　vn.py 文件中的历史数据管理模块

前面的内容介绍了 vn.py 的底层接口与实盘行情记录模块,还需要一个界面支持对数据库中已存入的数据进行查看与操作,而历史数据管理模块则因此而生,其界面如图 3-6 所示。

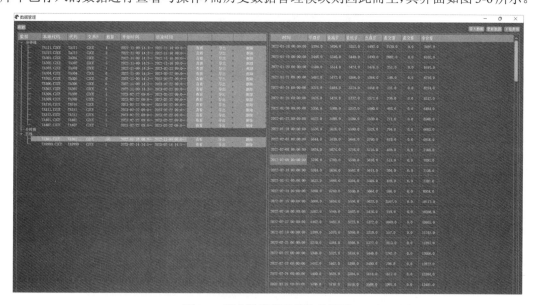

图 3-6　历史数据管理模块的界面

该模块整体分为两部分，如图 3-6 所示，左侧展示的是以不同周期聚合的 K 线数据的总体概览，例如图中所示的代码为 TA301.CZCE 的日 K 线总共有 195 条数据，同时展示了其开始与结束时间等信息，该数据实际上是由表 3-4 中的 get_bar_overview 方法提供的。

当需要查看某一标的的具体数据时，单击界面中的"查看"按钮即可，单击后便会在如图 3-6 所示的右侧展示具体数据的信息。除了查看操作，其还支持"导出"与"删除"操作，单击"导出"按钮会将 K 线数据导出为 CSV 文件，方便其他应用使用，而单击"删除"按钮则会从数据库中删除 K 线数据。

除了能查看数据库中已存入的数据外，该模块还支持从 CSV 文件导入数据（tick 或 K 线数据），单击图 3-6 右上角所示的"导入数据"按钮就能看到如图 3-7 所示的界面。

图 3-7　导入 CSV 数据的界面

在 CSV 文件中表头信息应与图 3-7 中所示的表头信息保持一致，除此之外的合约信息需要用户手动指定。

3.8 vn.py 文件中的实时 K 线图表模块

当 vn.py 连接到特定的接口并能正常获取行情后,用户可以通过 vn.py 提供的实时 K 线图表模块以分钟 K 线图的形式更加直观地查看行情,如图 3-8 所示。

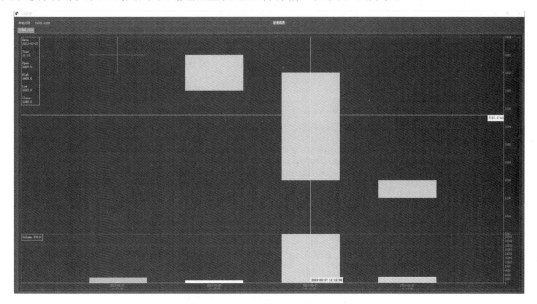

图 3-8 实时 K 线图表模块的界面

用户在输入了关注的标的代码后即可生成 K 线图表,该模块通过不断获取 tick 行情并对其按照分钟进行累加计算从而得到分钟 K 线数据。

3.9 vn.py 文件中的投资组合管理模块

vn.py 支持的交易功能众多,其支持手动下单交易、算法下单交易、策略下单交易等,分别进行管理较为复杂,因此 vn.py 提供了一个投资交易组合管理模块,其界面如图 3-9 所示。

在界面的左侧为"组合信息表",其提供了不同下单来源(手动、算法或策略)的交易情况,包括下单交易的标的、盈亏等。具体而言,其每列的含义如下。

(1)组合名称:委托来源标识,所有从 vn.py 进行的委托都能通过组合名称看出其来源。

(2)本地代码:带交易所后缀的合约代码。

(3)开盘仓位:昨日收盘时/今日开盘,投资组合内该合约的持仓。

(4)当前仓位:开盘仓位加上今日成交数量(多头成交-空头成交)的结果。

(5)交易盈亏:今日所有成交,以成交价格映射到当前最新价的盈亏。

(6)持仓盈亏:组合开盘仓位,以昨收盘价映射到当前最新价的盈亏。

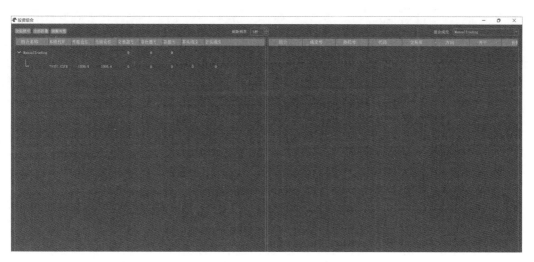

图 3-9 投资组合管理模块的界面

（7）总盈亏：交易盈亏和持仓盈亏的和。
（8）多头成交：投资组合内该合约今日买开和买平的成交数量。
（9）空头成交：投资组合内该合约今日卖开和卖平的成交数量。

图 3-9 右侧所示的部分为成交记录表，其默认包含所有的手动、算法和策略的下单成交信息，通过右上角的组合成交选择框可以对成交记录进行过滤。

3.10 vn.py 文件中的事前风控管理模块

对于不同的交易者而言，都有适合自己的风险偏好与风险度，因此对于交易者而言，需要在系统中设置符合自己风险偏好的风险管理规则。vn.py 提供了一个事前风控管理模块，如图 3-10 所示，单击红色方框中的图标即可打开交易风控的参数设置界面。

图 3-10 事前风控管理模块的界面

之前讲过，通过 vn.py 可以完成手动、算法与策略下单，而所有的委托本质上都由 vn.py 代理委托至交易所，因此站在 vn.py 整体框架的角度而言，其实际上可以看到用户的所有委托（相较于此，不同交易策略无法直接看到彼此的委托情况），因此通过 vn.py 的事前风控管理模块能够对全局的委托与下单进行限制。事前风控管理模块支持的风控规则包括交易流控、下单数量、活动委托、撤单总数等，具体说明如下。

（1）委托流控上限：给定时间窗口内最多允许发出的委托笔数。
（2）委托流控清空：每隔多少秒清零上述统计的委托笔数。
（3）单笔委托上限：每一笔委托允许的最大下单量。
（4）总成交上限：今天日内允许的最大总成交笔数。
（5）活动委托上限：允许的处于活动状态（提交中、未成交、部分成交）的最大委托数量。
（6）合约撤单上限：今天日内允许的单合约撤单次数上限（每个合约独立统计）。

而事前风控管理模块的启停则是通过图 3-10 中的第 1 个下拉列表进行控制的，其中包含停止和启动两种状态。在实际交易中，风控通常分为不同层级，例如每个策略维护自己的风控规则，通过了策略的风控规则后再将订单发送到 vn.py 进行总体的风控检查。对于 vn.py 提供的事前风控功能，推荐每天在运行自动交易前启动事前风控，以检查每一笔发出的委托是否符合风控要求。

3.11　vn.py 文件中的本地仿真交易模块

当用户使用 vn.py 登录实盘账号时，对于刚上线运行的策略并不完全信任，此时可以使用 vn.py 文件中的本地仿真交易模块进行本地的撮合交易，该模块只需将 PaperAccountApp 应用添加到主引擎，再在界面中设置本地仿真交易的相关参数，如图 3-11 所示。

图 3-11　本地仿真交易模块的设置界面

其中，设置项 "市价委托和停止委托的成交滑点" 用于影响市价单和停止单成交时，成交价格相对于盘口价格的滑点跳数;"模拟交易持仓盈亏的计算频率"表示执行一次持仓盈亏计算更新的时间,如果持仓较多,则可能会引起卡顿,此时可以调低频率;"下单后立即使用当前盘口撮合"表示用户发出的委托需要等到下一个 tick 盘口推送才会撮合(模拟实盘情景),而对于 tick 推送频率较低的不活跃合约可以勾选该选项,委托后会立即基于当前的最新 tick 盘口撮合;"清空所有持仓"用于一键清空本地所有持仓数据。

本地仿真交易模块同样可以和其他策略应用模块(如 CtaStrategy 模块、SpreadTrading 模块等)一起使用,从而实现本地化的量化策略仿真交易测试。

目前,本地仿真交易模块没有提供资金计算功能,因此组件显示的资金是实盘账号的资金,该值并不会因为在本地仿真交易模块产生的委托而改变。

成交数据和委托数据不会被保存,关闭 VeighNa Trader 后即消失;持仓数据会在有变化时立即写入硬盘文件,重启 VeighNa Trader 登录交易接口后可看到持仓信息。

3.12　vn.py 文件中的算法委托执行交易模块

通过算法委托执行交易模块 AlgoTrading,用户可以通过其 UI 界面操作来便捷地完成启动算法、保存配置、停止算法等任务。算法交易负责委托订单的具体执行过程。目前,AlgoTrading 提供了多种示例算法,用户可以把大额订单自动拆分成合适的小单分批委托,有效降低交易成本和冲击成本(如冰山算法、狙击手算法)。算法委托执行交易模块的界面如图 3-12 所示。

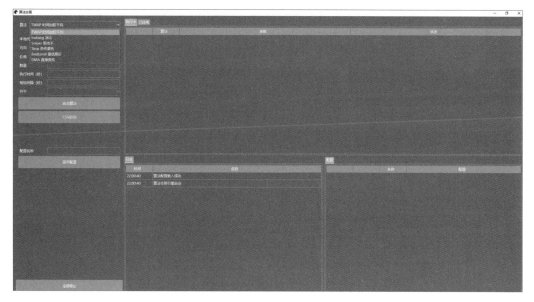

图 3-12　算法委托执行交易模块的界面

在上侧选择需要使用的算法并填写算法所需参数后,单击"启动算法"即可。若有较多交易算法需要同时启动，则可以先编写一个 CSV 文件并各自填写好参数，单击"CSV 启动"即可。

下面简要介绍模块中包括的示例算法。

1. 直接委托算法

直接委托算法（DMA）可直接发出新的委托（限价单、停止单、市价单）。

2. 时间加权平均算法

时间加权平均算法（TWAP）的具体执行步骤如下：

（1）将委托数量平均分布在某个时间区域内，每隔一段时间用指定的价格挂出买单（或者卖单）。

（2）买入/做多/平空：当卖一价低于目标价格时，发出委托，委托数量在剩余委托量与委托分割量中取最小值。

（3）卖出/做空/平多：当买一价高于目标价格时，发出委托，委托数量在剩余委托量与委托分割量中取最小值。

3. 冰山算法

冰山算法（Iceberg）的具体执行步骤如下：

（1）在某个价位挂单，但是只挂一部分，直到全部成交。

（2）买入/做多/平空：先检查撤单，当最新 tick 卖一价低于目标价格时，执行撤单；若无活动委托，则发出委托，委托数量在剩余委托量与挂出委托量中取最小值。

（3）卖出/做空/平多：先检查撤单，当最新 tick 买一价高于目标价格时，执行撤单；若无活动委托，则发出委托，委托数量在剩余委托量与挂出委托量中取最小值。

4. 狙击手算法

狙击手算法（Sniper）的具体执行步骤如下：

（1）监控最新 tick 推送的行情，当发现好的价格时立刻报价成交。

（2）买入/做多/平空：当最新 tick 卖一价低于目标价格时，发出委托，委托数量在剩余委托量与卖一量中取最小值。

（3）卖出/做空/平多：当最新 tick 买一价高于目标价格时，发出委托，委托数量在剩余委托量与买一量中取最小值。

5. 条件委托算法

条件委托算法（Stop）的具体执行步骤如下：

（1）监控最新 tick 推送的行情，当发现行情突破时立刻报价成交。

（2）买入/做多/平空：当 tick 最新价高于目标价格时，发出委托，委托价为目标价格加上超价。

（3）卖出/做空/平多：当 tick 最新价低于目标价格时，发出委托，委托价为目标价格减去超价。

6. 最优限价算法

最优限价算法（BestLimit）的具体执行步骤如下：

（1）监控最新 tick 推送的行情，当发现好的价格时立刻报价成交。

（2）买入/做多/平空：先检查撤单，当最新 tick 买一价不等于目标价格时，执行撤单；若无活动委托，则发出委托，委托价格为最新 tick 买一价，委托数量为剩余委托量。

（3）卖出/做空/平多：先检查撤单，当最新 tick 买一价不等于目标价格时，执行撤单；若无活动委托，则发出委托，委托价格为最新 tick 卖一价，委托数量为剩余委托量。

3.13　vn.py 文件中的多合约组合策略模块

与 3.5 节中介绍的自动交易模块类似，多合约组合策略模块可以简单地理解为支持多合约的自动交易模块，在填写交易合约代码时将合约名使用"，"分割，其他说明与 3.5 节的自动交易模块类似，因此在此不进行赘述，其界面如图 3-13 所示。

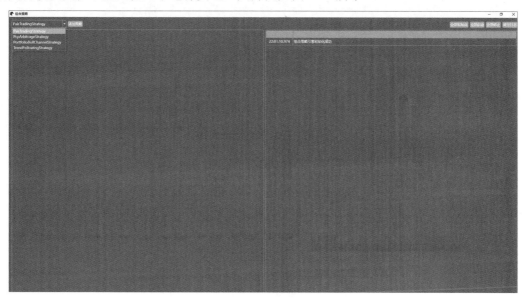

图 3-13　多合约组合策略模块的界面

3.14　vn.py 文件中的多合约价差组合套利模块

多合约价差组合套利模块用于计算不同合约之间的价差，利用统计规律得到合理价差并检测价差出现异常的时机，以便入场进行套利操作，其界面如图 3-14 所示。

使用前需要构建套利的多合约组合，在模块中可以灵活地计算价差，例如 A/B、A−B×C 等，同时允许引入不参与交易的定价腿，满足复杂境内外套利价差需要考虑汇率和税率等因素的需求。在创建价差合约时，需要配置相关参数，如图 3-15 所示。

如图 3-15 所示，每个价差策略最多包括 5 个合约/标的之间的操作（A、B、C、D、E）。
一般来讲，价差交易原则上是在主动腿完成交易后，立刻用被动腿进行对冲，故主动腿

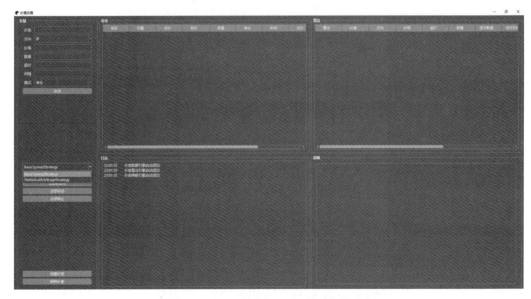

图 3-14　多合约价差组合套利模块的界面

图 3-15　创建价差的界面

一般选择较为不活跃的合约,价格乘数和交易乘数均为正;被动腿一般选择较为活跃的合约,价格乘数和交易乘数均为负。

3.15　小结

本节主要介绍了与 vn.py 相关的基础知识,从它的整体架构开始到 vn.py 文件中的接口与数据库模块都做了一个较为详细的介绍。在介绍了众多 vn.py 文件中的上层模块之后,读者需要加以关注的主要是回测模块与自动交易模块,这两者在开发策略的过程中应用最多。

第 4 章 量化交易的基础知识

本章将会对量化交易所需的基础知识进行简单介绍,对于一个良好的量化策略而言,其应该包括交易信号的产生(买卖信号的产生)、仓位的管理及风险控制等几大部分,在合理的风险控制下尽可能地获取最大利润。本章将从这几大方面对量化交易的基础知识进行介绍。

4.1 交易策略

量化交易策略是基于数字、数学和统计发现等数理技术发现金融市场中盈利机会的方法,它通过研究已发生的历史事件、历史成交价格、历史成交量等信息来对未来的价格走势或事件发生可能性等进行推断。从定义不难看出,使用量化策略其实隐含了用户认为在市场上历史会重演(根据历史数据推断将来),这一点也是读者在构建或使用量化交易策略时的前提。

对于交易策略的概念而言,从用户的角度来看其本质是一个黑盒,其接收若干历史数据作为输入进行分析(具体逻辑未知),为用户输出当前是否应该采取交易动作(交易信号),如图 4-1 所示。

图 4-1 交易策略的黑盒模型

由于交易策略的具体做法繁多,本章对交易策略的介绍不涉及具体策略的执行逻辑,在第 5 章将介绍不同的交易策略的思想与逻辑。

4.2 仓位与资金管理

一个交易策略的仓位和资金由多方面因素决定,最常见的是买卖/开平操作带来的仓位和资金变化。除此之外仓位还会受到人为定义的影响,例如,用户定义规则希望持仓均价不超过 10 元，那么即使交易策略发出了交易信号，如果当前该信号产生的交易会导致持仓均价超过 10 元，则此时也不应该发生交易。在本节将介绍几种常用的仓位与资金管理策略，其都应用于开仓时的仓位和资金管理。

4.2.1 固定仓位/资金管理策略

最简单的仓位/资金管理方式是固定仓位/资金管理策略，其每次开仓和平仓是一个数量固定值或资金固定值（例如每次只交易一手、使用可用资金的10%等），代码如下：

```python
//ch4/position_management.py
from dataclasses import dataclass

#当前仓位
pos = 0
available = 100000

@dataclass
class Trade:
    """ 交易的数据类 """
    #交易的标的
    symbol: str
    #交易的方向
    direction: str
    #交易的价格
    price: float
    #交易的数量
    size: int

def buy(symbol, price, size):
    """ 买入的函数 """
    global pos, available
    pos += size
    available -= size * price

def sell(symbol, price, size):
    """ 卖出的函数 """
    global pos, available
    pos -= size
    available += size * price

def fixed_position(trade: Trade, max_pos=None, fixed_size=1, mode='quantity'):
    """ 固定仓位管理策略 """
    if max_pos is not None and pos >= max_pos:
```

```
        return

    if mode == 'quantity':
        size = fixed_size
    else:
        size = int(fixed_size * available / trade.price)

    if trade.direction == 'buy':
        buy(trade.symbol, trade.price, size)
    elif trade.direction == 'sell':
        sell(trade.symbol, trade.price, size)
```

代码中首先维护了一个当前仓位数量 pos 与当前可用资金数量 available，并简单地写了一个买入与卖出（开仓与平仓也类似）的函数，这些方法可以被所有的仓位管理策略共用。

在 fixed_position 方法中，其接受当前交易信号 trade（包括需要交易的标的、方向、价格与数量）、允许持有的最大仓位 max_pos（如果为 None，则表示不限制最大仓位）、每次下单的固定数量/比例与下单模式（按照固定的数量或固定比例的金额下单）。

从逻辑中可以看出，在真正执行 buy 或 sell 函数时其忽略了 trade 中的下单量，而使用 fixed_size 进行下单。这种最简单的仓位管理在快速验证交易策略的有效性时是一个好的选择。

4.2.2 漏斗形管理策略

顾名思义，漏斗形管理对于仓位和金额的管理不是固定的，其适用于市场下行情况下的仓位和资金管理。在市场下行时，漏斗形仓位管理采取"越跌越加仓"的模式，用于摊薄持仓成本，使在市场趋势反转上升时更容易盈利，如图 4-2 所示。

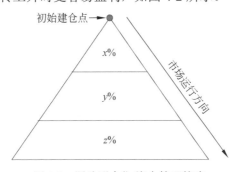

图 4-2　漏斗形仓位/资金管理策略

如下代码简单地实现了漏斗形仓位/资金管理策略：

```
//ch4/position_management.py
#漏斗形仓位管理策略的初始下单比例
funnel_ratio = 0.1
```

```python
#记录上一次的价格,用于判断市场状态
last_price = None

def funnel_position(trade: Trade, ratio_step=0.1):
    """ 漏斗形仓位管理策略 """
    global funnel_ratio, last_price

    if last_price is not None:
        #市场未发生下行
        if last_price < trade.price:
            return

    size = int(funnel_ratio * available / trade.price)

    if trade.direction == 'buy':
        buy(trade.symbol, trade.price, size)

    last_price = trade.price
    funnel_ratio += ratio_step
    funnel_ratio = min(funnel_ratio, 1)
```

从以上代码可以看出,当市场发生下行时,根据当前应该要交易的资金比例算出应该的下单量,并且将当前的下单价格认为是当前的市场价格(在实际应用中不应该如此),并在下行时增加下一次下单的资金比例。

4.2.3 金字塔形策略

与漏斗形策略类似,与其对应的是金字塔形策略。金字塔形策略的核心思想是:在市场趋势与当前交易盈利方向不一致时,不进行操作,而在市场趋势与当前交易盈利方向一致时,进行加仓,并且加仓的比例逐渐减小,如图 4-3 所示。

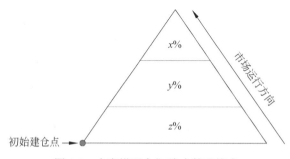

图 4-3 金字塔形仓位/资金管理策略

使用金字塔形策略实际上是一种"顺势而为"的做法,在市场走势符合预期的前提下进行少量加仓,在提高了利润的同时也不会过多地提高持仓成本。类似地,容易写出金字塔形策略的代码，代码如下：

```python
//ch4/position_management.py
#金字塔形初始下单比例
pyramid_ratio = 0.5

def pyramid_position(trade: Trade, ratio_step=0.1):
    """ 金字塔形仓位管理策略 """
    global pyramid_ratio, last_price

    if last_price is not None:
        #市场未发生上行
        if last_price > trade.price:
            return

    size = int(pyramid_ratio * available / trade.price)

    if trade.direction == 'buy':
        buy(trade.symbol, trade.price, size)

    last_price = trade.price
    pyramid_ratio -= ratio_step
    pyramid_ratio = max(pyramid_ratio, 0)
```

对于代码的理解与漏斗形策略类似，在此不再赘述。

4.2.4 马丁策略

马丁策略最初被用于赌场，在资金和时限无限大的假设下，使用马丁策略对仓位与资金进行管理，从理论上来讲盈利的概率几乎是100%。马丁策略可以看作一种特殊的漏斗形策略，本质上采用的同样是"越跌越加仓"策略。马丁策略在赌场的背景下描述为在猜大小的赌局中，每次只坚定押注某一边（大或小），如果某一次输钱了，下一次就把押注的数额翻倍，只要赢一次，就可以将前面所有亏损的数目全部赢回来。那么在量化交易中，马丁策略可以描述为每次只坚定买入（坚定认为市场会走高），如果当前这对交易（一次买入与对应的一次卖出为一对交易）发生了亏损，则下一次买入时将买入的数量调整为上一次的两倍。比较在赌场与量化交易场景下的描述不难发现，在量化交易中，由于其不像赌场中的亏损与收入是一个确定值，在量化交易中使用马丁策略只能提升回本/盈利的可能性，而并不能保证100%产生盈利。马丁策略的伪代码如下：

```python
//ch4/position_management.py
#马丁策略的上一次下单量
last_size = 1
```

```
def martin_position(trade: Trade):
    """ 马丁策略 """
    global last_size

    if <出现了亏损>:
        last_size *= 2
        buy(trade.symbol, trade.price, last_size)
```

如何进行亏损的界定,以及如何进行交易的配对在本节不进行讲解,因此代码中不具体编写详细逻辑。与漏斗形策略类似,在实际操作时,马丁策略是一种"扛单"的方法,很可能还没等到市场走势发生反转就已经发生了爆仓(资金不足)。

4.2.5 反马丁策略

4.2.4 节谈到了马丁策略实际上是一种特殊加仓方法的漏斗形策略,是一种逆势策略,而反马丁策略则与金字塔形策略类似,是一种顺势策略。在市场走势产生盈利时,继续以两倍的下单量下单,若出现亏损则卖出(平仓),下一次下单再重新以初始的下单量进行下单。

与马丁策略类似,反马丁策略的伪代码如下:

```
//ch4/position_management.py
#反马丁策略的上一次下单量
last_size = 1

def anti_martin_position(trade: Trade):
    """ 反马丁策略 """
    global last_size

    if <产生了盈利>:
        last_size *= 2
        buy(trade.symbol, trade.price, last_size)
```

使用反马丁策略能在市场顺势时快速重仓抓住趋势,在短时间内最大化利润。

4.2.6 凯利公式

在以上介绍的各种仓位/资金管理方法中,对于每次下单量都是启发性的,而凯利公式则是根据当前策略的胜率可以计算出下单最优使用的资金,从数学期望上而言能够获得最大收益,公式如式(4-1)所示。

$$f^* = \frac{bp-q}{b} = \frac{p(b+1)-1}{b} \tag{4-1}$$

其中,f^*表示应该投入当前资金的比例,b 为投注可以得到的赔率,p 与 q 则分别为胜率与负率,即 $p = 1-q$。

举例而言,如果根据历史表现发现获胜(盈利)的概率为 60%,赔率为 2∶1,则可以

计算出 $f^*=0.4$,这次应该拿出 40%的资金进行下注。使用凯利公式进行仓位/资金管理的计算代码不难编写,更重要的是如何定义式中的变量。

4.3 事前风控

从风险控制的角度而言,必定是防患于未然,将风险越早进行控制越好,因此一般而言,事前风控优于事中风控,事中风控优于事后风控,而由于市场信息风云变幻,这三者从交易链路的不同环节进行风险控制其实都是必不可少的。本节将介绍事前风控。

事前风控指的是在交易指令发送出去之前对交易指令进行风险监测,已通过检测的交易指令被直接提交到交易模块进行报单,而未通过检测的交易指令则直接进行拒绝。对于一些追求低延时的交易策略(如高频策略),事前风控的执行也需要极高的效率。

从事前风控的定义来看,不难理解其与具体使用的交易系统或交易策略有极高的耦合性,有时对于不同的交易策略会制定不同的风控规则,同时事前风控策略要求低延迟,其执行不应对原有下单时间产生过大的影响,避免错失交易机会;同时由于事前风控相对而言是一种最安全的风控,属于一种防患于未然的方式,其可靠性也是需要严格要求的,如果事前风控出现判断失误,则报出的错误下单很有可能导致交易事故。

事前风控指标包括几个方面:一是交易所的规定,报出的单需要避免违反交易所监管层面的需求,例如需要避免自成交、一段时间内的撤单数不可过大、单次委托手数不可超过监管要求的最大手数等;二是事前风控需要保障策略在运行的过程中符合用户定义的指标,例如使用的资金不超过多大的比例,交易产生不超过最大持仓,以及报单数、报单频率不超过某个值等。

4.4 事中风控

事中风控主要是指在交易过程中对策略的执行情况进行监控,以及在盘中对策略的风险度进行衡量,其相对于事前风控而言与特定策略的耦合度较低。设计事中风控逻辑的要点在于对关键风险点的实时监控与风险出现时执行的决策逻辑。一个良好的关键风险的实时监控模块有助于风险尽早发现与风险处理逻辑的前移。

4.5 事后风控

事后风控是指对交易数据在盘后进行分析,为日后执行更加严谨的风控规则与策略优化进行指导。事后风控可以看作对事前与事中风控结果的汇总、分析与评价,进行事后风控是提升风险控制效率、形成风险控制闭环管理的必要环节。

4.6 小结

本章向读者简要介绍了量化知识，包括交易策略、仓位/资金管理与风险控制的概念与分类，这些模块都是在量化交易中不可缺少的部分。在后面的几章中，本章介绍的内容将会有所体现。

第 5 章 基于指标的交易策略

从本章开始将会为读者介绍基于指标的交易策略,指标通常由人为启发式地提出,当指标到达某一特定值时应该做出不同的决策。在介绍具体的指标思想与其计算方法之前,笔者将介绍交易策略的整体框架,该框架在后面几章的内容中同样适用。

5.1 交易策略框架

17min

在 vn.py 文件中,交易策略(仅代指用于 3.5 节中自动交易模块的策略,下同)的基类为 CtaTemplate,其定义代码如下:

```
//ch5/cta_template.py
class CtaTemplate(ABC):
    """"""

    author: str = ""
    parameters: list = []
    variables: list = []

    def __init__(
        self,
        cta_engine: Any,
        strategy_name: str,
        vt_symbol: str,
        setting: dict,
    ) -> None:
        """"""
        self.cta_engine: Any = cta_engine
        self.strategy_name: str = strategy_name
        self.vt_symbol: str = vt_symbol

        self.inited: bool = False
        self.trading: bool = False
```

```python
        self.pos: int = 0

        #Copy a new variables list here to avoid duplicate insert when multiple
        #strategy instances are created with the same strategy class.
        self.variables = copy(self.variables)
        self.variables.insert(0, "inited")
        self.variables.insert(1, "trading")
        self.variables.insert(2, "pos")

        self.update_setting(setting)
    …
    @virtual
    def on_init(self) -> None:
        """
        Callback when strategy is inited.
        """
        pass

    @virtual
    def on_start(self) -> None:
        """
        Callback when strategy is started.
        """
        pass

    @virtual
    def on_stop(self) -> None:
        """
        Callback when strategy is stopped.
        """
        pass

    @virtual
    def on_tick(self, tick: TickData) -> None:
        """
        Callback of new tick data update.
        """
        pass

    @virtual
    def on_bar(self, bar: BarData) -> None:
        """
        Callback of new bar data update.
```

```python
        """
        pass

    @virtual
    def on_trade(self, trade: TradeData) -> None:
        """
        Callback of new trade data update.
        """
        pass

    @virtual
    def on_order(self, order: OrderData) -> None:
        """
        Callback of new order data update.
        """
        pass

    @virtual
    def on_stop_order(self, stop_order: StopOrder) -> None:
        """
        Callback of stop order update.
        """
        pass
...
```

在 vn.py 的设计中，每个策略都有自己的参数（parameter）和变量（variable），读者可以将参数理解为用户从策略外部单独设置的值，与策略本身无关，而通过策略自身的内部逻辑结合用户输入的参数值计算得到的由一系列策略自身维护的值即为变量，变量便于用户对当前策略的运行情况进行监控。例如在代码的 __init__ 方法中使用 self.variables.insert 方法插入 3 个变量：inited、trading 和 pos，其分别表示策略的初始化状态、交易状态和当前持仓值，用户通过这 3 个变量即可知道策略的运行状态和持仓量。

vn.py 文件中的策略主要以回调函数的形式执行各种情形下的逻辑，如上代码所示使用 virtual 注解的方法：on_init、on_start、on_stop、on_tick、on_bar、on_trade、on_order 及 on_stop_order，这些方法表示策略中支持的回调函数，下面将分别介绍这些回调函数的含义。

（1）on_init：策略初始化时的回调函数。

（2）on_start：策略启动时的回调函数。

（3）on_stop：策略停止时的回调函数。

（4）on_tick：收到新的 tick 消息的回调函数。

（5）on_bar：收到新的 bar 消息的回调函数。

（6）on_trade：收到新的成交回报的回调函数。

（7）on_order：收到新的委托请求的回调函数。

（8）on_stop_order：收到新的停止单[①]委托请求的回调函数。

通常而言，交易执行的逻辑在 on_tick 或者 on_bar 中执行，收到新的行情信息后，当策略通过计算得到此时应该进行交易时，执行 buy/sell/short/cover 相应的交易动作。在本章接下来的策略中，读者将看到根据不同的交易信号进行下单的示例。

5.2 双均线交易策略

14min

根据双均线进行交易可以说是最简单的一种策略。从名称不难看出，其本质由两条均线构成，对于时间序列而言，均线的计算一般使用移动平均线进行计算，下文使用 MA(*t*) 表示计算过去长度为 *t* 的时间序列的平均值，根据定义容易知道 MA(*t*) 使用式(5-1)进行计算：

$$\mathrm{MA}(t) = \frac{1}{t}\sum_{i=-t}^{-1} x_i \tag{5-1}$$

式(5-1)中所使用的下标表示形式为 Python 中列表的形式，表示取序列 *x* 中的最后 *t* 个元素的平均值（假定时间序列 *x* 为正序排列）。如下代码手动计算了移动平均线的值：

```
//ch5/ma_strategy/demo.py
test_list = [1, 3, 2, 5, 4, 9, 8, 7]
period = 3

ma_list = []
for i in range(len(test_list) + 1):
    if i >= period:
        #计算下标 i 及其前 period 个元素的均值
        ma = sum(test_list[i - period: i]) / period
        ma_list.append(ma)

print(ma_list)
```

代码比较简单，在此不进行说明。如上代码加粗行展示了一种最简单的均值计算方法，读者可以自行尝试其他均值计算方法，例如几何平均、调和平均或指数移动平均等。

幸运的是，移动平均值的计算逻辑不需要自己实现，TA-Lib 已经实现了许多指标的计算，其中就包含各种均值的计算方法。在 TA-Lib 中，使用 SMA（Simple Moving Average）方法即可完成式(5-1)的计算，函数接收一个名为 timeperiod 的参数，表示回溯数据的长度，如果需要使用 TA-Lib 完成同样的计算，则需要如下的代码：

```
//ch5/ma_strategy/demo.py
```

---

① 停止单是一种特殊的委托方式，其将委托消息缓存在本地，当市场价格符合委托价格时才真正将委托报送到交易柜台，避免过早报单至柜台而暴露交易意图。

```
import talib
import numpy as np

print(
    talib.SMA(
        np.asarray(test_list).astype(np.float64),
        timeperiod=period
    )
)
```

运行以上代码，不难得出与手动计算的相同结果。不同之处在于 TA-Lib 的方法需要接收数据类型为 float 的 NumPy 数组作为参数，并且其返回与输入数组相同长度的结果，在本示例中，由于 period 值为 3，因此结果中的前两个值为 NaN。

那么如何使用均值进行交易呢？首先读者需要了解均值的特性，其相当于对历史值的平滑操作，并且随着均值计算周期越长，平滑程度越高，图 5-1 为螺纹主连日 K 线与 5、8、13、60 和 250 日的均线图，从图中不难发现除了 60 和 250 日均线，其他均线都随着 K 线一同有较大的波动。

图 5-1　螺纹主连日 K 线及均线

在信噪比低的市场中，过滤无用波动而留下主要的趋势走向是至关重要的，而均线恰好就能做到这一点，然而如果使用较长周期的均线，则会导致数据计算的滞后性，反而会导致均线走势跟不上实际市场走势的变化，因此周期的选取是均线策略的关键。

读者不难理解，对于 $t_1 < t_2$ 来讲，$MA(t_1)$ 的变化会比 $MA(t_2)$ 的变化更为剧烈，更接近市场的实际走势，因此，如果在市场下跌或者横盘时发现短期均线突然从下向上穿过长周期均

线，则说明短期向上趋势强烈，可以认为此时后市可能会上涨；反之，如果在市场上涨或横盘了一段时间后，短期的均线突然从上向下穿过了长周期均线，则说明后市有下跌的可能，这两种交叉分别称作"金叉"和"死叉"，图 5-2 展示了螺纹主连日 K 中的一组"金叉"和"死叉"，其中均线是以 5 日和 10 日线进行判定的。

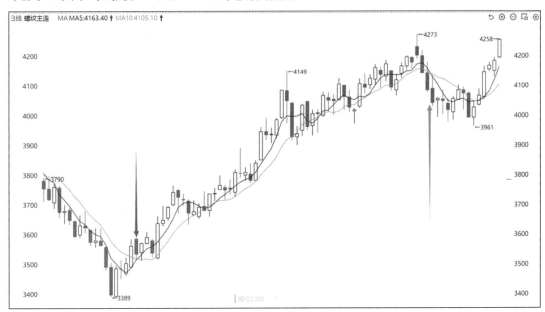

图 5-2　螺纹主连日线及均线交叉

通过策略逻辑判断，在"金叉"时买入并持有到"死叉"卖出，则能赚取这一波上涨行情的利润，同时不至于被中途的回撤"清洗"出局。在 vn.py 文件中实现双均线交易策略十分简单，代码如下：

```
//ch5/ma_strategy/ma_strategy.py
from vnpy_ctastrategy import (
    CtaTemplate,
    StopOrder,
    TickData,
    BarData,
    TradeData,
    OrderData,
    BarGenerator,
    ArrayManager,
)
from vnpy.trader.object import Interval

class MaStrategy(CtaTemplate):
    """ 均线策略 """
```

```python
    author = "ouyangpengcheng"

    fast_window = 5
    slow_window = 10
    fixed_size = 1

    fast_ma0 = 0.0
    fast_ma1 = 0.0

    slow_ma0 = 0.0
    slow_ma1 = 0.0

    parameters = ["fast_window", "slow_window", "fixed_size"]
    variables = ["fast_ma0", "fast_ma1", "slow_ma0", "slow_ma1"]

    def __init__(self, cta_engine, strategy_name, vt_symbol, setting):
        """"""
        super().__init__(cta_engine, strategy_name, vt_symbol, setting)

        #默认使用分钟线
        self.bar_generator = BarGenerator(self.on_bar)
        self.array_manager = ArrayManager(2 * max(self.fast_window, self.slow_window))

    def on_init(self):
        """
        Callback when strategy is inited.
        """
        self.write_log("策略初始化")
        self.load_bar(2 * max(self.fast_window, self.slow_window), use_database=True)

    def on_start(self):
        …

    def on_stop(self):
        …

    def on_tick(self, tick: TickData):
        """
        Callback of new tick data update.
        """
        self.bar_generator.update_tick(tick)
```

```python
    def on_bar(self, bar: BarData):
        """
        Callback of new bar data update.
        """
        array_manager = self.array_manager
        array_manager.update_bar(bar)
        if not array_manager.inited:
            return

        #ArrayManager 中的 sma 方法从底层直接调用 talib.SMA
        #计算 5 日均线
        fast_ma = array_manager.sma(self.fast_window, array=True)
        #判断交叉至少需要两个点
        #因此获取最近一天和最近第二天的 5 日均线值
        self.fast_ma0 = fast_ma[-1]
        self.fast_ma1 = fast_ma[-2]

        #计算 10 日均线
        slow_ma = array_manager.sma(self.slow_window, array=True)
        #获取最近一天和最近第二天的 10 日均线值
        self.slow_ma0 = slow_ma[-1]
        self.slow_ma1 = slow_ma[-2]

        #如果最近一天 5 日均线值大于 10 日均线值
        #并且最近第二天的 5 日均线值小于 10 日均线值
        #则说明最近一天 5 日均线完成了对 10 日均线的上穿(金叉)
        cross_over = self.fast_ma0 > self.slow_ma0 and self.fast_ma1 < self.slow_ma1

        #如果最近一天 5 日均线值小于 10 日均线值
        #并且最近第二天的 5 日均线值大于 10 日均线值
        #则说明最近一天 5 日均线完成了对 10 日均线的下穿(死叉)
        cross_below = self.fast_ma0 < self.slow_ma0 and self.fast_ma1 > self.slow_ma1

        #如果发生了金叉
        if cross_over:
            if self.pos == 0:
                #如果无持仓,则开多仓
                self.buy(bar.close_price, self.fixed_size)
            elif self.pos < 0:
                #如果持有空仓,则先平仓再开多仓
```

```python
                self.cover(bar.close_price, abs(self.pos))
                self.buy(bar.close_price, self.fixed_size)
        #如果发生了死叉
        elif cross_below:
            if self.pos == 0:
                #如果无持仓，则开空仓
                self.short(bar.close_price, self.fixed_size)
            elif self.pos > 0:
                #如果持仓多仓，则先平仓再开空仓
                self.sell(bar.close_price, abs(self.pos))
                self.short(bar.close_price, self.fixed_size)

        self.put_event()

    def on_order(self, order: OrderData):
        …

    def on_trade(self, trade: TradeData):
        …

    def on_stop_order(self, stop_order: StopOrder):
        …
```

在 vn.py 的策略中，通常会初始化一个 BarGenerator 和 ArrayManager 的实例，其中 BarGenerator 用于完成 tick 数据到 K 线数据的合成，参数需要指定合成好 K 线时的回调函数（如上代码中为 self.on_bar），在 on_tick 函数（收到 tick 数据的回调）中调用 BarGenerator 的 update_tick 方法将 tick 数据传入，以便进行 K 线数据的更新；ArrayManager 则负责存储最新和历史的 K 线数据（OHLCV、换手和持仓量），ArrayManager 将 TA-Lib 中大量指标计算的方法又封装了一层，因此在以上代码中使用 ArrayManager 的 SMA 方法进行均线的计算。均线"金叉"与"死叉"的逻辑在代码注释中已经详细说明，在此不再赘述。在 on_init 方法中使用了 load_bar 方法，其会预加载部分历史数据，通过回调 on_bar 完成 ArrayManager 的初始化。

在进行回测之前需要确保 vn.py 使用的数据库（默认为 SQLite）中有足够的数据（足够意味着能够完成 load_bar 的数据预加载和至少一次开仓操作）完成回测，如果读者的数据库已经有足够的数据，则可以跳过本节。笔者在本章代码的文件夹内放置了 PTA 指数和螺纹指数的历史日线数据（TA888.csv、rb888.csv），使用 3.7 节中的历史数据管理模块对 CSV 数据进行导入即可。

使用 3.4 节中介绍的 CTA 回测模块对本节的均线进行默认参数（5 日和 10 日均线）回测，可以得到如图 5-3 所示的结果，笔者使用的是 PTA 指数数据完成的回测，在回测之前需要设置品种相关参数,将合约乘数与价格跳动改为交易品种的特定值(PTA 的合约乘数为 5,价格跳动为 2)。

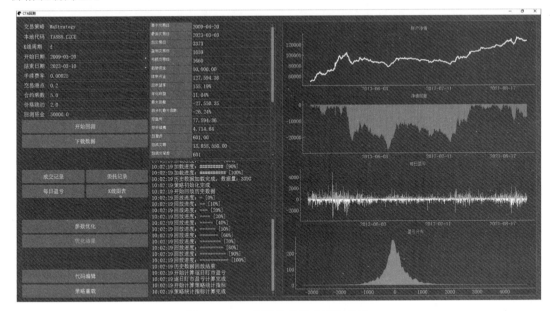

图 5-3　PTA 指数均线策略回测结果

从图 5-3 可以看出,在回测周期内策略取得了年化 11%的收益,总收益为 155%。那么对于 PTA 而言,默认的 5 日与 10 日均线是否是最好的参数？vn.py 提供了一个参数优化的工具,可以对策略参数进行暴力优化或遗传算法的优化,并且可以指定优化目标(默认为总收益率)。上述策略中的参数仅包括两条均线的周期和单次的下单量,在交易信号相同的情况下,更大的下单量势必会带来更高的收益/回撤,因此下单量参数通常不作为优化的对象,在此仅将优化目标设置为"总收益率",优化对象为长短期均线的周期,其中短期均线的优化范围为[1,20],步长为 1；长期均线优化范围为[1,60],步长为 1,使用多进程进行暴力优化,优化参数配置如图 5-4 所示。

需要注意的问题是,在 vn.py 的优化过程中,不会检查"短期均线周期小于长期均线周期"这一限制,通常来讲人工在优化结果中将不符合限制的结果剔除或在策略代码中进行参数的校验即可。单击图 5-4 中的"多进程优化"并等待一段时间后单击"优化结果"可以得到如图 5-5 所示的参数优化结果。

将最优参数填入进行回测可以得到如图 5-6 所示的回测结果。

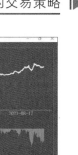

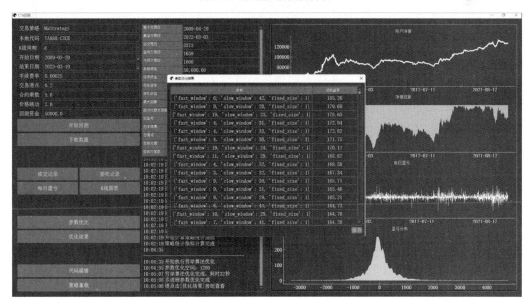

图 5-4 策略参数优化界面

图 5-5 PTA 指数均线策略回测结果

相较于图 5-3，图 5-6 所示的结果中年化收益率和总收益率都更高，不过其回撤百分比更大，交易者需要根据适合自己的风险承受能力选择适合的参数。本节的策略代码仅展示了策略核心的信号产生与交易部分，也仅处理了 K 线数据，一个完整的策略还应该包括仓位管理与风险控制等部分，在本章笔者仅关注策略信号的产生，策略更多的组成部分读者可以自行查找资料进行学习。

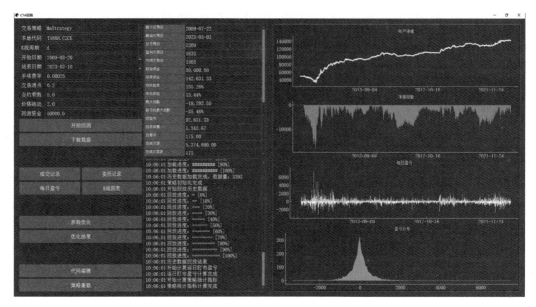

图 5-6　PTA 指数均线策略最优参数回测结果

5.3　KDJ 交易策略

KDJ 指标的计算较为复杂，其作为一种常用的指标需要先计算周期内的 RSV 值，再分别计算 K、D 和 J 值，RSV 值的计算如下式所示。

$$\text{RSV}_n = \frac{C_n - L_n}{H_n - L_n} \times 100 \tag{5-2}$$

其中，C_n、H_n 和 L_n 分别代表第 n 个 K 线的收盘价、前 n 个 K 线中的最高价及前 n 个 K 线中的最低价，不难发现 RSV 的值总在 0~100。接下来根据下式计算 K 和 D 值：

$$\begin{cases} K_n = \frac{2}{3} \times K_{n-1} + \frac{1}{3} \text{RSV}_n, & n > 0 \\ K_n = 50, & n = 0 \end{cases} \tag{5-3}$$

$$\begin{cases} D_n = \frac{2}{3} \times D_{n-1} + \frac{1}{3} K_n, & n > 0 \\ D_n = 50, & n = 0 \end{cases} \tag{5-4}$$

不难看出，K 值是对 RSV 值的移动平均值，而 D 值则是对 K 值的移动平均值。最后，J 值由式(5-5)进行计算：

$$J_n = 3 \times K_n - 2 \times D_n \tag{5-5}$$

由于 RSV 的取值范围是 0~100，K 值与 D 值的范围同样也为 0~100，J 值反映的含义为 D 值与 K 值之间的离差。使用 KDJ 指标进行交易有许多不同的方法，本节将介绍其中一种。

D 值是 K 值的平均，因此对于原始的 RSV 值而言，D 值显得更加钝化，因此可以认为 K 和 D 分别为快速与慢速平均线，因此当 D 线上穿 K 线时可以认为是"金叉"，反之认为是"死叉"，如图 5-7 所示；除此之外，由式(5-2)可以看出 RSV 本身的值大小是有含义的，当 RSV 越接近 100，则说明收盘价与最高价越接近，反之说明收盘价与最低价越接近，因此 RSV/K/D 值的大小能说明此时 K 线价格之间的关系，通常而言，当 K 值或 D 值小于 20 时，考虑当前处于超卖状态，因此做多，而当 K 值或 D 值大于 80 时，则认为当前处于超买状态，因此做空。对于 J 值的判断则是若 J 值小于 0，则做多；若大于 100，则做空。

图 5-7　PTA 主连日线及 KDJ 金叉与死叉

使用 TA-Lib 可以很方便地计算得出 K、D 值，J 值还需要按照式(5-5)进行简单计算，整体的 KDJ 策略代码如下：

```
//ch5/kdj_strategy/kdj_strategy.py
import talib

from vnpy_ctastrategy import (
    CtaTemplate,
    StopOrder,
    TickData,
    BarData,
    TradeData,
    OrderData,
    BarGenerator,
```

```python
        ArrayManager,
)
from vnpy.trader.constant import Interval

class KdjStrategy(CtaTemplate):
    """ KDJ 交易策略 """
    author = "ouyangpengcheng"

    fastk_period = 9
    slowk_period = 3
    slowk_matype = 0
    slowd_period = 3
    slowd_matype = 0

    slowk_bid = 20
    slowk_sell = 80
    slowd_bid = 20
    slowd_sell = 80
    j_bid = 0
    j_sell = 100

    fixed_size = 1

    vt_symbol = None
    intra_trade_high = 0
    intra_trade_low = 0

    win_times = 1
    lose_times = 1

    win_profit = 0
    lose_profit = 0

    amount_ratio = 0

    parameters = [
        "fastk_period",
        "slowk_period",
        "slowd_period",
        "slowk_bid",
        "slowk_sell",
        "slowd_bid",
        "slowd_sell",
```

```python
        "j_bid",
        "j_sell",
        "fixed_size",
    ]

    variables = [
        "vt_symbol", "intra_trade_high", "intra_trade_low"
    ]

    def __init__(self, cta_engine, strategy_name, vt_symbol, setting):
        super().__init__(cta_engine, strategy_name, vt_symbol, setting)
        self.vt_symbol = vt_symbol
        self.prefetch_num = 2 * max(self.fastk_period, self.slowk_period, self.slowd_period)

        self.bar_generator = BarGenerator(self.on_bar)
        self.array_manager = ArrayManager(self.prefetch_num)
        self.highs = None
        self.lows = None
        self.opens = None
        self.closes = None
        self.volumes = None

    def on_init(self):
        """
        Callback when strategy is inited.
        """
        self.write_log("策略初始化")
        self.load_bar(self.prefetch_num)

    def on_tick(self, tick: TickData):
        """
        Callback of new tick data update.
        """
        self.bar_generator.update_tick(tick)

    def on_bar(self, bar: BarData):
        """
        Callback of new bar data update.
        """
        self.cancel_all()
        am = self.array_manager
```

```python
am.update_bar(bar)
self.write_log(f'Received Bar Data: {bar}')

if not am.inited:
    return

self.highs = am.high[-self.prefetch_num:]
self.lows = am.low[-self.prefetch_num:]
self.opens = am.open[-self.prefetch_num:]
self.closes = am.close[-self.prefetch_num:]
self.volumes = am.volume[-self.prefetch_num:]

slowk, slowd = talib.STOCH(high=self.highs,
                           low=self.lows,
                           close=self.closes,
                           fastk_period=self.fastk_period,
                           slowk_period=self.slowk_period,
                           slowk_matype=self.slowk_matype,
                           slowd_period=self.slowd_period,
                           slowd_matype=self.slowd_matype)
j = 3 * slowk[-1] - 2 * slowd[-1]

size = self.fixed_size

#K/D/J 值发出买入信号或发生金叉
rise_signal = j < self.j_bid or \
              (slowk[-1] > slowk[-2] > slowk[-3] and \
               slowk[-1] > slowd[-1] and \
               slowk[-2] < slowd[-2])

#K/D/J 值发出卖出信号或发生死叉
down_signal = j > self.j_sell or \
              (slowk[-1] < slowk[-2] < slowk[-3] and \
               slowk[-1] < slowd[-1] and \
               slowk[-2] > slowd[-2])

if rise_signal:
    #反手或开多
    if self.pos <= 0:
        price = bar.close_price
        size = abs(self.pos)
        if size > 0:
            self.cover(price, size)
```

```
            self.buy(price, self.fixed_size)
    elif down_signal:
        #反手或开空
        if self.pos >= 0:
            price = bar.close_price
            size = abs(self.pos)
            if size > 0:
                self.sell(price, size)
            self.short(price, self.fixed_size)
    self.put_event()
...
```

talib.STOCH 方法会在内部计算 fastk、slowk、slowd，其中 fastk 即 RSV，slowk 和 slowd 分别是 K 和 D，方法直接返回 slowk 与 slowd。使用以上策略进行回测可以得到如图 5-8 所示的结果。

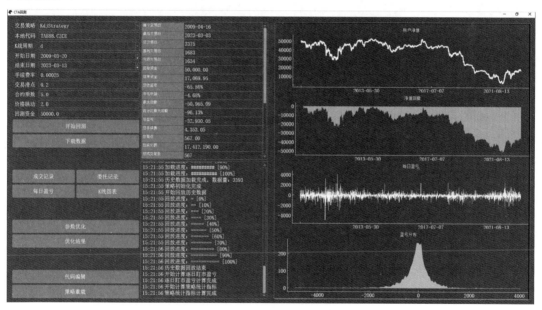

图 5-8　KDJ 策略默认参数回测结果

从图 5-8 所示的回测结果可以看出，默认参数的表现不佳，在过去十几年亏损了大半本金，说明默认参数并不适用于 PTA 指数的行情，因此需要对参数进行优化。KDJ 参数较多，优化的参数组合数过多，因此仅选取其中最重要的参数进行优化，即 fastk_period（KDJ 所有的值都由 RSV 的值计算而来，因此仅优化 RSV 的参数值），优化完成后可以得到如图 5-9 所示的结果。

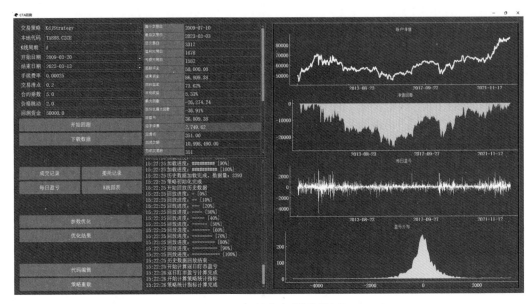

图 5-9 KDJ 最优参数回测结果

5.4 MACD 交易策略

MACD 的全称为指数平滑异同平均线，是从双指数移动平均线发展而来的。通过计算不同长短周期的指数移动平均线 $\text{EMA}^{\text{short}}$ 与 EMA^{long} 和两者差值的指数移动平均线等获取 MACD 值，首先计算不同长短周期的指数移动平均线，如式（5-6）所示。

$$\text{EMA}_i^{\text{short}} = \text{EMA}_{i-1}^{\text{short}} \times \frac{\text{short}-1}{\text{short}+1} + \text{price}_i \times \frac{2}{\text{short}+1}$$
$$\text{EMA}_i^{\text{long}} = \text{EMA}_{i-1}^{\text{long}} \times \frac{\text{long}-1}{\text{long}+1} + \text{price}_i \times \frac{2}{\text{long}+1}$$
(5-6)

式（5-6）中，short 和 long 分别为长短周期的值，price_i 为第 i 个周期的价格（通常使用收盘价计算）。接着计算两条指数移动平均线的离差值 DIF：

$$\text{DIF}_i = \text{EMA}_i^{\text{short}} - \text{EMA}_i^{\text{long}} \tag{5-7}$$

使用下式计算离差值 DIF 的指数移动平均，其中 dea 为计算周期：

$$\text{DEA}_i = \text{DEA}_{i-1} \times \frac{\text{dea}-1}{\text{dea}+1} + \text{DIF}_i \times \frac{2}{\text{dea}+1} \tag{5-8}$$

最后，MACD 的计算方法为 DIF 与 DEA 之间的离差值：

$$\text{MACD}_i = 2 \times (\text{DIF}_i - \text{DEA}_i) \tag{5-9}$$

从以上过程中不难发现，指数移动平均是 MACD 指标计算中的核心，首先 DIF 与 0 值的关系表征价格短期与长期之间的差异，而 MACD 值则表示长短期价格差值之间的关系。类似双均线策略中所介绍的方法，MACD 指标同样可以使用"金叉"与"死叉"进行交易。

在交易软件中,可以直观地看到 MACD 指标中形成的交叉信号,如图 5-10 所示。

图 5-10 PTA 主连及 MACD 指标

MACD 指标的典型参数为 short = 12,long = 26,dea = 9,图 5-10 中指标的显示即为默认参数的结果。在 TA-Lib 中计算 MACD 也十分简单,使用 talib.MACD 即可,其返回 3 个值:macd、macdsignal 和 macdhist,分别为上文中提到的 DIF、DEA 和 $\frac{1}{2}$ MACD,由于 MACD 值常与 0 值比较,前面的常数项对趋势的判断不产生影响。使用 MACD 的交易策略代码如下:

```
//ch5/macd_strategy/macd_strategy.py
import talib

from vnpy_ctastrategy import (
    CtaTemplate,
    TickData,
    BarData,
    BarGenerator,
    ArrayManager,
)


class MacdStrategy(CtaTemplate):
```

```python
    """ MACD 交易策略 """
    author = "ouyangpengcheng"

    long_term = 26
    short_term = 12
    macd_term = 9

    fixed_size = 1

    vt_symbol = None

    parameters = [
        "long_term",
        "short_term",
        "macd_term",
        "fixed_size"
    ]

    variables = [
        "vt_symbol"
    ]

    def __init__(self, cta_engine, strategy_name, vt_symbol, setting):
        super().__init__(cta_engine, strategy_name, vt_symbol, setting)
        self.vt_symbol = vt_symbol

        self.prefetch_num = 2 * max(self.long_term, self.short_term, self.macd_term)

        self.bar_generator = BarGenerator(self.on_bar)
        self.array_manager = ArrayManager(self.prefetch_num)
        self.highs = None
        self.lows = None
        self.opens = None
        self.closes = None
        self.volumes = None

    def on_init(self):
        """
        Callback when strategy is inited.
        """
        self.write_log("策略初始化")
        self.load_bar(self.prefetch_num)
```

```python
...
    def on_tick(self, tick: TickData):
        """
        Callback of new tick data update.
        """
        self.bar_generator.update_tick(tick)

    def on_bar(self, bar: BarData):
        """
        Callback of new bar data update.
        """
        self.cancel_all()
        am = self.array_manager

        am.update_bar(bar)
        self.write_log(f'Received Bar Data: {bar}')

        if not am.inited:
            return

        self.highs = am.high[-self.prefetch_num:]
        self.lows = am.low[-self.prefetch_num:]
        self.opens = am.open[-self.prefetch_num:]
        self.closes = am.close[-self.prefetch_num:]
        self.volumes = am.volume[-self.prefetch_num:]

        dif, dea, macd = talib.MACD(
                    self.closes,
                    fastperiod=self.short_term,
                    slowperiod=self.long_term,
                    signalperiod=self.macd_term
                )

        #如果满足以下条件，则进行多头的开仓或反手：DIF 上穿 DEA 线形成金叉
        if (dif[-1] > 0 and dea[-1] > 0 and \
            dif[-1] > dif[-2] > dif[-3] and dif[-2] < dea[-2] and dif[-1] > dea[-1]):
            if self.pos < 0:
                price = bar.close_price
                size = abs(self.pos)
                if size > 0:
```

```
            self.cover(price, size)
            self.buy(price, self.fixed_size)
    #如果满足以下条件,则进行空头开仓或反手:DIF 下穿 DEA 线形成死叉
    elif (dif[-1] < 0 and dea[-1] < 0 and \
        dif[-1] < dif[-2] < dif[-3] and dif[-2] > dea[-2] and dif[-1] < dea[-1]):
        if self.pos >= 0:
            price = bar.close_price
            size = abs(self.pos)
            if size > 0:
                self.sell(price, size)
            self.short(price, self.fixed_size)

    self.put_event()
```

使用默认参数进行回测可以得到如图 5-11 所示的结果。

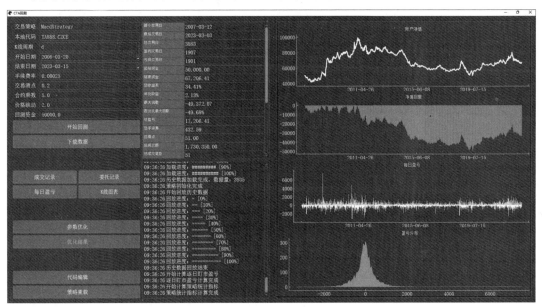

图 5-11　MACD 策略在 PTA 连续的回测结果

对策略进行参数优化可以得到如图 5-12 所示的结果。

MACD 指标的常用方法还有背离等,读者可以尝试自行编写代码测试。

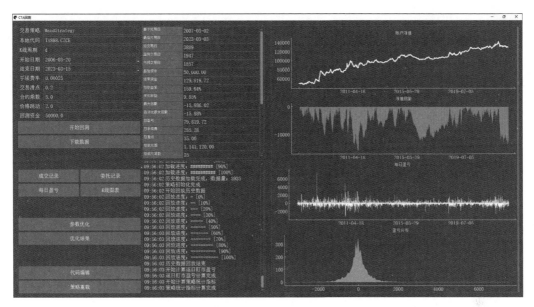

图 5-12 最优参数的 MACD 策略在 PTA 连续的回测结果

5.5 BIAS 交易策略

BIAS 为乖离率，其表示当前价格距离平均线的偏离程度，计算十分简单，如式（5-10）所示。

$$\text{BIAS}_i = \frac{\text{price}_i - \text{MA(price, bias)}}{\text{MA(price, bias)}} \times 100 \tag{5-10}$$

式中，MA 表示简单移动平均线，bias 为计算移动均线的周期。由于价格的波动总会在平均线周围，使用 BIAS 时如果其值过大（当前价格相对于均线过高），则表示市场中多头获利较多，可能会获利了结，导致价格下跌，而如果 BIAS 值过小（当前价格相对于均线过低），则说明市场中空头获利较多，可能会出场，导致价格上涨，因此可以知道，BIAS 与均线系统不同，均线是趋势性指标，当均线向上时认为趋势会得到延续继续上涨，而 BIAS 是反转指标，可认为走势与 BIAS 值存在反向关系。借助 TA-Lib 可以很简单地计算出 BIAS 值，代码如下：

```
//ch5/bias_strategy/bias.py
import talib
import numpy as np

def bias(price, period: int):
    """ 计算乖离率 """
    price = np.asarray(price)
    ma = talib.SMA(price, timeperiod=period)
```

```
        last_price = price[-1]
        return (last_price - ma[-1]) / ma[-1] * 100
```

BIAS 指标常用的周期值为 6、12、24 等，如图 5-13 所示。

图 5-13　PTA 主连的 BIAS 指标

对于 6 日 BIAS，通常认为如果其值低于 –5，则为超卖，后市可能上涨，如果高于 5，则为超买，后市可能下跌，而对于 12 和 24 日 BIAS，其典型值分别为 –7/7 和 –11/11，不难写出如下基于 BIAS 指标的交易代码：

```
//ch5/bias_strategy/bias_strategy.py
import numpy as np
import talib

from vnpy_ctastrategy import (
    CtaTemplate,
    TickData,
    BarData,
    BarGenerator,
    ArrayManager,
)

def bias(price, period: int):
```

```python
    """ 计算乖离率 """
    price = np.asarray(price)
    ma = talib.SMA(price, timeperiod=period)
    last_price = price[-1]
    return (last_price - ma[-1]) / ma[-1] * 100

class BiasStrategy(CtaTemplate):
    """ BIAS 交易策略 """
    author = "ouyangpengcheng"

    bias_term1 = 6
    bias_term2 = 12
    bias_term3 = 24

    fixed_size = 1

    vt_symbol = None

    parameters = [
        "bias_term1",
        "bias_term2",
        "bias_term3",
        "fixed_size"
    ]

    variables = [
        "vt_symbol"
    ]

    def __init__(self, cta_engine, strategy_name, vt_symbol, setting):
        super().__init__(cta_engine, strategy_name, vt_symbol, setting)
        self.vt_symbol = vt_symbol

        self.prefetch_num = 2 * max(self.bias_term1, self.bias_term2, self.bias_term3)

        self.bar_generator = BarGenerator(self.on_bar)
        self.array_manager = ArrayManager(self.prefetch_num)
        self.highs = None
        self.lows = None
        self.opens = None
```

```python
        self.closes = None
        self.volumes = None

    def on_init(self):
        """
        Callback when strategy is inited.
        """
        self.write_log("策略初始化")
        self.load_bar(self.prefetch_num)

    …

    def on_tick(self, tick: TickData):
        """
        Callback of new tick data update.
        """
        self.bar_generator.update_tick(tick)

    def on_bar(self, bar: BarData):
        """
        Callback of new bar data update.
        """
        self.cancel_all()
        am = self.array_manager

        am.update_bar(bar)
        self.write_log(f'Received Bar Data: {bar}')

        if not am.inited:
            return

        self.highs = am.high[-self.prefetch_num:]
        self.lows = am.low[-self.prefetch_num:]
        self.opens = am.open[-self.prefetch_num:]
        self.closes = am.close[-self.prefetch_num:]
        self.volumes = am.volume[-self.prefetch_num:]

        bias1 = bias(self.closes, self.bias_term1)
        bias2 = bias(self.closes, self.bias_term3)
        bias3 = bias(self.closes, self.bias_term3)
```

```python
#三个bias值同时发出信号
if bias1 < -5 and bias2 < -7 and bias3 < -11:
    if self.pos < 0:
        price = bar.close_price
        size = abs(self.pos)
        if size > 0:
            self.cover(price, size)
        self.buy(price, self.fixed_size)
elif bias1 > 5 and bias2 > 7 and bias3 > 11:
    if self.pos >= 0:
        price = bar.close_price
        size = abs(self.pos)
        if size > 0:
            self.sell(price, size)
        self.short(price, self.fixed_size)

self.put_event()
```

交易策略在 PTA 指数的回测可以得到如图 5-14 的结果。

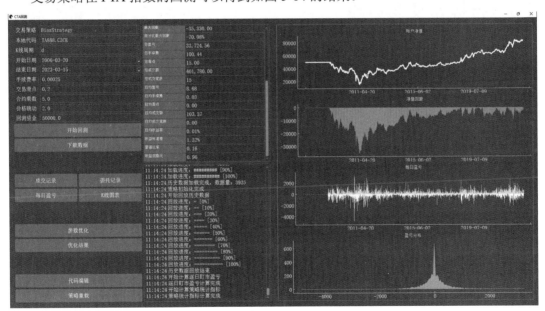

图 5-14　BIAS 指标在 PTA 指数的回测结果

通过参数优化可以得到如图 5-15 所示的结果，优化结果需要过滤不符合 bias_term1 < bias_term2 < bias_term3 的非法参数的情形。

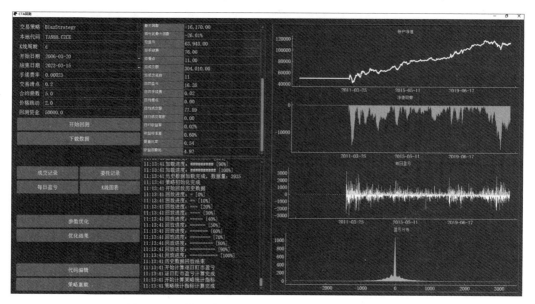

图 5-15 最优参数的 BIAS 指标在 PTA 指数的回测结果

5.6 布林带交易策略

布林带利用统计规律计算过去窗口内价格的标准差,并使用价格均线与标准差绘制出价格的上轨、中轨与下轨,如式(5-11)所示。

$$\begin{aligned} \text{MIDDLE} &= \text{MA}(price, middle) \\ \text{UPPER} &= \text{MIDDLE} + 2 \times \text{std}(price) \\ \text{LOWER} &= \text{MIDDLE} - 2 \times \text{std}(price) \end{aligned} \quad (5\text{-}11)$$

式(5-11)中最简单的是中轨 MIDDLE 的计算,直接计算价格的移动平均值即可,其中 middle 表示均线的计算周期,而上轨和下轨的计算分别为中轨相加减 2 倍价格的标准差(式中 std)。标准差衡量了近期价格的波动情况,若波动大,则标准差的值也相应偏大,此时价格如果触及上轨,则有可能后期回调,反之如果触及下轨,则有可能出现反弹;此外,中轨由于直接是价格的移动平均值,当价格上穿中轨后,后市有可能出现上涨,反之则可能下跌。布林带指标在交易软件中如图 5-16 所示。

式(5-11)中均线的周期的默认取值为 20,当使用 TA-Lib 计算布林带时可以自行指定均线周期与上下轨的标准差的倍数,代码如下:

```
//ch5/boll_strategy/boll_strategy.py
import talib

from vnpy_ctastrategy import (
    CtaTemplate,
    TickData,
```

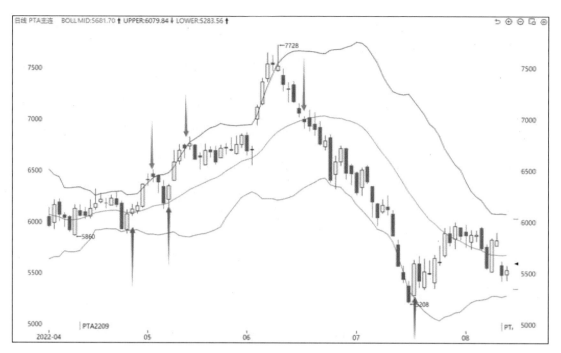

图 5-16 布林带指标与 PTA 主连的价格图

```
        BarData,
        BarGenerator,
        ArrayManager,
)

class BollStrategy(CtaTemplate):
    """ 布林带交易策略 """
    author = "ouyangpengcheng"

    boll_period = 22
    nbdev_up = 2.0
    nbdev_down = 2.0
    ma_type = 0

    fixed_size = 1

    vt_symbol = None

    parameters = [
        "boll_period", "nbdev_up", "nbdev_down", "fixed_size"
    ]
```

```python
    variables = [
        "vt_symbol"
    ]

    def __init__(self, cta_engine, strategy_name, vt_symbol, setting):
        super().__init__(cta_engine, strategy_name, vt_symbol, setting)
        self.vt_symbol = vt_symbol

        self.prefetch_num = 2 * self.boll_period

        self.bar_generator = BarGenerator(self.on_bar)
        self.array_manager = ArrayManager(self.prefetch_num)
        self.highs = None
        self.lows = None
        self.opens = None
        self.closes = None
        self.volumes = None

    def on_init(self):
        """
        Callback when strategy is inited.
        """
        self.write_log("策略初始化")
        self.load_bar(self.prefetch_num)

...

    def on_tick(self, tick: TickData):
        """
        Callback of new tick data update.
        """
        self.bar_generator.update_tick(tick)

    def on_bar(self, bar: BarData):
        """
        Callback of new bar data update.
        """
        self.cancel_all()
        am = self.array_manager
```

```python
        am.update_bar(bar)
        self.write_log(f'Received Bar Data: {bar}')

        if not am.inited:
            return

        self.highs = am.high[-self.prefetch_num:]
        self.lows = am.low[-self.prefetch_num:]
        self.opens = am.open[-self.prefetch_num:]
        self.closes = am.close[-self.prefetch_num:]
        self.volumes = am.volume[-self.prefetch_num:]

        upper, middle, lower = talib.BBANDS(self.closes,
                                            timeperiod=self.boll_period,
                                            nbdevup=self.nbdev_up,
                                            nbdevn=self.nbdev_down,
                                            matype=self.ma_type)

        #上轨走势向上
        upper_up = upper[-1] > upper[-2] > upper[-3]
        #中轨走势向上
        middle_up = middle[-1] > middle[-2] > middle[-3]
        #下轨走势向上
        lower_up = lower[-1] > lower[-2] > lower[-3]

        #上轨走势向下
        upper_down = upper[-1] < upper[-2] < upper[-3]
        #中轨走势向下
        middle_down = middle[-1] < middle[-2] < middle[-3]
        #下轨走势向下
        lower_down = lower[-1] < lower[-2] < lower[-3]

        if self.pos == 0:
            size = self.fixed_size
            #如果三条轨道同时向上且价格高于中轨，则开多仓
            if upper_up and middle_up and lower_up and bar.close_price > middle[-1]:
                price = bar.close_price
                self.buy(price, size)
            #如果三条轨道同时向下且价格低于中轨，则开空仓
            elif upper_down and middle_down and lower_down and bar.close_price
```

```
        < middle[-1]:
            price = bar.close_price
            self.short(price, size)
    elif self.pos > 0:
        # 如果价格大于上轨或小于中轨，则平多仓
        if bar.close_price > upper[-1] or bar.close_price < middle[-1]:
            price = bar.close_price
            size = abs(self.pos)
            self.sell(price, size)
    elif self.pos < 0:
        # 如果价格小于下轨或大于中轨，则平空仓
        if bar.close_price < lower[-1] or bar.close_price > middle[-1]:
            price = bar.close_price
            size = abs(self.pos)
            self.cover(price, size)

    self.put_event()
```

使用默认参数运行以上代码，可以得到如图 5-17 所示的结果。布林带适合用于振荡市，也可以认为它是一个趋势反转类指标，当价格过高/过低而触及上轨/下轨时，认为后市会向相反的方向发展，读者可以将这种思想与 BIAS 指标进行类比。

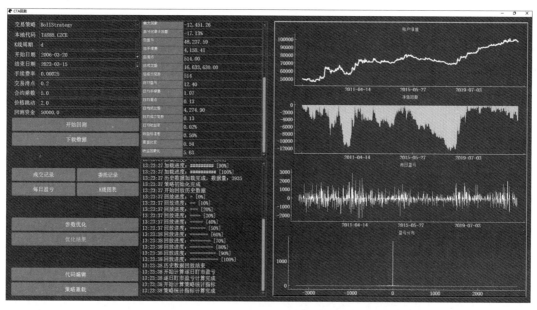

图 5-17 默认参数的布林带指标在 PTA 指数的回测结果

经过参数的优化，布林带指标在 PTA 指数的回测结果如图 5-18 所示。

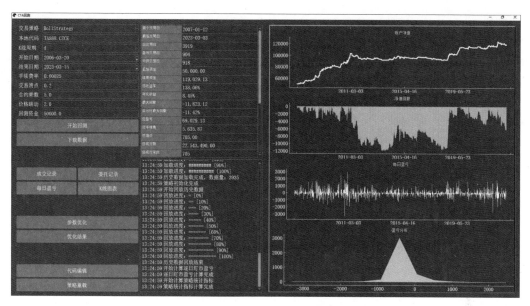

图 5-18　最优参数的布林带指标在 PTA 指数的回测结果

5.7　ATR 交易策略

ATR 的中文意思为 "平均真实波幅"，从名称不难看出其值是价格波动状况的一种表征，其计算方法如下：

$$\text{TR}_i = \max(\text{high}_i - \text{low}_i, \text{abs}(\text{close}_{i-1} - \text{low}_i), \text{abs}(\text{close}_{i-1} - \text{hight}_i))$$
$$\text{ATR}_i = \text{MA}(\text{TR}, \text{atr}) \tag{5-12}$$

式中，TR_i 值为当期最高价与最低价的差值、前一期收盘价与当期最高价或最低价差值的最大值，ATR 则是 TR 的移动平均值。在交易软件中通常会同时展示 TR 与 ATR 指标的值，如图 5-19 所示。

在 5.6 节的布林带交易策略中，其使用 2 倍标准差作为价格上下波动的预期，而 ATR 计算的波动幅度同样也可以作为波动的预期，因此使用 TA-Lib 计算 ATR 并执行类似布林带的交易策略不难理解如下策略代码：

```
//ch5/atr_strategy/atr_strategy.py
import talib

from vnpy_ctastrategy import (
    CtaTemplate,
    TickData,
    BarData,
    BarGenerator,
    ArrayManager,
```

图 5-19 TR、ATR 与 PTA 主连走势图

```
)

class AtrStrategy(CtaTemplate):
    """ ATR 交易策略 """
    author = "ouyangpengcheng"

    atr_period = 26
    buy_factor = 2
    sell_factor = 2

    fixed_size = 1

    vt_symbol = None

    parameters = [
        "atr_period", "buy_factor", "sell_factor", "fixed_size"
    ]

    variables = [
        "vt_symbol"
    ]
```

```python
    def __init__(self, cta_engine, strategy_name, vt_symbol, setting):
        super().__init__(cta_engine, strategy_name, vt_symbol, setting)
        self.vt_symbol = vt_symbol

        self.prefetch_num = 2 * self.atr_period

        self.bar_generator = BarGenerator(self.on_bar)
        self.array_manager = ArrayManager(self.prefetch_num)
        self.highs = None
        self.lows = None
        self.opens = None
        self.closes = None
        self.volumes = None

    def on_init(self):
        """
        Callback when strategy is inited.
        """
        self.write_log("策略初始化")
        self.load_bar(self.prefetch_num)

    …

    def on_tick(self, tick: TickData):
        """
        Callback of new tick data update.
        """
        self.bar_generator.update_tick(tick)

    def on_bar(self, bar: BarData):
        """
        Callback of new bar data update.
        """
        self.cancel_all()
        am = self.array_manager

        am.update_bar(bar)
        self.write_log(f'Received Bar Data: {bar}')

        if not am.inited:
            return

        self.highs = am.high[-self.prefetch_num:]
```

```python
            self.lows = am.low[-self.prefetch_num:]
            self.opens = am.open[-self.prefetch_num:]
            self.closes = am.close[-self.prefetch_num:]
            self.volumes = am.volume[-self.prefetch_num:]

            atr_index = talib.ATR(self.highs, self.lows, self.closes, timeperiod=self.atr_period)

            #如果当期价格触及前期收盘价+平均波动，则作为超买线
            sell_line = self.closes[-2] + atr_index[-1] * self.sell_factor
            #如果当期价格触及前期收盘价-平均波动，则作为超卖线
            buy_line = self.closes[-2] - atr_index[-1] * self.buy_factor

            if self.pos == 0:
                size = self.fixed_size
                #如果当期价格收至超卖线以下，则开多仓
                if self.closes[-1] < buy_line:
                    price = bar.close_price
                    self.buy(price, size)
                #如果当期价格收至超买线以上，则开空仓
                elif self.closes[-1] > sell_line:
                    price = bar.close_price
                    self.short(price, size)
            elif self.pos > 0:
                #如果当期价格收至超买线以上，则平多仓
                if self.closes[-1] > sell_line:
                    price = bar.close_price
                    size = abs(self.pos)
                    self.sell(price, size)
            elif self.pos < 0:
                #如果当期价格收至超卖线以下，则平空仓
                if self.closes[-1] < buy_line:
                    price = bar.close_price
                    size = abs(self.pos)
                    self.cover(price, size)

        self.put_event()
```

如上代码中 buy_factor 和 sell_factor 分别表示控制多空线的常数因子，在本代码中作为可调节参数出现。使用默认参数在 PTA 指数数据上回测后，可以得到如图 5-20 所示的结果。

进行参数优化后，可以得到如图 5-21 所示的结果。

ATR 指标有许多其他用法,本例将其用于趋势反转指标,读者可以自行学习更多的用法。

图 5-20 默认参数的 ATR 指标在 PTA 指数的回测结果

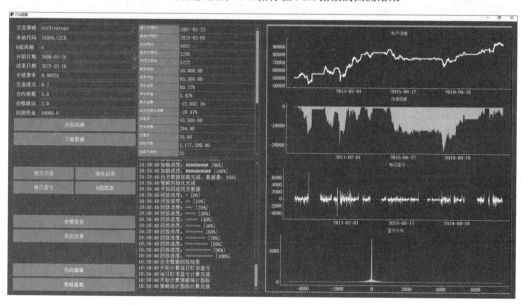

图 5-21 最优参数的 ATR 指标在 PTA 指数的回测结果

5.8 ADX 交易策略

ADX 中文译为"平均趋向指标",不出意料该指标也需要用到移动平均值,先介绍该指标的计算方法。在计算 ADX 之前,需要先计算一些中间变量,分别为+DM(价格正向移动距离)、−DM(价格负向移动距离)、ATR(平均真实波动幅度,与式(5-12)中的 ATR 计算规则相同）、+DI（正向方向指数）、-DI（负向方向指数），+DM 与-DM 的计算方式如式（5-13）所示。

$$+DM_i = \begin{cases} high_i - high_{i-1}, & if\ high_i - high_{i-1} > \max(low_{i-1} - low_i, 0) \\ 0, & else \end{cases}$$

$$-DM_i = \begin{cases} low_{i-1} - low_i, & if\ low_{i-1} - low_i > \max(high_i - high_{i-1}, 0) \\ 0, & else \end{cases} \quad (5\text{-}13)$$

+DM 和-DM 计算了本期和前期之间最高价/最低价之间单边上涨或下跌的波动情况并且单期内总有一个值为 0，另一个值表示当期和前期之间的向上或向下波动。接下来计算+DI 与-DI：

$$+DI = \frac{MA(+DM, +di)}{ATR(+di)} \times 100$$

$$-DI = \frac{MA(-DM, -di)}{ATR(-di)} \times 100 \quad (5\text{-}14)$$

式（5-14）中，+di 和-di 分别表示计算+DI 与-DI 的周期值，+DI 和-DI 分别表示最高价和最低价的波动相对于真实波动幅度的比例，可以认为是进行一种归一化操作。接着计算 ADX 即可：

$$DX = \frac{abs((+DI) - (-DI))}{(+DI) + (-DI)} \times 100$$

$$ADX = MA(DX, adx) \quad (5\text{-}15)$$

由式（5-15）可见，DX 是一个表示近期正负向价格波动差距的指标，如果近期行情一味地单边上涨，则不难发现此时 DX 值为 100，单边下跌时同理，而当价格来回振荡（行情的涨跌互现）时的 DX 值可能为 0，因此 DX 与 ADX 的值仅表现近期价格的波动大小，而不代表方向，其值较大表示近期趋势较强，反之趋势较弱。

在交易软件中，ADX、+DI 和-DI 通常同时显示，如图 5-22 所示。

ADX 本身不显示趋势方向，仅表示趋势大小，因此需要采取+DI 和-DI 进行趋势方向的指示，当+DI 上穿-DI 时说明近期趋势为上涨，反之则为下跌。ADX 使用的典型方法为如果 ADX 的值在 0~20，则可认为存在较弱趋势；如果 ADX 的值在 25~50，则可认为趋势强度较强；如果 ADX 的值在 50~75，则可认为趋势非常强；如果 ADX 的值在 75~100，则可认为趋势强度极强。结合 ADX、+DI 与-DI 产生的信号，不难理解如下代码的交易策略，代码中使用 TA-Lib 计算 ADX、+DI 与-DI：

```
//ch5/adx_strategy/adx_strategy.py
import talib

from vnpy_ctastrategy import (
    CtaTemplate,
    TickData,
```

第5章 基于指标的交易策略 185

图 5-22 ADX 指标与 PTA 主连的走势图

```
    BarData,
    BarGenerator,
    ArrayManager,
)

class AdxStrategy(CtaTemplate):
    """ ADX 交易策略 """
    author = "ouyangpengcheng"

    adx_period = 6
    di_period = 14

    fixed_size = 1

    vt_symbol = None

    parameters = [
        "adx_period", "di_period", "fixed_size"
    ]

    variables = [
        "vt_symbol",
```

```python
    ]

    def __init__(self, cta_engine, strategy_name, vt_symbol, setting):
        super().__init__(cta_engine, strategy_name, vt_symbol, setting)
        self.vt_symbol = vt_symbol

        self.prefetch_num = 3 * max(self.adx_period, self.di_period)

        self.bar_generator = BarGenerator(self.on_bar)
        self.array_manager = ArrayManager(self.prefetch_num)
        self.highs = None
        self.lows = None
        self.opens = None
        self.closes = None
        self.volumes = None

    def on_init(self):
        """
        Callback when strategy is inited.
        """
        self.write_log("策略初始化")
        self.load_bar(self.prefetch_num)

    …

    def on_tick(self, tick: TickData):
        """
        Callback of new tick data update.
        """
        self.bar_generator.update_tick(tick)

    def on_bar(self, bar: BarData):
        """
        Callback of new bar data update.
        """
        self.cancel_all()
        am = self.array_manager

        am.update_bar(bar)

        self.write_log(f'Received Bar Data: {bar}')

        if not am.inited:
```

```python
            return

        self.highs = am.high[-self.prefetch_num:]
        self.lows = am.low[-self.prefetch_num:]
        self.opens = am.open[-self.prefetch_num:]
        self.closes = am.close[-self.prefetch_num:]
        self.volumes = am.volume[-self.prefetch_num:]

        adx = talib.ADX(self.highs, self.lows, self.closes, timeperiod=self.adx_period)
        plus_di = talib.PLUS_DI(self.highs, self.lows, self.closes, timeperiod=self.di_period)
        minus_di = talib.MINUS_DI(self.highs, self.lows, self.closes, timeperiod=self.di_period)

        #ADX值增加说明趋势增加并且已经大于50
        if adx[-2] < adx[-1] and adx[-1] > 50:
            size = self.fixed_size

            #+DI线上穿-DI线
            plus_di_up_cross_minus_di = plus_di[-1] > minus_di[-1] and plus_di[-2] < minus_di[-2]

            #+DI线下穿-DI线
            plus_di_down_cross_minus_di = plus_di[-2] > minus_di[-2] and plus_di[-1] < minus_di[-1]

            if plus_di_up_cross_minus_di:
                price = bar.close_price
                if self.pos < 0:
                    self.cover(price, abs(self.pos))
                self.buy(price, size)

            #+DI线下穿-DI线
            elif plus_di_down_cross_minus_di:
                price = bar.close_price
                if self.pos > 0:
                    self.sell(price, abs(self.pos))
                self.short(price, size)
        #ADX值减小并且已经低于20
        elif adx[-2] > adx[-1] and adx[-1] < 20:
            price = bar.close_price
            if self.pos > 0:
```

```
                self.sell(price, abs(self.pos))
            elif self.pos < 0:
                self.cover(price, abs(self.pos))

        self.put_event()
```

直接使用默认参数回测会发现无交易记录，因此没有任何统计量的信息。经过参数优化后，得到如图 5-23 所示的结果。

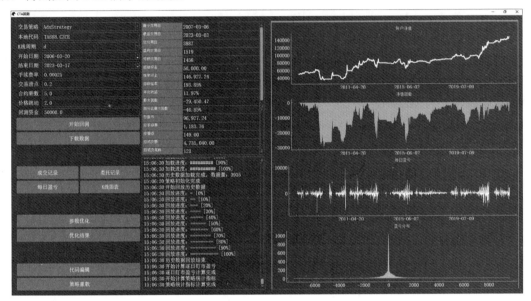

图 5-23　最优参数的 ADX 指标在 PTA 指数的回测结果

5.9　Dual Thrust 交易策略

5.2 节~5.8 节中介绍的交易策略在交易软件中基本可以找到对应的图像说明，从本节开始将介绍在交易软件中不常见的交易策略。

Dual Thrust 是一个趋势跟踪策略，其基本原理可以理解为与布林带类似的思想，其本质也是通过一定规则获取价格的上下界，然而不同的是，Dual Thrust 认为趋势是会延续的，当价格突破上界时会继续上涨，而当价格跌破下界时则会继续下跌，同时 Dual Thrust 是一个周期错配的策略。

通常而言，其使用的是今日的开盘价与近期价格振幅计算得到的上下轨 upper 和 lower，在今日日内的短周期 K 线（例如分钟 K 线）或 tick 数据中进行交易指导，为了避免日内频繁交易，有时会限定一天仅开仓一次等限制。接下来介绍 Dual Thrust 的上下轨确定的方法。

首先，计算 n 日内的最高价的最大值 HH、收盘价的最小值 LC、收盘价的最大值 HC 和最低价的最小值 LL，波动幅度 range = max(HH − LC, HC − LL)，接着使用当日开盘价 open

和参数 k_1 和 k_2 确定上下轨：

$$\text{upper} = \text{open} + k_1 \times \text{range}$$
$$\text{lower} = \text{open} - k_2 \times \text{range}$$

(5-16)

上下轨的确定与交易方法如图 5-24 所示。

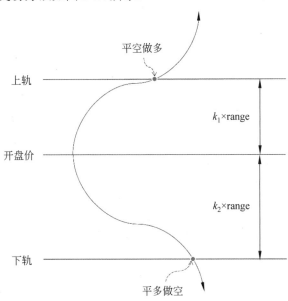

图 5-24 Dual Thrust 确定上下轨的方法

无须使用 TA-Lib 的函数即可简便计算出 Dual Thrust 的上下界，需要额外考虑的因素是获取当天的开盘价与限制当天仅开仓一次。vn.py 在完全合成一根 K 线之后才会推送，因此使用分钟 K 线能够近似地在开盘时就获取开盘的价格（或使用 tick 数据最为准确），而在 on_bar 中执行开仓方法（buy 或 short）无法确定下单成功，需要在成交回调函数 on_trade 中获取是否开仓成功并以此确定标志位。指标计算逻辑与额外需要注意的部分如下策略加粗代码所示。

```
//ch5/dual_thrust_strategy/dual_thrust_strategy.py
from vnpy_ctastrategy import (
    CtaTemplate,
    TickData,
    BarData,
    BarGenerator,
    ArrayManager,
)

from vnpy.trader.object import TradeData, Offset

class DualThrustStrategy(CtaTemplate):
```

```python
""" Dual Thrust 策略 """
author = "ouyangpengcheng"

fixed_size = 1
k1 = 0.4
k2 = 0.6
#window_size 表示天数
window_size = 20

bars = []

parameters = ["k1", "k2", "fixed_size", "window_size"]

def __init__(self, cta_engine, strategy_name, vt_symbol, setting):
    """"""
    #将天数转换为分钟数
    self.window_size = round(4.25 * 60 * self.window_size)
    super().__init__(cta_engine, strategy_name, vt_symbol, setting)
    self.bar_generator = BarGenerator(self.on_bar)
    self.array_manager = ArrayManager(self.window_size)

    self.highs = None
    self.lows = None
    self.opens = None
    self.closes = None
    self.volumes = None

    #每小时获取一次小时线的开盘价，在分钟线进行操作
    self.open_price_this_period = None
    #今天是否开仓
    self.today_open = False

def on_init(self):
    """
    Callback when strategy is inited.
    """
    self.write_log("策略初始化")
    self.load_bar(self.window_size)

…

def on_tick(self, tick: TickData):
    """
    Callback of new tick data update.
```

```python
        """
        self.bar_generator.update_tick(tick)

    def on_bar(self, bar: BarData):
        """
        Callback of new bar data update.
        """
        self.cancel_all()
        self.array_manager.update_bar(bar)

        if not self.array_manager.inited:
            return

        if not self.trading:
            return

        bar_time = bar.datetime.strftime('%H%M%S')
        #收盘后重置开仓标志
        if '150000' <= bar_time <= '210000':
            self.today_open = False
        #如果是当天的第一根K线，则记录其开盘价(对于夜盘品种而言)
        if bar_time == '210000':
            self.open_price_this_period = bar.open_price

        if self.open_price_this_period is None:
            return

        self.highs = self.array_manager.high[-self.window_size:]
        self.lows = self.array_manager.low[-self.window_size:]
        self.opens = self.array_manager.open[-self.window_size:]
        self.closes = self.array_manager.close[-self.window_size:]
        self.volumes = self.array_manager.volume[-self.window_size:]


        window_hh = max(self.highs)
        window_lc = min(self.closes)
        window_hc = max(self.closes)
        window_ll = min(self.lows)

        window_range = max(window_hh - window_lc, window_hc - window_ll)
        upper_bound = self.open_price_this_period + self.k1 * window_range
        lower_bound = self.open_price_this_period - self.k2 * window_range

        #如果价格大于上界，则开多或平空
```

```python
            if bar.close_price > upper_bound:
                if self.pos < 0:
                    self.cover(upper_bound, abs(self.pos))
                if self.pos == 0 and not self.today_open:
                    self.buy(upper_bound, self.fixed_size)
            #如果价格小于下界，则开空或平多
            elif bar.close_price < lower_bound:
                if self.pos > 0:
                    self.sell(lower_bound, abs(self.pos))
                if self.pos == 0 and not self.today_open:
                    self.short(lower_bound, self.fixed_size)
            self.put_event()

    def on_trade(self, trade: TradeData):
        """ 成交时的回调 """
        #如果是开仓，则记录今天已开仓
        if trade.offset == Offset.OPEN:
            self.today_open = True
```

由于测试的品种 PTA 包含夜盘，在 on_bar 中对最新的分钟 K 线时间进行判断，如果该分钟 K 线的时间为晚上 9 点，则说明是当日开盘的第一根 K 线，在此时（21 点 01 分）获取当日开盘价。在随书附带的本章代码文件夹中有一个名为 TA888_minutes.csv 的文件，其中存储的是 PTA 指数分钟 K 线，读者在回测 Dual Thrust 策略之前需要使用 3.7 节中介绍的方法将其导入 vn.py 的数据库。回测时需要注意的是调整回测日期与回测的周期，如图 5-25 所示。

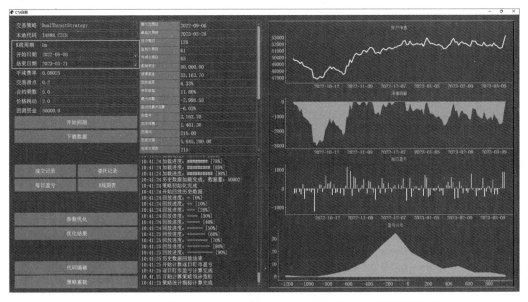

图 5-25　默认参数的 Dual Thrust 策略在 PTA 指数分钟 K 线的回测结果

对行情获取天数进行优化,可以得到如图 5-26 所示的最优回测结果。

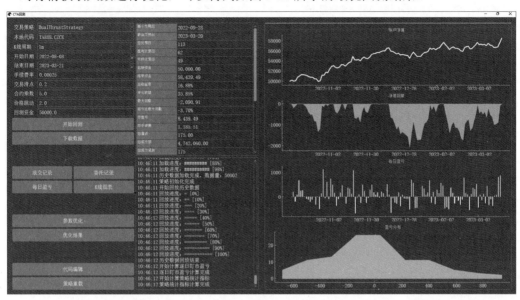

图 5-26　最优参数的 Dual Thrust 策略在 PTA 指数分钟 K 线的回测结果

5.10　AR 交易策略

AR 是人气指标,其以当天开盘价为基础,比较其与当天最高价、最低价的差值,其计算公式如下:

$$\text{AR} = \sum_{i=1}^{N} \frac{\text{high}_i - \text{open}_i}{\text{open}_i - \text{low}_i} \times 100 \tag{5-17}$$

从直觉上来讲,AR 指标反映的是 n 日内每日开盘后,价格走高与走低总量的比值,如果走势一直走高,则 AR 值会较大,反之则较小。通常而言,n 的默认取值为 26,AR 的取值范围以 100 为中心,当 AR 值在 80~120 时,认为近期行情处于震荡,而 AR 值升高表示行情活跃,人气旺盛,如果 AR 过高,则说明可能行情过热,需要逢高退出。通常而言,如果 AR 值大于 150,则说明行情过热;同理,AR 值降低说明人气衰退,如果 AR 值过低,则说明可以择机介入,通常来讲当 AR 值小于 70 时,后市可能随时反弹。

根据式(5-17)容易计算出 AR 值,如下代码中加粗部分所示。如果 AR 值下降且进入超卖区域(小于 70),则开多,如果 AR 值上升且进入盘整(大于 80 小于 120),则平多;如果 AR 值上升且进入超买区域(大于 150),则开空,如果 AR 值下降且进入盘整(大于 80 小于 120),则平空,代码如下:

```
//ch5/ar_strategy/ar_strategy.py
from typing import List
```

```python
import numpy as np
from vnpy_ctastrategy import (
    CtaTemplate,
    TickData,
    BarData,
    BarGenerator,
    ArrayManager,
)

class ArStrategy(CtaTemplate):
    """ AR 交易策略 """
    author = "ouyangpengcheng"

    ar_period = 26
    ar_upper = 120
    ar_overbuy = 150
    ar_lower = 80
    ar_oversell = 70

    fixed_size = 1

    vt_symbol = None

    parameters = [
        "ar_period", "ar_upper", "ar_overbuy", "ar_lower", "ar_oversell",
        "fixed_size"
    ]

    variables = [
        "vt_symbol"
    ]

    def __init__(self, cta_engine, strategy_name, vt_symbol, setting):
        super().__init__(cta_engine, strategy_name, vt_symbol, setting)
        self.vt_symbol = vt_symbol
        self.prefetch_num = self.ar_period

        self.bar_generator = BarGenerator(self.on_bar)
        self.array_manager = ArrayManager(self.prefetch_num)
        self.highs = None
        self.lows = None
        self.opens = None
        self.closes = None
```

```python
        self.volumes = None
        self.ar_arr: List[float] = []

    def on_init(self):
        """
        Callback when strategy is inited.
        """
        self.write_log("策略初始化")
        self.load_bar(self.prefetch_num)

    …

    def on_tick(self, tick: TickData):
        """
        Callback of new tick data update.
        """
        self.bar_generator.update_tick(tick)

    def calc_ar_index(self):
        """ 计算 AR 指标值 """
        _highs = np.asarray(self.highs[-self.prefetch_num:])
        _opens = np.asarray(self.opens[-self.prefetch_num:])
        _lows = np.asarray(self.lows[-self.prefetch_num:])

        return np.sum(_highs - _opens) / (np.sum(_opens - _lows) + 1e-6) * 100

    def on_bar(self, bar: BarData):
        """
        Callback of new bar data update.
        """
        self.cancel_all()
        am = self.array_manager

        am.update_bar(bar)
        self.write_log(f'Received Bar Data: {bar}')

        if not am.inited:
            return

        self.highs = am.high[-self.prefetch_num:]
        self.lows = am.low[-self.prefetch_num:]
        self.opens = am.open[-self.prefetch_num:]
        self.closes = am.close[-self.prefetch_num:]
```

```python
            self.volumes = am.volume[-self.prefetch_num:]

            ar_index = self.calc_ar_index()
            self.ar_arr.append(ar_index)

            #需要积累至少两个AR值对趋势进行判断
            if len(self.ar_arr) < 2:
                return

            if self.pos == 0:
                size = self.fixed_size
                #如果人气值上升且小于70并且无持仓，则做多
                if self.ar_arr[-2] < self.ar_arr[-1] and ar_index < self.ar_oversell:
                    price = bar.close_price
                    self.buy(price, size)
                #如果人气值下降且大于150并且无持仓，则做空
                elif self.ar_arr[-2] > self.ar_arr[-1] and ar_index > self.ar_overbuy:
                    price = bar.close_price
                    self.short(price, size)
            elif self.pos > 0:
                #如果人气值上升且进入盘整行情，则平多
                if self.ar_arr[-2] < self.ar_arr[-1] and self.ar_lower < ar_index < self.ar_upper:
                    price = bar.close_price
                    size = abs(self.pos)
                    self.sell(price, size)

            elif self.pos < 0:
                #如果人气值下降且进入盘整行情，则平空
                if self.ar_arr[-2] > self.ar_arr[-1] and self.ar_lower < ar_index < self.ar_upper:
                    price = bar.close_price
                    size = abs(self.pos)
                    self.cover(price, size)

            self.put_event()
```

使用默认参数可以得到如图5-27所示的结果，发现发生了爆仓。
进行参数优化可以得到如图5-28所示的结果。

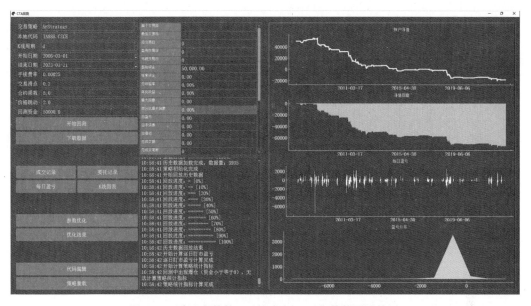

图 5-27 默认参数的 AR 策略在 PTA 指数的回测结果

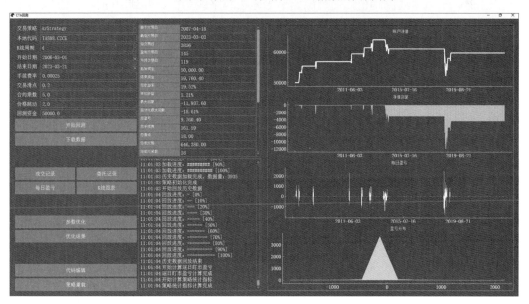

图 5-28 最优参数的 AR 策略在 PTA 指数的回测结果

5.11 EMD 交易策略

经验模态分解（Empirical Mode Decomposition，EMD）是一种信号处理方法，其将一段信号在分解为若干内涵模态分量（IntrinsicModeFunctions，IMF）与残差的和，内涵模态分量 IMF 有两个约束条件：

（1）在数据窗口内，极值点的个数与过零点的个数相差不超过一个。

（2）在任意时刻，由局部极大值点形成的上包络线和由局部极小值点形成的下包络线的平均值为 0，可以理解为上、下包络线相对于 0 轴对称。

EMD 分解步骤是简单易解的，首先根据原始信号的极大值与极小值点分别画出上、下包络线，如图 5-29 所示。

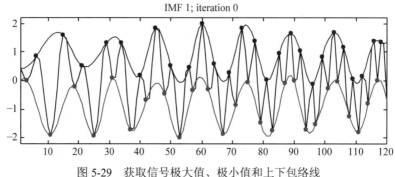

图 5-29　获取信号极大值、极小值和上下包络线

求出上、下包络线的均值，使用原始信号减去包络线均值，得到中间信号，判断中间信号是否满足 IMF 的条件，如果满足，则该信号就是一个 IMF 分量，如图 5-30 所示。

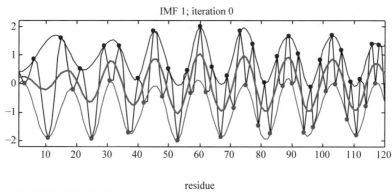

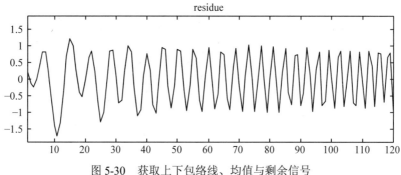

图 5-30　获取上下包络线、均值与剩余信号

否则对中间信号重新进行分解，直至得到 IMF，最后使用原始信号减去 IMF 得到剩余信号，继续进行 EMD 分解，最终得到的若干 IMF 分量与剩余值如图 5-31 所示。

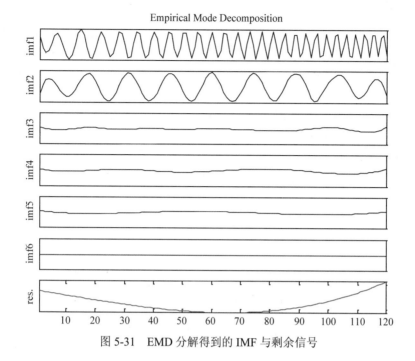

图 5-31 EMD 分解得到的 IMF 与剩余信号

在 Python 中使用 EMD 分解十分方便，使用 pip 安装 EMD-signal 包即可，使用 EMD 类的 get_imfs_and_residue 方法即可获取分解后的 IMF 和剩余信号量，具体可以参见以下代码中的用法。

最终留下的信号通常被称为"残差"，也可以将其理解为趋势项，其在窗口内不会存在大的波动，是一条十分平滑的曲线。通常来讲，使用趋势项可以完成对信号一个十分清晰的过滤，当趋势项是一个单调上升或下降的曲线时，可以认为窗口内信号的走势同样如此。使用 np.diff 函数计算数组中相邻两项之差后很容易获取曲线的走势，如下策略代码的加粗部分所示。

```
//ch5/emd_strategy/emd_strategy.py
from enum import Enum
from typing import Tuple

from PyEMD import EMD
import numpy as np

from vnpy_ctastrategy import (
    CtaTemplate,
    TickData,
    BarData,
    BarGenerator,
    ArrayManager,
```

```python
)

class Trend(Enum):
    """ 趋势的枚举类 """
    RISE = 1
    DOWN = -1
    UNSURE = 0

class EMDStrategy(CtaTemplate):
    """ 经验模态分解下的趋势交易策略 """
    author = "ouyangpengcheng"

    emd_window_size = 100
    fixed_size = 1

    vt_symbol = None

    parameters = [
        "emd_window_size",
        "fixed_size",
    ]

    variables = [
        "vt_symbol",
    ]

    def __init__(self, cta_engine, strategy_name, vt_symbol, setting):
        super().__init__(cta_engine, strategy_name, vt_symbol, setting)
        self.vt_symbol = vt_symbol

        self.bar_generator = BarGenerator(self.on_bar)
        self.array_manager = ArrayManager(self.emd_window_size)
        self.highs = None
        self.lows = None
        self.opens = None
        self.closes = None
        self.volumes = None

        self.last_trend = Trend.UNSURE.value

    def on_init(self):
        """
        Callback when strategy is inited.
```

```python
        """
        self.write_log("策略初始化")
        self.load_bar(self.emd_window_size)

    …

    def on_tick(self, tick: TickData):
        """
        Callback of new tick data update.
        """
        self.bar_generator.update_tick(tick)

    @staticmethod
    def get_trend(data: np.array) -> Trend:
        """ 判断数据的趋势性 """
        data_diff = np.diff(data)
        if data_diff.shape[0] == 0:
            return Trend.UNSURE
        if (data_diff > 0).all():
            return Trend.RISE
        if (data_diff < 0).all():
            return Trend.DOWN
        return Trend.UNSURE

    @staticmethod
    def get_emd(data: np.array) -> Tuple[np.array, np.array, Trend]:
        """ EMD 分解 """
        emd = EMD()
        emd.emd(data)
        imfs, residual = emd.get_imfs_and_residue()
        trend = EMDStrategy.get_trend(residual)
        trend_value = trend.value
        return imfs, residual, trend_value

    def on_bar(self, bar: BarData):
        """
        Callback of new bar data update.
        """
        self.write_log(f'Received Bar Data: {bar}')

        self.cancel_all()

        array_manager = self.array_manager
```

```python
        array_manager.update_bar(bar)

        if not array_manager.inited:
            return

        array_manager = self.array_manager

        self.highs = array_manager.high[-self.emd_window_size:]
        self.lows = array_manager.low[-self.emd_window_size:]
        self.opens = array_manager.open[-self.emd_window_size:]
        self.closes = array_manager.close[-self.emd_window_size:]
        self.volumes = array_manager.volume[-self.emd_window_size:]

        _, _, trend_value = self.get_emd(self.closes)

        if self.last_trend > 0 and trend_value <= 0:
            #如果上一次的 EMD 值大于 0(表示之前在涨)，则当前 EMD 值小于或等于 0(表示目前
#可能会跌)
            price = bar.close_price
            open_size = self.fixed_size
            if self.pos > 0:
                #由涨转跌的行情如果持有多仓，则需要平多
                price = bar.close_price
                self.sell(price, abs(self.pos))
            if self.pos == 0:
                self.short(price, open_size)
        elif self.last_trend < 0 and trend_value >= 0:
            #如果上一次的 EMD 值小于 0(表示之前在跌)，则当前 EMD 值大于或等于 0(表示目前
#可能会涨)
            price = bar.close_price
            open_size = self.fixed_size
            if self.pos < 0:
                #由跌转涨的行情如果持有空仓，则需要平空
                price = bar.close_price
                self.cover(price, abs(self.pos))
            if self.pos == 0:
                self.buy(price, open_size)

        self.last_trend = trend_value
        self.put_event()
```

使用默认参数进行回测，可以得到如图 5-32 所示的结果。

对参数进行优化后，便得到如图 5-33 所示的结果。

第5章 基于指标的交易策略 203

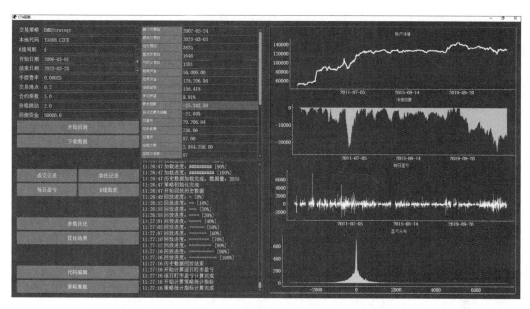

图 5-32　默认参数下的 EMD 策略在 PTA 指数上的回测结果

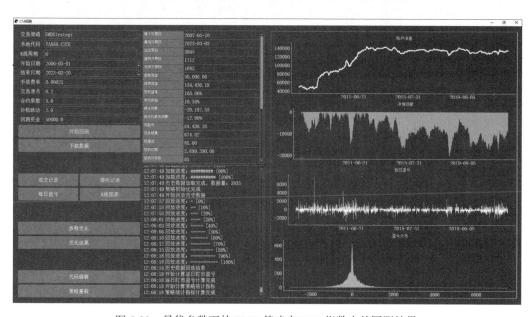

图 5-33　最优参数下的 EMD 策略在 PTA 指数上的回测结果

5.12　均线排列交易策略

均线排列策略是双均线交易策略的一种拓展，其参数指定一个值 window_size$\in[1,+\infty)$，通过计算 window_size 条均线之间的排列情况进行交易。从 5.2 节中已经知道短周期移动平均线会比长周期移动平均线对价格产生更迅速的反应,因此当行情上涨时短周期到长周期均线会在图形上由高到低一字排开,同理当行情下跌时长周期均线则在上,短周期均线在下。

完美的均线排列结构通常需要十分流畅的大牛市/熊市行情,同时如果 window_size 过大,则会造成信号的过度延迟,因此在交易时可以考察均线排列的其他性质,以下将列出一种方法作为示例。

统计短期均线比长期均线高与低的个数,如果值相同,则不计数,再使用高的数量与低的数量相减得到值 σ,如果 $\sigma > 0$,则说明目前短期高于长期均线的个数较多,因此当前走势看多;如果 $\sigma < 0$,则看空。

均线的计算同样使用 TA-Lib 中的函数即可,策略中使用 ma_seq 记录不同周期的均线值,使用 np.diff 方法计算相邻周期均线的差值(短周期减长周期),统计差值中各数值的情形即可。使用的函数在之前的策略代码中均有涉及,读者不难理解以下均线排列的策略代码:

```python
//ch5/ma_seq_strategy/ma_seq_strategy.py
from typing import List
import numpy as np
import talib

from vnpy_ctastrategy import (
    CtaTemplate,
    TickData,
    BarData,
    BarGenerator,
    ArrayManager,
)


class MaSeqStrategy(CtaTemplate):
    """ 均线排列交易策略 """
    author = "ouyangpengcheng"
    MIN_PERIOD = 1

    window_size = 90
    fixed_size = 1

    vt_symbol = None

    last_signal = 0

    parameters = [
        "window_size", "fixed_size"
    ]
```

```python
    variables = [
        "vt_symbol", "last_trend"
    ]

    def __init__(self, cta_engine, strategy_name, vt_symbol, setting):
        super().__init__(cta_engine, strategy_name, vt_symbol, setting)
        self.vt_symbol = vt_symbol

        self.bar_generator = BarGenerator(self.on_bar)
        self.array_manager = ArrayManager(self.window_size)
        self.highs = None
        self.lows = None
        self.opens = None
        self.closes = None
        self.volumes = None

    def on_init(self):
        """
        Callback when strategy is inited.
        """
        self.write_log("策略初始化")
        self.load_bar(self.window_size)

    @staticmethod
    def calculate_ma_price(price: np.array, period: int) -> np.array:
        """ 计算指定周期的平均价格 """
        return talib.MA(price, timeperiod=period)

    def calculate_ma_sequence(self, price: np.array, max_period: int) -> List[float]:
        """ 计算不同周期的均线值 """
        ma_seq = []
        for i in range(max_period, 0, -1):
            ma_seq.append(self.calculate_ma_price(price, i)[-1])
        return ma_seq

    def calculate_signal(self, price: np.array, max_period: int) -> float:
        """ 根据不同周期的均线值计算信号 """
        ma_seq = self.calculate_ma_sequence(price, max_period)
        #计算周期增大的均线值之差
        ma_seq_diff = np.diff(ma_seq)
        #如果均线值之差大于0,则记为1;如果均线值之差小于0,则记为-1,否则记为0
```

```python
            ma_seq_diff_norm = [x / abs(x) if x != 0 else 0 for x in ma_seq_diff]
            #对所有归一化后的均线值之差求和并作为走势信号
            return sum(ma_seq_diff_norm)

    ...

    def on_tick(self, tick: TickData):
        """
        Callback of new tick data update.
        """
        self.bar_generator.update_tick(tick)

    def on_bar(self, bar: BarData):
        """
        Callback of new bar data update.
        """
        self.cancel_all()
        array_manager = self.array_manager

        array_manager.update_bar(bar)
        self.write_log(f'Received Bar Data: {bar}')

        if not array_manager.inited:
            return

        self.highs = array_manager.high
        self.lows = array_manager.low
        self.opens = array_manager.open
        self.closes = array_manager.close
        self.volumes = array_manager.volume

        signal = self.calculate_signal(self.closes, max_period=self.window_size)

        if self.pos == 0:
            size = self.fixed_size
            #如果现在信号为涨势，则开多
            if signal > 0:
                price = bar.close_price
                self.buy(price, size)
            #如果现在信号为跌势，则开空
            elif signal < 0:
                price = bar.close_price
```

```
            self.short(price, size)
    if self.pos > 0:
        #如果上次信号为涨势且现在信号为跌，则平多
        if self.last_signal > 0 and signal <= 0:
            long_stop = bar.close_price
            size = abs(self.pos)
            self.sell(long_stop, size)
    elif self.pos < 0:
        #如果上次信号为跌势且现在信号为涨，则平空
        if self.last_signal < 0 and signal >= 0:
            short_stop = bar.close_price
            size = abs(self.pos)
            self.cover(short_stop, size)

    self.last_signal = signal

    self.put_event()
```

使用默认参数进行回测可以得到如图 5-34 所示的结果。

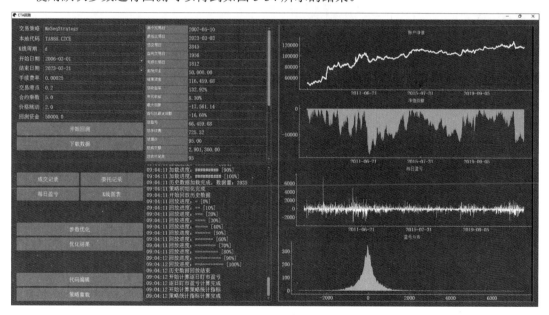

图 5-34　最优参数下的均线排列策略在 PTA 指数上的回测结果

优化参数后，可以得到如图 5-35 所示的最佳回测结果。

读者可以基于均线排列策略进行各种尝试，例如尝试不同的均线计算方式，为不同的均线值赋予不同的权重等。

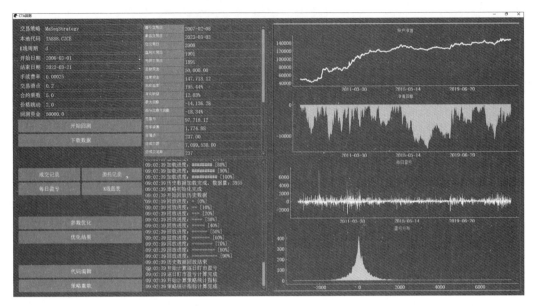

图 5-35　最优参数下的均线排列策略在 PTA 指数上的回测结果

5.13　R-Breaker 交易策略

R-Breaker 不同于前面介绍的策略，其天然带有趋势和反转两种操作策略，其核心在于 6 个价格的计算，分别称作突破买入价 buy_break、观察卖出价 sell_setup、反转卖出价 sell_enter、反转买入价 buy_enter、观察买入价 buy_setup 和突破卖出价 sell_break，其关系如图 5-36 所示。

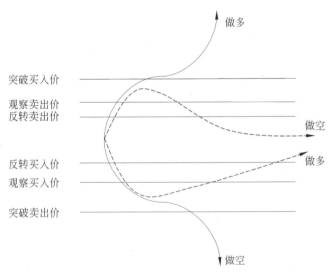

图 5-36　R-Breaker 策略的关键价位及交易策略

图 5-36 中实线表示基于 R-Breaker 的趋势策略，如果价格向上突破 buy_break，则认为趋势会得以延续，因此做多；如果价格向下突破 sell_break，则后市会继续下跌。图中虚线箭头表示的是反转策略，当价格冲高超过 sell_setup 时转而下跌，说明冲高回落，趋势难以延续，继而下跌到 sell_enter 以下，此时做空；同理，如果价格走势下跌到 buy_setup 后又上涨回到 buy_enter 以上，则做多。

R-Breaker 通常用于日内交易，6 个不同价位的计算基于昨日的 K 线数据，价位的计算如下所示。

$$\begin{aligned} \text{pivot} &= \frac{\text{high} + \text{low} + \text{close}}{3} \\ \text{buy\_break} &= \text{high} + 2\times(\text{pivot} - \text{low}) \\ \text{sell\_setup} &= \text{pivot} + (\text{high} - \text{low}) \\ \text{sell\_enter} &= 2\times\text{pivot} - \text{low} \\ \text{buy\_enter} &= 2\times\text{pivot} - \text{high} \\ \text{buy\_setup} &= \text{pivot} - (\text{high} - \text{low}) \\ \text{sell\_break} &= \text{low} - 2\times(\text{high} - \text{pivot}) \end{aligned} \tag{5-18}$$

式(5-18)中，high、low 和 close 分别表示昨日 K 线的最高价、最低价与收盘价，先计算出中轴价格 pivot，进而再根据公式计算其他价格，读者容易验算式(5-18)中的各价格符合图 5-36 中的大小关系。

由于 R-Breaker 是一个日内交易策略，在策略中需要判断日 K 线更新的时机，同时 R-Breaker 会在日终将当日仓位全部平仓，所以在策略中需要指定平仓的时间，通常而言，在收盘前 5min（对于期货而言，通常是 14:55）进行当日平仓的尝试。

回测使用 PTA 指数的分钟 K 线进行测试，在 on_bar 函数中对收到的 K 线时间进行判断，从而进行当日平仓或获取昨日 K 线行情的操作，如下代码加粗部分所示，代码展示了如何使用 R-Breaker 策略进行日内趋势交易：

```
//ch5/r_breaker_strategy/r_breaker_strategy.py
from vnpy_ctastrategy import (
    CtaTemplate,
    TickData,
    BarData,
    BarGenerator,
)


class RBreakStrategy(CtaTemplate):
    """ R-Breaker 交易策略 """
    author = "ouyangpengcheng"

    fixed_size = 1
```

```python
        #突破买入价
        buy_break = 0
        #观察卖出价
        sell_setup = 0
        #反转卖出价
        sell_enter = 0
        #反转买入价
        buy_enter = 0
        #观察买入价
        buy_setup = 0
        #突破卖出价
        sell_break = 0

        parameters = ["fixed_size"]
        variables = ["buy_break", "sell_setup", "sell_enter", "buy_enter",
"buy_setup", "sell_break"]

        def __init__(self, cta_engine, strategy_name, vt_symbol, setting):
            super().__init__(cta_engine, strategy_name, vt_symbol, setting)
            self.new_day = False
            self.bar_generator = BarGenerator(self.on_bar)

            self.day_high = 0
            self.day_open = 0
            self.day_close = 0
            self.day_low = 0

        def on_tick(self, tick: TickData):
            """
            Callback of new tick data update.
            """
            self.bar_generator.update_tick(tick)

        def on_bar(self, bar: BarData):
            """
            Callback of new bar data update.
            """
            self.cancel_all()

            bar_time = bar.datetime.strftime('%H%M%S')

            #由于行情数据左对齐,因此可以使用 bar 数据的时间判断是否是新的一天开始的行情
            self.new_day = '150000' <= bar_time <= '210000'
```

```python
        price = bar.close_price

        #收盘前5min，开始平仓
        if '145500' <= bar_time <= '145900':
            if self.pos > 0:
                self.sell(price, abs(self.pos))
            elif self.pos < 0:
                self.cover(price, abs(self.pos))
            return

        #如果是新的一天的行情，则使用记录的昨天OHLC数据进行计算
        if self.new_day:
            if self.day_open:
                pivot = (self.day_high + self.day_low + self.day_close) / 3
                self.buy_setup = pivot - (self.day_high - self.day_low)
                self.sell_setup = pivot + (self.day_high - self.day_low)

                self.buy_enter = 2 * pivot - self.day_high
                self.sell_enter = 2 * pivot - self.day_low

                self.buy_break = self.day_high + 2 * (pivot - self.day_low)
                self.sell_break = self.day_low - 2 * (self.day_high - pivot)

            self.day_open = bar.open_price
            self.day_high = bar.high_price
            self.day_close = bar.close_price
            self.day_low = bar.low_price
        else:
            #如果不是新的一天的行情，则更新当天行情的价格
            self.day_high = max(self.day_high, bar.high_price)
            self.day_low = min(self.day_low, bar.low_price)
            self.day_close = bar.close_price

        #趋势策略
        if self.pos == 0:
            if price > self.buy_break:
                self.buy(price, self.fixed_size)
            elif price < self.sell_break:
                self.short(price, self.fixed_size)
        elif self.pos > 0:
            if price <= self.buy_break:
                self.sell(price, abs(self.pos))
        elif self.pos < 0:
```

```
            if price >= self.sell_break:
                self.cover(price, abs(self.pos))
```

执行以上代码，可以得到如图 5-37 所示的结果。

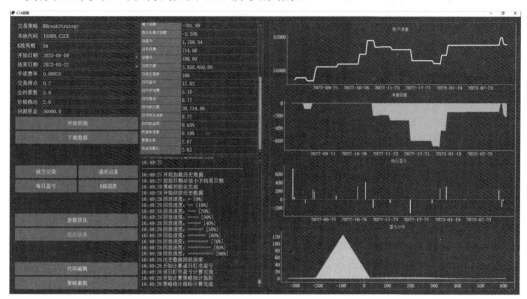

图 5-37　R-Breaker 在 PTA 指数分钟线上的回测结果

读者可以自行尝试实现 R-Breaker 的反转策略，在随书代码中读者也可以找到反转策略的实现（被注释掉的部分）。R-Breaker 的计算不依赖外部参数，这使其不会因为过度调参而造成策略过拟合，这也是该方法的一大优势。读者可以自行尝试其他优化方向，例如修改中轴价格的构造等。

5.14　超级趋势交易策略

超级趋势（Super Trend）策略使用了 ATR 进行通道的构建，与 5.7 节中介绍的 ATR 交易策略有类似之处，区别在于超级趋势策略通过记录通道的前值使通道逐渐收窄，并且以最高价与最低价的均值作为中轴，向上与向下分别拓展形成上下轨。

计算方法与前面所介绍的方法类似，本节不再以公式的形式给出超级趋势的计算方法。需要注意的是，超级趋势策略使用上一次的趋势判断与本次的趋势判断进行对比，如果出现了趋势的反转，则进行相应的开平仓操作，如下代码中加粗部分所示。

当本期的上轨比上次的上轨值大，并且本期的收盘价高于上一期的上轨时，会进行上轨的更新，取本期与上期上轨的较大值作为新的上轨，同理获取新的下轨。确定最新的上下轨后，再判断收盘价与轨道的关系，如果高于下轨，则后市看涨，如果低于下轨，则看跌，代码如下：

```python
//ch5/super_trend_strategy/super_trend_strategy.py
import talib

from vnpy_ctastrategy import (
    CtaTemplate,
    TickData,
    BarData,
    BarGenerator,
    ArrayManager,
)


class SuperTrendStrategy(CtaTemplate):
    """ 超级趋势交易策略 """
    author = "ouyangpengcheng"

    atr_period = 20
    atr_shifting_coff = 2.0

    fixed_size = 1

    vt_symbol = None


    parameters = [
        "atr_period", "atr_shifting_coff", "fixed_size"
    ]

    variables = [
        "vt_symbol"
    ]

    def __init__(self, cta_engine, strategy_name, vt_symbol, setting):
        super().__init__(cta_engine, strategy_name, vt_symbol, setting)
        self.vt_symbol = vt_symbol
        self.prefetch_num = 2 * self.atr_period

        self.bar_generator = BarGenerator(self.on_bar)
        self.array_manager = ArrayManager(self.prefetch_num)
        self.highs = None
        self.lows = None
        self.opens = None
        self.closes = None
        self.volumes = None
```

```python
        self.upper_last = -1e100
        self.lower_last = 1e100

        self.last_trend = 0

    def on_init(self):
        """
        Callback when strategy is inited.
        """
        self.write_log("策略初始化")
        self.load_bar(self.prefetch_num)

    ...

    def on_tick(self, tick: TickData):
        """
        Callback of new tick data update.
        """
        self.bar_generator.update_tick(tick)

    def on_bar(self, bar: BarData):
        """
        Callback of new bar data update.
        """
        self.cancel_all()
        array_manager = self.array_manager

        array_manager.update_bar(bar)
        self.write_log(f'Received Bar Data: {bar}')

        if not array_manager.inited:
            return

        self.highs = array_manager.high
        self.lows = array_manager.low
        self.opens = array_manager.open
        self.closes = array_manager.close
        self.volumes = array_manager.volume

        middle = (self.highs[-1] + self.lows[-1]) / 2

        atr_index = talib.ATR(self.highs, self.lows, self.closes, timeperiod=self.atr_period)
```

```python
upper = middle + self.atr_shifting_coff * atr_index[-1]
lower = middle - self.atr_shifting_coff * atr_index[-1]

#如果收盘价高于上次的上轨，则尝试获取更高的上轨
if bar.close_price > self.upper_last:
    upper = max(upper, self.upper_last)
#如果收盘价低于上次的下轨，则尝试获取更低的下轨
if bar.close_price < self.lower_last:
    lower = min(lower, self.lower_last)

#如果收盘价比下轨高，则认为后市可能上涨
if bar.close_price > lower:
    trend = 1
#如果收盘价比上轨低，则认为后市可能下跌
elif bar.close_price < upper:
    trend = -1
else:
    trend = 0

#如果趋势从下跌转换为上涨，则开多或反手
if self.last_trend == -1 and trend == 1:
    if self.pos < 0:
        price = bar.close_price
        size = abs(self.pos)
        self.cover(price, size)
    if self.pos == 0:
        size = self.fixed_size
        price = bar.close_price
        self.buy(price, size)
#如果趋势由上涨转换为下跌，则开空或反手
elif self.last_trend == 1 and trend == -1:
    if self.pos > 0:
        price = bar.close_price
        size = abs(self.pos)
        self.sell(price, size)
    if self.pos == 0:
        size = self.fixed_size
        price = bar.close_price
        self.short(price, size)
#更新历史量
self.upper_last = upper
self.lower_last = lower
self.last_trend = trend
```

```
self.put_event()
```

超级趋势策略的指标构造方法与前文介绍的不少策略有相似之处,相信读者阅读以上代码较为轻松,但对于历史变量的处理是值得读者学习的。在 PTA 连续上的回测可以得到如图 5-38 所示的结果。

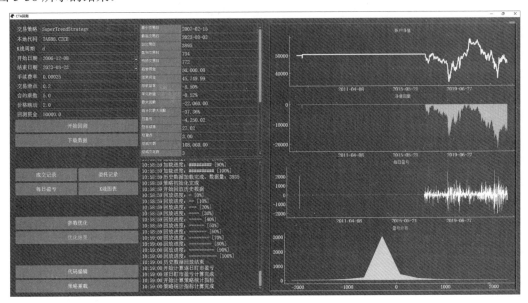

图 5-38 默认参数的超级趋势策略在 PTA 指数上的回测结果

进行参数优化后,得到的最佳回测结果如图 5-39 所示。

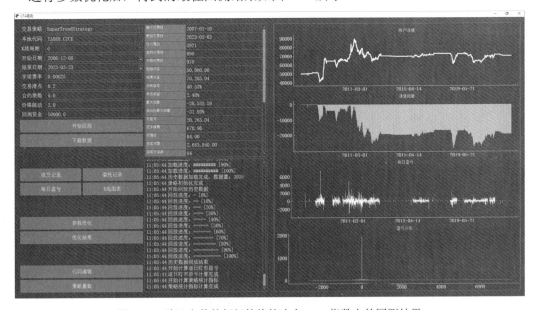

图 5-39 默认参数的超级趋势策略在 PTA 指数上的回测结果

5.15 布林海盗交易策略

布林海盗策略（BollBandit）与布林带交易策略类似，也需要计算布林带的上下轨，不同的是当价格触及布林带上轨时，布林海盗策略认为其是趋势突破的信号，此时会做多，而布林带策略则认为后市会回调，当价格触及布林带下轨时布林海盗策略同样执行与布林带策略相反的交易法则。

容易看出，布林海盗和布林带策略采取了完全相反的交易策略，因此对于同一种指标或者信号而言，基于不同的思考通常会产生不同的决策，这也提示读者可以灵活地运用策略所发出的信号，重要的是对于指标的思考与应用，而不要被指标本身框定的含义所限制。

言归正传，布林海盗策略中还采取了一种重要的止损思想，其使用了移动平均线止损：当价格低于移动平均线时平多仓，当价格高于移动平均线时平空仓。随着持仓时间的增加，用于计算移动平均线的周期会逐渐减小。因为随着时间的推移，原有的价格趋势可能会发生反转，因此需要更灵敏的止损信号，减小移动平均线的计算周期能提高其灵敏度。

移动平均线止损的逻辑在如下交易策略代码中使用加粗字体标出：

```python
//ch5/boll_bandit_strategy/boll_bandit_strategy.py
import talib

from vnpy_ctastrategy import (
    CtaTemplate,
    TickData,
    BarData,
    BarGenerator,
    ArrayManager,
)


class BollBanditStrategy(CtaTemplate):
    """ 布尔海盗交易策略 """
    author = "ouyangpengcheng"

    boll_period = 50
    nbdev_up = 1.0
    nbdev_down = 1.0
    init_ma_period = 50
    min_ma_period = 10
    ma_type = 0

    fixed_size = 1

    vt_symbol = None
```

```python
    parameters = [
        "boll_period", "nbdev_up", "nbdev_down", "init_ma_period",
"min_ma_period", "fixed_size"
    ]

    variables = [
        "vt_symbol"
    ]

    def __init__(self, cta_engine, strategy_name, vt_symbol, setting):
        super().__init__(cta_engine, strategy_name, vt_symbol, setting)
        self.vt_symbol = vt_symbol

        self.prefetch_num = 2 * max(self.boll_period, self.init_ma_period,
self.min_ma_period)
        self.ma_period = self.init_ma_period

        self.bar_generator = BarGenerator(self.on_bar)
        self.array_manager = ArrayManager(self.prefetch_num)
        self.highs = None
        self.lows = None
        self.opens = None
        self.closes = None
        self.volumes = None

    def on_init(self):
        """
        Callback when strategy is inited.
        """
        self.write_log("策略初始化")
        self.load_bar(self.prefetch_num)

    …

    def on_tick(self, tick: TickData):
        """
        Callback of new tick data update.
        """
        self.bar_generator.update_tick(tick)

    def on_bar(self, bar: BarData):
        """
```

```python
        Callback of new bar data update.
        """
        self.cancel_all()
        am = self.array_manager

        am.update_bar(bar)
        self.write_log(f'Received Bar Data: {bar}')

        if not am.inited:
            return

        self.highs = am.high[-self.prefetch_num:]
        self.lows = am.low[-self.prefetch_num:]
        self.opens = am.open[-self.prefetch_num:]
        self.closes = am.close[-self.prefetch_num:]
        self.volumes = am.volume[-self.prefetch_num:]

        #计算布林带上下轨
        upper, _, lower = talib.BBANDS(self.closes,
                                    timeperiod=self.boll_period,
                                    nbdevup=self.nbdev_up,
                                    nbdevdn=self.nbdev_down,
                                    matype=self.ma_type)
        #计算移动平均线，用于止损
        ma = talib.SMA(self.closes, self.ma_period)

        if self.pos == 0:
            size = self.fixed_size
            #当收盘价低于下轨时开空
            if self.closes[-1] < lower[-1]:
                price = bar.close_price
                self.short(price, size)
            #当收盘价高于上轨时开多
            elif self.closes[-1] > upper[-1]:
                price = bar.close_price
                self.buy(price, size)
            #若开仓，则将止损移动平均线指定为初始周期
            self.ma_period = self.init_ma_period
        elif self.pos < 0:
            #当持有空仓时
            #如果收盘价回升到下轨或移动平均线之上，则进行平仓
            if self.closes[-1] > lower[-1] or self.closes[-1] > ma[-1]:
                price = bar.close_price
```

```
            size = abs(self.pos)
            self.cover(price, size)
        #如果没有平仓，则继续调小止损移动均线的周期
        self.ma_period = max(self.ma_period - 1, self.min_ma_period)
elif self.pos > 0:
    #当持有多仓时
    #如果收盘价下跌到上轨或移动平均线之下，则进行平仓
    if self.closes[-1] < upper[-1] or self.closes[-1] < ma[-1]:
        price = bar.close_price
        size = abs(self.pos)
        self.sell(price, size)
    #如果没有平仓，则继续调小止损移动均线的周期
    self.ma_period = max(self.ma_period - 1, self.min_ma_period)

self.put_event()
```

回测结果如图 5-40 所示。

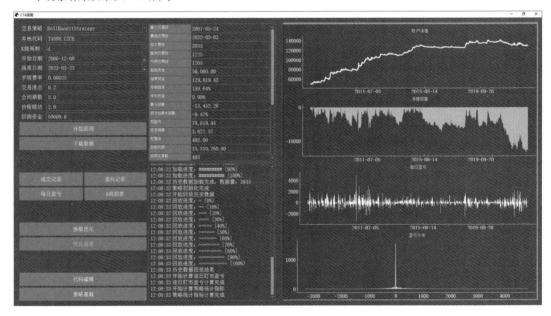

图 5-40　默认参数的布林海盗策略在 PTA 指数上的回测结果

经过参数优化后，最佳参数的布林海盗策略的回测结果如图 5-41 所示。

布林海盗策略使用另一种完全不同的交易思路在回测中同样获得了成功，而且其在策略中加入了移动平均线的止损策略，这两种思路十分值得读者学习并在策略中使用。

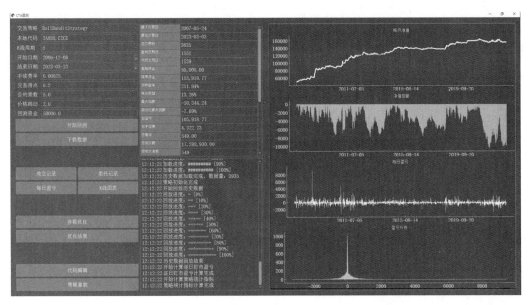

图 5-41　最优参数的布林海盗策略在 PTA 指数上的回测结果

5.16　Hans123 交易策略

Hans123 是一个比较"简单粗暴"的交易策略，其最早应用于外汇市场，核心思想是"每天只赌一次"，首先确定日内价格的上下轨，如果价格突破上轨，则做多，如果价格跌破下轨，则做空。

通常来讲，由于需要消化盘前公开与未公开的消息，开盘后的半小时内价格会产生剧烈波动，此时不宜进场交易，而是观察价格走势确定上下轨，当后市突破价位后进行相应的操作。在每日会对当日的头寸平仓，以免受到隔夜消息的不利影响。

在开盘前的 30min 记录价格的最高价与最低价，将这两者分别作为上轨和下轨，当价格在当日突破上轨时做多，如果下跌到下轨，则平多仓；价格在当日跌破下轨时做空，如果反弹到上轨，则平空仓。

策略逻辑简单易懂，然而在商品期货中，尤其是带有夜盘的品种（如回测使用的 PTA），为了避免外界消息的影响，需要按照连续的交易时间段进行操作，而不能将夜盘与日盘一起考虑，所以对于夜盘而言会在夜盘收盘之前平仓。

策略代码中，通过设置计数器来记录当日行情前 n 分钟的最高价与最低价，并且在价格突破时进行交易和止损，日盘与夜盘收盘前的 5min 开始尝试平掉当日仓位，如下代码加粗部分所示。

```
//ch5/hans123_strategy/hans123_strategy.py
import numpy as np
```

```python
from vnpy_ctastrategy import (
    CtaTemplate,
    TickData,
    BarData,
    BarGenerator,
    ArrayManager,
)

class Hans123Strategy(CtaTemplate):
    """ Hans123 交易策略 """
    author = "ouyangpengcheng"

    hans_period = 30

    fixed_size = 1

    vt_symbol = None

    parameters = [
        "hans_period", "fixed_size"
    ]

    variables = [
        "vt_symbol"
    ]

    def __init__(self, cta_engine, strategy_name, vt_symbol, setting):
        super().__init__(cta_engine, strategy_name, vt_symbol, setting)
        self.vt_symbol = vt_symbol

        self.prefetch_num = self.hans_period

        self.bar_generator = BarGenerator(self.on_bar)
        self.array_manager = ArrayManager(self.prefetch_num)
        self.highs = None
        self.lows = None
        self.opens = None
        self.closes = None
        self.volumes = None

        self.upper = None
        self.lower = None
```

```python
        #该交易时间段是否开仓
        self.today_open = False
        #该交易时间段收到的bar数
        self.cnt = 0

    def on_init(self):
        """
        Callback when strategy is inited.
        """
        self.write_log("策略初始化")
        self.load_bar(self.prefetch_num)

    …

    def on_tick(self, tick: TickData):
        """
        Callback of new tick data update.
        """
        self.bar_generator.update_tick(tick)

    def on_bar(self, bar: BarData):
        """
        Callback of new bar data update.
        """
        self.cancel_all()

        am = self.array_manager
        am.update_bar(bar)

        self.highs = am.high[-self.prefetch_num:]
        self.lows = am.low[-self.prefetch_num:]
        self.opens = am.open[-self.prefetch_num:]
        self.closes = am.close[-self.prefetch_num:]
        self.volumes = am.volume[-self.prefetch_num:]

        bar_time = bar.datetime.strftime('%H%M%S')
        price = bar.close_price

        #收盘后重置当天开仓标志位和当前交易时段已记录的bar数
        #上午9点是一个连续交易时段的开始，进行相同操作
        if '150000' <= bar_time <= '210000' or bar_time == '090000':
            self.today_open = False
            self.cnt = 0
```

```python
        # 在每个连续交易时段的前 prefetch_num 分钟不交易，观察最高价与最低价
        if self.cnt < self.prefetch_num:
            self.cnt += 1
            # 获取窗口内的最小值与最大值
            self.upper = np.max(self.highs)
            self.lower = np.min(self.lows)
            return

        self.write_log(f'Received Bar Data: {bar}')

        # 连续交易时段结束前 5min 开始平仓
        if '145500' <= bar_time <= '145900' or '225500' <= bar_time <= '225900':
            if self.pos > 0:
                self.sell(price, abs(self.pos))
            elif self.pos < 0:
                self.cover(price, abs(self.pos))
            return

        if not am.inited:
            return

        size = self.fixed_size

        # 如果今天没有开仓，则根据信号开仓
        if not self.today_open:
            if self.pos == 0:
                if bar.close_price > self.upper:
                    price = bar.close_price
                    self.buy(price, size)
                    self.today_open = True
                elif bar.close_price < self.lower:
                    price = bar.close_price
                    self.short(price, size)
                    self.today_open = True
        else:
            # 如果今天开过仓，则根据信号平仓
            if bar.close_price > self.upper:
                if self.pos < 0:
                    price = bar.close_price
                    self.cover(price, abs(self.pos))
            elif bar.close_price < self.lower:
                if self.pos > 0:
```

```
                price = bar.close_price
                self.sell(price, abs(self.pos))

        self.put_event()
```

上面的代码在 PTA 指数分钟线上的回测结果如图 5-42 所示。

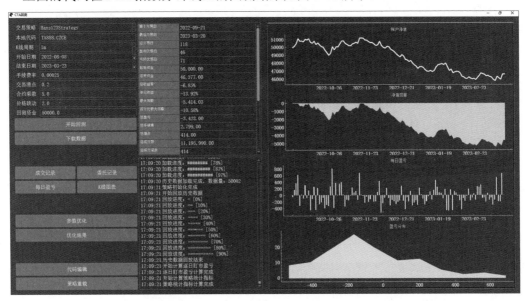

图 5-42 默认参数的 Hans123 策略在 PTA 指数分钟线上的回测结果

可以看出回测结果较差，总收益率为负。需要注意的是，Hans123 在突破上轨时做多，而在跌破下轨时才平多，对于日内波动较大的品种而言，这样的开平仓规则产生的收益一定为负数，唯一可能产生盈利的方法是去赌收盘的价格与当日的上轨价格，而这两者的时间一般相隔较远，其间的波动可能十分巨大，在这段时间内价格触及下轨平多的概率远高于维持仓位至收盘，因此胜率很低，收益不理想。对于做空也是同样的情况。

对该策略进行修改，提高每一笔交易产生盈利的概率，因此需要提高开仓做多的上轨，减少开仓失误的次数，同时减小开仓与止损之间的价格差距，避免判断失误时产生过多的亏损，将上述代码 on_bar 函数中的开平仓条件更改为如下代码中加粗部分所示（注释中为原代码）：

```
//ch5/hans123_strategy/hans123_strategy.py
def on_bar(self, bar: BarData):
    """
    Callback of new bar data update.
    """
    ...
    #如果今天没有开仓，则根据信号开仓
```

```python
            if not self.today_open:
                if self.pos == 0:
                    #if bar.close_price > self.upper:
                    if bar.close_price > self.upper * 1.01:
                        ...
                    #elif bar.close_price < self.lower:
                    elif bar.close_price < self.lower * 0.99:
                        ...
            else:
                #如果今天开过仓, 则根据信号平仓
                #if bar.close_price > self.upper:
                if bar.close_price > self.lower:
                    ...
                #elif bar.close_price < self.lower:
                elif bar.close_price < self.upper:
                    ...
        self.put_event()
```

通过将上下轨分别向上/下移动 1%来减少开仓次数，并且借鉴类似通道策略的思想，开平仓采用相同的轨道进行操作来减少损失，再次回测能够得到如图 5-43 所示的结果。

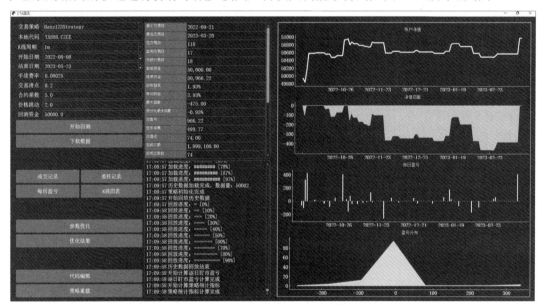

图 5-43 对默认参数进行修改后的 Hans123 策略在 PTA 指数分钟线上的回测结果

对参数进行优化之后，可以得到如图 5-44 所示的最优回测结果。

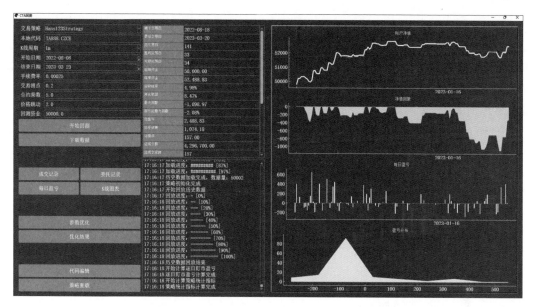

图 5-44 对参数进行优化后的 Hans123 策略在 PTA 指数上的回测结果

5.17 海龟交易策略

海龟交易法是一个著名的公开交易系统。在 1983 年，商品投机家理查德·丹尼斯在交易员培训班中推广海龟交易法而闻名。与前面介绍的策略不同的是，海龟交易法包含交易系统需要考量的不同方面，它利用唐奇安通道对趋势进行判别，并且使用 ATR 进行分配加减仓，同时包括动态止盈与止损。

唐奇安通道的计算十分简单，如公式（5-19）所示。

$$\begin{aligned} \text{upper}_i &= \max(\text{high}_i, \text{high}_{i-1}, \cdots, \text{high}_{i-n+1}) \\ \text{lower}_i &= \min(\text{low}_i, \text{low}_{i-1}, \cdots, \text{low}_{i-n+1}) \\ \text{middle}_i &= \frac{\text{high}_i + \text{low}_i}{2} \end{aligned} \quad (5\text{-}19)$$

不难理解，唐奇安通道以前 n 个周期的最高价作为上轨，以最低价作为下轨，以两者的平均值作为中轨。信号产生十分简单：如果价格向上突破超过上轨，则开多仓，如果价格向下突破下轨，则开空仓。

在海龟交易法中建仓与加减仓的基本原则是根据一个基本单位进行的，该基本单位的价值变动对总净资产的影响不会超过 1%，其中价值变动使用 ATR 进行衡量，可使用公式表达基本交易单位：

$$\text{unit} = \frac{1\% \times N}{\text{ATR}} \quad (5\text{-}20)$$

式中 N 表示总净资产。当持有多仓的情况下，如果价格上涨了 0.5ATR，则继续加一个单位的多仓,而当持有空仓并且价格下跌 0.5ATR 的情况下,则追加一个单位的空仓。

海龟交易法的止损法则也十分容易理解:如果持有多仓并且价格下跌了 2ATR,则全部卖出平仓;如果持有空仓而价格上涨了 2ATR,则平掉所有空仓。止盈则使用唐奇安通道进行控制:如果持有多仓并且价格跌破 10 日唐奇安下轨或持有空仓且价格涨到 10 日唐奇安通道以上,则平掉全部仓位。

在 vn.py 文件中,计算唐奇安通道或 ATR 都十分简便,较为复杂的是策略中无法获取此时的资金,因此为了实现海龟交易法,需要先在策略中获取资金。参考回测引擎中的计算方法,当产生交易时,在 on_trade 函数中计算本次交易对资金产生的影响。如下代码展示了在 on_trade 函数中计算盈亏的逻辑:

```python
//ch5/turtle_strategy/turtle_strategy.py
    def on_trade(self, trade: TradeData):
        """
        Callback of new trade data update.
        """
        size = self.size
        direction = trade.direction
        offset = trade.offset

        #合约交易金额=价格*数量*合约乘数
        #未考虑保证金的影响
        turnover = trade.price * trade.volume * size
        #计算佣金(commission 为佣金费率)
        commission = turnover * self.commission

        #去除佣金
        self.capital -= commission

        #为了简化计算,直接将持仓合约的金额从现金权益中扣除,不计算持仓权益
        #与真实资金计算不同
        if offset == Offset.OPEN:
            if direction == Direction.LONG:
                #如果多开,则减去合约交易金额
                self.capital -= turnover
            elif direction == Direction.SHORT:
                #如果空开,则加上合约交易金额
                self.capital += turnover
        elif offset == Offset.CLOSE:
            if direction == Direction.SHORT:
                #如果平多仓,则加合约交易金额
                self.capital += turnover
            elif direction == Direction.LONG:
```

```
                    #如果平空仓，则减合约交易金额
                    self.capital -= turnover
```

该资金计算逻辑仅计算了成交时对资金的影响，不过对于海龟交易法而言是足够的，由于未考虑行情波动对于权益的影响，计算得到的资金值与实际值会有一定差异。对此，仅用该资金值计算开仓单位，而不能用其作为其他真实资金计算用途。

由于对资金的计算未考虑保证金率，回测时需要将回测资金设置为一个大值，同时需要注意保持回测设置中的回测金额、手续费率与策略中的值一致，完整的交易策略代码如下：

```python
//ch5/turtle_strategy/turtle_strategy.py
import numpy as np

from vnpy_ctastrategy import (
    CtaTemplate,
    TickData,
    BarData,
    TradeData,
    BarGenerator,
    ArrayManager,
)
from vnpy.trader.object import Offset, Direction

class TurtleStrategy(CtaTemplate):
    """ 海龟交易策略 """
    author = "ouyangpengcheng"

    capital = 100_000
    commission = 0.00025

    entry_window = 20
    exit_window = 10
    atr_window = 20

    entry_up = 0
    entry_down = 0
    exit_up = 0
    exit_down = 0
    atr_value = 0

    parameters = ["entry_window", "exit_window", "atr_window"]
    variables = ["entry_up", "entry_down", "exit_up", "exit_down",
"atr_value"]
```

```python
    def __init__(self, cta_engine, strategy_name, vt_symbol, setting):
        """"""
        super().__init__(cta_engine, strategy_name, vt_symbol, setting)
        self.window_size = 2 * max(self.entry_window, self.exit_window, self.atr_window)
        self.bar_generator = BarGenerator(self.on_bar)
        self.am = ArrayManager(self.window_size)
        self.unit = 0
        self.open_price = None
        self.short_price = None
        self.size = self.get_size()

    def on_init(self):
        """
        Callback when strategy is inited.
        """
        self.write_log("策略初始化")
        self.load_bar(self.window_size)

    …

    def on_tick(self, tick: TickData):
        """
        Callback of new tick data update.
        """
        self.bar_generator.update_tick(tick)

    def on_bar(self, bar: BarData):
        """
        Callback of new bar data update.
        """
        self.cancel_all()

        self.am.update_bar(bar)
        if not self.am.inited:
            return

        #唐奇安通道的信号产生为今日价格与前一天的通道值进行比较
        #当无持仓时,计算开仓使用的唐奇安通道
        if not self.pos:
            self.entry_up = np.max(self.am.high_array[-(self.entry_window + 1): -1])
```

```python
            self.entry_down = np.min(self.am.low_array[-(self.entry_window +
1)): -1])

            #动态计算退场时的唐奇安通道值
            self.exit_up = np.max(self.am.high_array[-(self.exit_window+1) : -1])
            self.exit_down = np.min(self.am.low_array[-(self.exit_window+1) :-1])
            #计算ATR
            self.atr_value = self.am.atr(self.atr_window)

        price = bar.close_price
        if not self.pos:
            #根据目前的现金权益计算下单单位
            self.unit = int(0.01 * self.capital / (self.atr_value * self.size))
            if self.unit > 0:
                #如果价格大于开仓唐奇安通道上轨，则开多一个单位
                if price > self.entry_up:
                    self.open_price = price
                    self.buy(price, self.unit)
                #价格低于开仓唐奇安通道下轨则开空一个单位
                elif price < self.entry_down:
                    self.short_price = price
                    self.short(price, self.unit)
        elif self.pos > 0:
            #如果价格高于开仓价格的2倍ATR，则考虑加多(趋势正在延续)
            open_low = self.open_price + self.atr_value * 0.5
            open_high = self.open_price + self.atr_value * 2
            if open_low < price < open_high:
                #控制手中仓位不会太大，最多持仓4手，防止大回撤造成的亏损
                if self.pos < 4:
                    #加仓单位的数量与初始仓位的开仓价和ATR值相关，为0.5×ATR的n倍
                    unit_num = int((price - self.open_price)/(self.atr_value * 0.5))
                    self.buy(price, unit_num * self.unit)
            #如果价格低于开仓价格减2倍ATR，则止损
            elif price < self.open_price - self.atr_value * 2:
                self.sell(price, abs(self.pos))
            #唐奇安通道止盈条件
            elif price < self.exit_down:
                self.sell(price, abs(self.pos))
        elif self.pos < 0:
            #如果价格低于开仓价格的$\frac{1}{2}$ATR，则考虑加空(趋势正在延续)

            open_low = self.short_price - self.atr_value * 2
            open_high = self.short_price - self.atr_value * 0.5
```

```python
            if open_low < price < open_high:
                #控制手中仓位不会太大,最多持仓4手,防止大回撤造成的亏损
                if self.pos > -4:
                    #加仓单位的数量与初始仓位的开仓价和ATR值相关,为0.5×ATR的n倍
                    unit_num = int((self.short_price - price) / (self.atr_value * 0.5))
                    self.short(price, unit_num * self.unit)
            #如果价格高于开仓价格加2倍ATR,则止损
            elif price > self.short_price + self.atr_value * 2:
                self.cover(price, abs(self.pos))
            #唐奇安通道止盈条件
            elif price > self.exit_up:
                self.cover(price, abs(self.pos))

    self.put_event()

def on_trade(self, trade: TradeData):
    ...
```

在 on_bar 中,首先对不同持仓状态进行不同的处理,若没有持仓,则计算开仓使用的单位值、开仓价格等,此时开仓的信号由当日价格与前一天的唐奇安通道值进行比较,若与当天的唐奇安通道值比较,则永远不会产生突破信号;若有持仓,则计算是否需要加仓、止损或止盈,读者对照策略的文字讲解与代码中的注释将较易理解代码逻辑。

将海龟交易策略在 PTA 指数上进行回测可以得到如图 5-45 所示的结果。

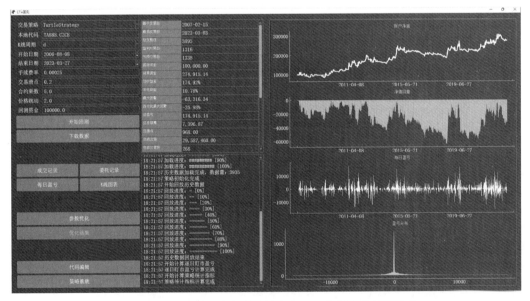

图 5-45 默认参数的海龟交易策略在 PTA 指数上的回测结果

进行参数优化后，可以得到海龟交易策略的最佳回测表现如图 5-46 所示。

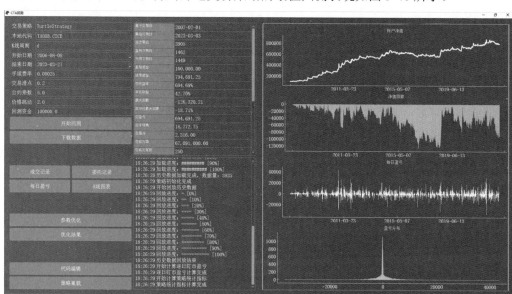

图 5-46 最优参数的海龟交易策略在 PTA 指数上的回测结果

5.18 海龟汤交易策略

海龟交易法公开后，随着使用的人越来越多，其创造的利润逐渐减少，因此有人使用了与海龟交易法相反的海龟汤交易策略，其交易原则有以下几条：

（1）今日的价格创造了 20 日价格的新低。

（2）前一个 20 日新低出现在至少 4 天以前。

（3）当市场下跌到前一个 20 日低点之后，在高于 20 日低点 5~10 个 tick 的位置下一笔仅当日有效的买入停止单。

（4）当有买单成交时，在当日的低点下方 1 个 tick 位置下一笔卖出停止单。

（5）当交易获利时，设置跟踪止损单进行止损。

在 vn.py 文件中使用停止单十分方便，在使用下单函数（buy、sell、short、cover）时将 stop 参数设定为 True 即可，当新的行情出现时，vn.py 会自动帮忙判别是否需要触发停止单。

策略的整体逻辑比较简单，只需使用 NumPy 进行简单的操作便可以实现：

```
//ch5/turtle_soup_strategy.py
import numpy as np

from vnpy_ctastrategy import (
    CtaTemplate,
    TickData,
```

```python
        BarData,
        TradeData,
        BarGenerator,
        ArrayManager,
)
from vnpy.trader.object import Offset, Direction

class TurtleSoupStrategy(CtaTemplate):
    """ 海龟汤交易策略 """
    author = "ouyangpengcheng"

    fixed_size = 1
    window_size = 20

    parameters = ["window_size"]

    def __init__(self, cta_engine, strategy_name, vt_symbol, setting):
        """"""
        super().__init__(cta_engine, strategy_name, vt_symbol, setting)
        self.bar_generator = BarGenerator(self.on_bar)
        self.am = ArrayManager(self.window_size)
        self.stop_order_ids = []

    def on_init(self):
        """
        Callback when strategy is inited.
        """
        self.write_log("策略初始化")
        self.load_bar(self.window_size)

    ...

    def on_tick(self, tick: TickData):
        """
        Callback of new tick data update.
        """
        self.bar_generator.update_tick(tick)

    def on_bar(self, bar: BarData):
        """
        Callback of new bar data update.
        """
        self.am.update_bar(bar)
```

```python
        if not self.am.inited:
            return

        price = bar.close_price

        today_low = False
        #获取上一个窗口期内的最低价
        last_low = np.min(self.am.low[-(self.window_size + 1): -1])
        #如果当前价格小于上一个最低价,则当天信号成立
        if price < last_low:
            today_low = True

        #获取上一个最低价距离今天的日数
        last_low_period = np.argmin(self.am.low[-(self.window_size + 1): -1]) < self.window_size - 4

        #如果当天是最低价并且上一个最低价距离今日超过4天
        if today_low and last_low_period:
            #以最低价向上上浮5个tick,开多单
            self.buy(last_low + 5 * self.get_pricetick(), self.fixed_size, stop=True)

        #如果持有多仓,则判断是否需要止盈
        if self.pos > 0:
            #使用窗口内的最高价进行止盈
            self.sell(np.max(self.am.high[-(self.window_size + 1): -1]), abs(self.pos), stop=True)
            #当主动止盈平仓后,需要将之前的止损单撤销
            for si in self.stop_order_ids:
                self.cancel_order(si)
            self.stop_order_ids = []

        self.put_event()

    def on_trade(self, trade: TradeData):
        """
        Callback of new trade data update.
        """
        if trade.offset == Offset.OPEN:
            if trade.direction == Direction.LONG:
                #如果开多单,则需要在最低价的下一个tick挂止损单
                stop_loss_ids = self.sell(self.am.low[-1] - self.get_pricetick(), trade.volume, stop=True)
                self.stop_order_ids.extend(stop_loss_ids)
```

在 PTA 指数上回测海龟汤策略可以得到如图 5-47 所示的结果。

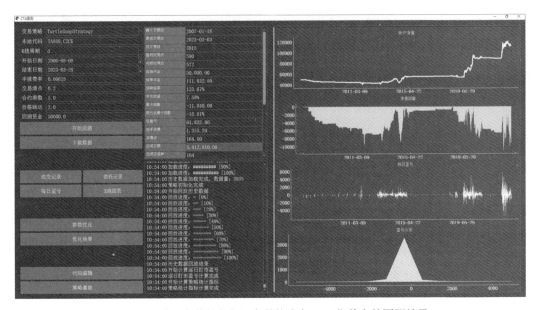

图 5-47　默认参数的海龟汤交易策略在 PTA 指数上的回测结果

进行参数调优后,能够得到如图 5-48 所示的结果。

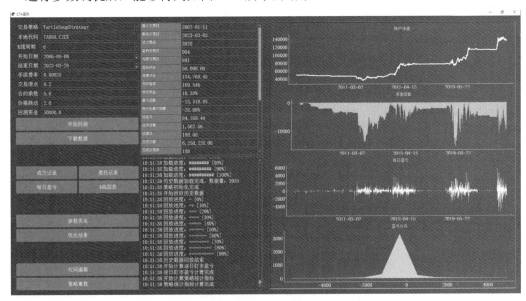

图 5-48　最优参数的海龟汤交易策略在 PTA 指数上的回测结果

从以上单边交易原则其实可以看出,海龟汤交易策略是一个震荡策略,而海龟交易法是一个趋势策略。经典的海龟汤交易策略仅考虑了多头方向的策略,简单类比也可以归纳出空头的策略:

(1) 今日的价格创造了 20 日价格的新高。

（2）前一个 20 日新高出现在至少 4 日以前。

（3）当市场上涨到前一个 20 日高点之后，在低于 20 日高点 5~10 个 tick 的位置下一笔仅当日有效的做空停止单。

（4）当有空单成交时，在当日的高点上方 1 个 tick 位置下一笔平空停止单。

（5）当交易获利时，设置跟踪止损单进行止损。

读者可以根据以上单边做空原则自行修改海龟汤交易策略并进行回测实验。

5.19　网格交易策略

网格交易策略适用于震荡行情，顾名思义该策略使用了类似渔民捕鱼的思想，使用"渔网"获取一定范围内的利润。网格交易策略通常会指定策略执行的上界与下界，在该界限内执行"高抛低吸"。上下界范围内被划分为若干网格，每次行情上涨到某个网格时执行卖出/做空操作，每次行情下跌到某个网格时执行买入/做多操作，如图 5-49 所示。

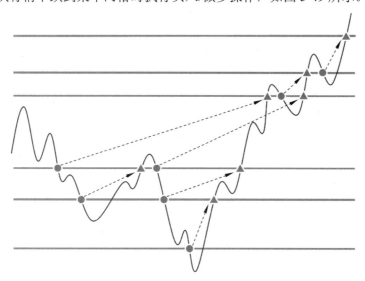

图 5-49　网格交易示意图

图中的行情走势被分为不同的网格，每当价格向下穿过某个网格边界时会进行开多，并且只有当价格重新上涨到开多网格的上一格时才会平仓，因此只要不是单边跌势，使用网格交易策略的每一对交易（一开一平）的盈利可能性很高。在图 5-49 中，分别使用圆形和三角形表示开仓和平仓时机，虚线所连接的交易表示成对的交易。

在 vn.py 文件中，使用停止单很容易实现网格交易策略：

```
//ch5/grid_strategy/grid_strategy.py
import math

from vnpy_ctastrategy import (
```

```python
    CtaTemplate,
    TickData,
    TradeData,
    BarData,
    BarGenerator,
    ArrayManager,
)

from vnpy.trader.object import Direction, Offset

class GridStrategy(CtaTemplate):
    """ 网格交易策略 """
    author = "ouyangpengcheng"

    grid_interval = 50

    window_size = 2
    fixed_size = 1

    vt_symbol = None

    parameters = [
        "grid_interval",
        "fixed_size",
    ]

    variables = [
        "vt_symbol",
    ]

    def __init__(self, cta_engine, strategy_name, vt_symbol, setting):
        super().__init__(cta_engine, strategy_name, vt_symbol, setting)
        self.vt_symbol = vt_symbol

        self.bar_generator = BarGenerator(self.on_bar)
        self.array_manager = ArrayManager(self.window_size)
        self.highs = None
        self.lows = None
        self.opens = None
        self.closes = None
        self.volumes = None

        self.base_price = None
        self.step_price = self.grid_interval

        self.pos_inited = False
```

```python
def on_init(self):
    """
    Callback when strategy is inited.
    """
    self.load_bar(self.window_size)

…

def on_tick(self, tick: TickData):
    """
    Callback of new tick data update.
    """
    self.bar_generator.update_tick(tick)

def on_bar(self, bar: BarData):
    """
    Callback of new bar data update.
    """
    self.write_log(f'Received Bar Data: {bar}')
    array_manager = self.array_manager
    array_manager.update_bar(bar)

    if not array_manager.inited:
        return

    if self.base_price is None:
        self.base_price = bar.close_price

    price = bar.close_price
    buy_direction_steps = math.floor((self.base_price - price) / self.step_price)
    last_buy_direction_steps = math.floor((self.base_price - self.array_manager.close[-2]) / self.step_price)
    #当价格下跌(向下跨越网格边界)时买入
    if buy_direction_steps > last_buy_direction_steps:
        size = self.fixed_size
        self.buy(price, size)
    self.put_event()

def on_trade(self, trade: TradeData):
    if trade.direction == Direction.LONG:
        if trade.offset == Offset.OPEN:
            #当开多单时，挂出对应的止盈单(向上一个网格宽度)
            self.sell(trade.price + self.step_price, trade.volume, stop=True)
```

如上代码中，加粗部分为开仓的核心逻辑，当本次价格算出所处的网格较上一次价格算出的网格更低时进行开仓，在 on_trade 函数中同时挂出止盈的停止单。

网格交易在震荡市中的盈利空间巨大，因此选取的回测时间段为 2015-01-20 到 2018-06-12，使用默认参数回测得到如图 5-50 所示的结果。

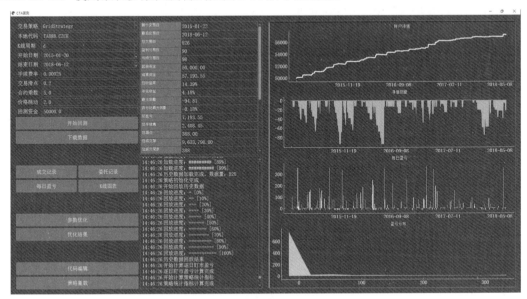

图 5-50　默认参数的网格交易策略在 PTA 指数震荡行情上的回测结果

进行参数优化后，继续回测可以得到如图 5-51 所示的结果。

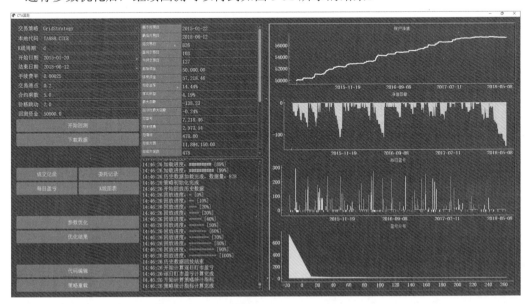

图 5-51　最优参数的网格交易策略在 PTA 指数震荡行情上的回测结果

在全量的 PTA 指数策略上回测可以得到如图 5-52 所示的结果，可以看到净值变化曲线也是令人满意的。在震荡市中采取"越跌越买"的策略可以摊薄交易成本，从而在行情上涨时存在更大的获利空间。

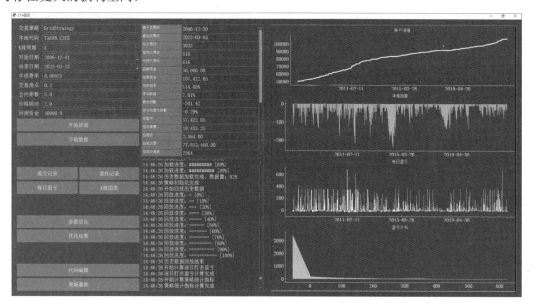

图 5-52 最优参数的网格交易策略在 PTA 指数上的回测结果

本节介绍的网格仅为单边做多网格，读者可以自行尝试实现单边做空网格与双边网格。

5.20　CMO 交易策略

CMO 为"钱德勒动量指标"，不同于别的指标，CMO 将价格上涨与下跌分开对待，其计算方式如式（5-21）所示。

$$\text{CMO} = \frac{\text{SU} - \text{SD}}{\text{SU} + \text{SD}} \times 100 \tag{5-21}$$

式(5-21)中 SU 为窗口期内后一天价格比前一天价格高出的和，如果后一天价格低于前一天价格，则当天贡献值为 0；同样 SD 表示窗口期内后一天价格比前一天价格低的和，如果后一天价格高于前一天价格，则当天贡献值为 0。

使用 TA-Lib 中的 cmo 方法可以很简单地计算得到 CMO 值，其范围为[-100,100]，通常来讲当 CMO 上穿 0 轴时，上涨价格数由少到多，市场氛围偏多，此时可以做多，而当下穿 0 轴时做空。当 CMO 值大于 50 进入超买区时，此时应平多离场；当 CMO 值小于-50 时平空出场。

不难写出如下基于以上交易规则的策略代码：

```
//ch5/cmo_strategy/cmo_strategy.py
```

```python
import talib

from vnpy_ctastrategy import (
    CtaTemplate,
    TickData,
    BarData,
    BarGenerator,
    ArrayManager,
)

class CmoStrategy(CtaTemplate):
    """ CMO 交易策略 """
    author = "ouyangpengcheng"

    cmo_period = 50

    fixed_size = 1
    vt_symbol = None

    parameters = [
        "cmo_period", "fixed_size"
    ]

    variables = [
        "vt_symbol"
    ]

    def __init__(self, cta_engine, strategy_name, vt_symbol, setting):
        super().__init__(cta_engine, strategy_name, vt_symbol, setting)
        self.vt_symbol = vt_symbol
        self.prefetch_num = 2 * self.cmo_period

        self.bar_generator = BarGenerator(self.on_bar)
        self.array_manager = ArrayManager(self.prefetch_num)
        self.highs = None
        self.lows = None
        self.opens = None
        self.closes = None
        self.volumes = None

    def on_init(self):
```

```python
        """
        Callback when strategy is inited.
        """
        self.write_log("策略初始化")
        self.load_bar(self.prefetch_num)

    …

    def on_tick(self, tick: TickData):
        """
        Callback of new tick data update.
        """
        self.bar_generator.update_tick(tick)

    def on_bar(self, bar: BarData):
        """
        Callback of new bar data update.
        """
        self.cancel_all()
        am = self.array_manager

        am.update_bar(bar)
        self.write_log(f'Received Bar Data: {bar}')

        if not am.inited:
            return

        self.highs = am.high[-self.prefetch_num:]
        self.lows = am.low[-self.prefetch_num:]
        self.opens = am.open[-self.prefetch_num:]
        self.closes = am.close[-self.prefetch_num:]
        self.volumes = am.volume[-self.prefetch_num:]

        #计算CMO指标值
        cmo = talib.CMO(self.closes, self.cmo_period)

        if self.pos == 0:
            size = self.fixed_size
            #如果CMO值上穿0轴，则开多
            if cmo[-2] < 0 and cmo[-1] > 0:
                price = bar.close_price
```

```python
            self.buy(price, size)
        # 如果 CMO 值下穿 0 轴，则开空
        elif cmo[-2] > 0 and cmo[-1] < 0:
            price = bar.close_price
            self.short(price, size)
elif self.pos > 0:
    # 如果持有多仓并且 CMO 值大于 50，则说明超买，需要平多
    if cmo[-1] > 50:
        price = bar.close_price
        size = abs(self.pos)
        self.sell(price, size)
elif self.pos < 0:
    # 如果持有空仓并且 CMO 值小于-50，则说明超卖，需要平空
    if cmo[-1] < -50:
        price = bar.close_price
        size = abs(self.pos)
        self.cover(price, size)
self.put_event()
```

默认参数的 CMO 策略在 PTA 指数上的回测结果如图 5-53 所示。

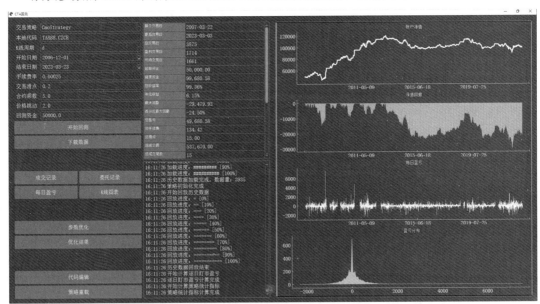

图 5-53　默认参数的 CMO 交易策略在 PTA 指数上的回测结果

经过参数优化后，策略回测的最优结果如图 5-54 所示。

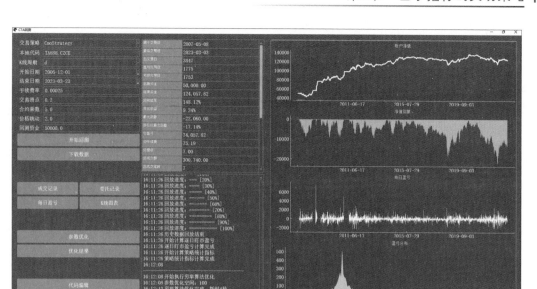

图 5-54 最优参数的 CMO 交易策略在 PTA 指数上的回测结果

5.21 小结

本章向读者介绍了大量常用的经典量化策略,其中部分可以在交易软件找到对应的图像。读者通过本章的学习,应该对 vn.py 策略框架有较为深刻的理解,本章的策略包括了趋势交易策略与反转交易策略,甚至两者是基于同一指标进行判别的,这启发读者指标的运用不是一成不变的,往往同一指标从不同的角度思考可以得到不同的决策行为。相比于实盘运行的策略,本章介绍的策略还缺少完整的风险控制、仓位管理等部分,读者可以通过学习进一步提升策略的表现。

本章的策略主要基于人为构建指标的信号,是一种人类思想的归纳总结,而没有经过模型验证,第 6 章的策略将会从模型的角度来看待价格走势与交易的问题。

第 6 章 基于模型的交易策略

第 5 章介绍了基于人为设计指标的交易策略，多为启发式原则得到的交易规则。本章的着重点为基于模型的交易策略，使用模型对时间序列走势进行预测，从而进行交易。

6.1 基于 ARMA 模型的交易策略

ARMA 模型为"自回归移动平均模型"，它常被用于拟合平稳时间序列，该模型由两部分（"自回归模型"和"移动平均模型"）组成，其中自回归模型 AR 表述的是时间序列位于 t 时刻的值与时刻之前的值之间的关系，认为从该时刻之前的值可以线性地组合得到 t 时刻的值。如式（6-1）所示。

$$x_t = \phi_0 + \phi_1 x_{t-1} + \phi_2 x_{t-2} + \cdots + \phi_p x_{t-p} + \varepsilon_t \tag{6-1}$$

式(6-1)认为 t 时刻的序列值与前 p 期的序列值相关，是前 p 期值的多元线性回归，误差项 ε_t 表示当前无法预测的部分，为 0 均值的白噪声随机干扰。此时称式(6-1)所示的模型为 p 阶自回归模型，记作 AR(p)。

MA 过程则认为当前 t 时刻的序列值与前 q 个时刻的随机干扰值相关，如式(6-2)所示。

$$x_t = \mu + \varepsilon_t - \theta_1 \varepsilon_1 - \theta_2 \varepsilon_2 - \cdots - \theta_q \varepsilon_q \tag{6-2}$$

式(6-2)中的 μ 为序列 x 的均值，符合式(6-2)的模型被称为 q 阶移动平均模型，记作 MA(q)。ARMA 模型则使 AR 和 MA 两者相结合，如式(6-3)所示。

$$x_t = \phi_0 + \phi_1 x_{t-1} + \phi_2 x_{t-2} + \cdots + \phi_p x_{t-p} + \varepsilon_t - \theta_1 \varepsilon_1 - \theta_2 \varepsilon_2 - \cdots - \theta_q \varepsilon_q \tag{6-3}$$

符合式(6-3)的模型记作 ARMA(p,q)，根据 AR 与 MA 模型的性质计算序列的自相关系数与偏自相关系数分别可以得到模型的最优阶数 p 和 q。关于自相关系数与偏自相关系数的内容，读者可以参考时间序列分析相关书籍。

ARMA 模型的适用场景为平稳的时间序列，直观上一个平稳序列是没有趋势并且波幅是恒定的，从数学角度上来讲，强平稳过程表示序列平移任意长度后，其联合分布保持不变，而弱平稳过程则表示序列的均值为常数并且自协方差仅与时间差相关，而与序列选取的起终点无关。通常使用 ADF 检验（Augmented Dickey-Fuller Testing）一个序列是否平稳，接下来将逐步介绍使用 Python 构建 ARMA 模型并预测序列的过程。

现在构建一个直观上平稳过程的函数：

$$f(x)=\sin(x)+0.5\times\mathrm{random}(-1,1) \tag{6-4}$$

式中 random(a,b)表示生成一个（a, b）之中的随机数，使用 Python 容易实现式(6-4)的计算过程：

```
//ch6/arma/demo.py
import numpy as np

def f(x):
    """ 生成随机序列的函数 """
    return np.sin(x) + np.random.rand(*x.shape) - 0.5
```

绘制函数在[-10,10]上的图像，可以得到如图 6-1 所示的结果。

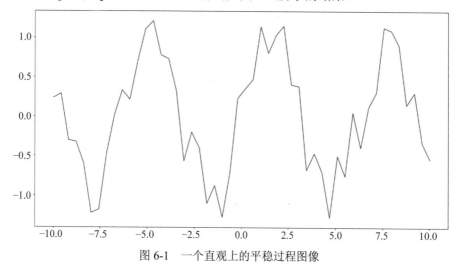

图 6-1　一个直观上的平稳过程图像

从图 6-1 可以直观地感受到其是一个平稳的序列,接下来使用 ADF 检验直觉是否准确，代码如下：

```
//ch6/arma/demo.py
from statsmodels.tsa.stattools import adfuller

dftest = adfuller(y,autolag='AIC')
print(dftest)
if dftest[1] > 0.05:
    print("序列不平稳")
else:
    print("序列平稳")
```

代码中，y 为待检验的序列，AIC 表示检验使用的准则（还可以使用 BIC 等准则）。检测函数 adfuller 的返回结果为一个六元组，分别为 adf 统计量、统计量对应的概率值、序列时间差值、进行 ADF 检验使用的观测值数、统计量典型值和检验准则的值。通常来讲，当 p 值大于 0.05（95%的置信度）时，则不能拒绝原假设，即认为序列是非平稳的，否则拒绝原假设，认为序列是平稳的。运行以上代码，不难得出原序列是平稳序列的结论。

确认序列平稳后，需要检验其是否是白噪声序列，如果为白噪声序列，则表示无预测意义（白噪声无法预测）：

```
//ch6/arma/demo.py
from statsmodels.stats.diagnostic import acorr_ljungbox
noise_test = acorr_ljungbox(y)
print(noise_test)
if (noise_test['lb_pvalue'] > 0.05).any():
    print('序列为白噪声序列')
else:
    print('序列为非白噪声序列')
```

运行以上程序发现序列为非白噪声序列。接下来，在构建 ARMA 模型之前，需要对模型进行定阶，确定 p、q 值，代码如下：

```
//ch6/arma/demo.py
from statsmodels.tsa.stattools import acf, pacf
from statsmodels.graphics.tsaplots import plot_acf, plot_pacf

#计算自相关系数
lag_acf = acf(y, nlags=20)
#计算偏自相关系数
lag_pacf = pacf(y, nlags=20, method='ols')

fig, axes = plt.subplots(1,2, figsize=(20, 5))
plot_acf(y, lags=20, ax=axes[0])
plot_pacf(y, lags=20, ax=axes[1])
plt.show()
```

运行以上程序，可以得到如图 6-2 所示的结果。AR 阶数 p 在自相关系数图中表现为拖

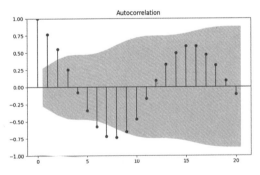
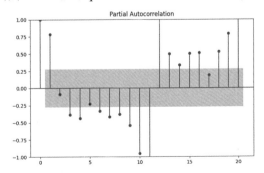

图 6-2　序列的自相关系数与偏自相关系数

尾，在偏自相关系数图中表现为截尾，而 MA 阶数 q 在图中表现刚好相反，从图 6-2 中难以直接观察出 p 和 q 值，因此需要使用 AIC 或 BIC 准则对模型进行定阶。

分别使用 AIC 和 BIC 定阶的代码如下：

```
//ch6/arma/demo.py
import statsmodels as sm

#使用AIC定阶
aic_pq = sm.tsa.stattools.arma_order_select_ic(y, max_ar=6, max_ma=6, ic='aic')['aic_min_order']
#使用BIC定阶
bic_pq = sm.tsa.stattools.arma_order_select_ic(y, max_ar=6, max_ma=6, ic='bic')['bic_min_order']
print(aic_pq, bic_pq)
```

得到 AIC 定阶的结果为 $p = 2, q = 5$，而 BIC 定阶的结果为 $p = 2, q = 2$，当两者定阶结果不一致时，根据奥卡姆剃刀定律选择更简便的方案，于是此时选取 $p = 2, q = 2$。接下来定义 ARMA 模型对原序列进行预测：

```
//ch6/arma/demo.py
from statsmodels.tsa.arima.model import ARIMA
import pandas as pd

#p、d、q值分别为2、0、2
order = (2, 0, 2)
#使用除了最后5个数进行训练
train = y[: -5]
#使用最后5个数进行验证
test = y[-5: ]
#如果ARIMA中d值为0，则退化为ARMA模型
model = ARIMA(train, order=order).fit()
#计算模型对训练数据的拟合程度
delta = model.fittedvalues - train
score = 1 - delta.var() / train.var()
print(score)
#使用训练好的模型对后5个数进行预测
predicts = model.predict(6, 10, dynamic=True)
#绘制训练与测试数据的结果
comp = pd.DataFrame()
comp['original'] = y
comp['predict'] = np.concatenate([train, predicts], axis=-1)
comp.plot()
plt.show()
```

运行以上程序，可以得到如图 6-3 所示的结果，从图中可以看出模型对于训练数据的拟合十分完美，而在短期预测走势上表现尚可，在中期预测的结果上则不尽如人意。

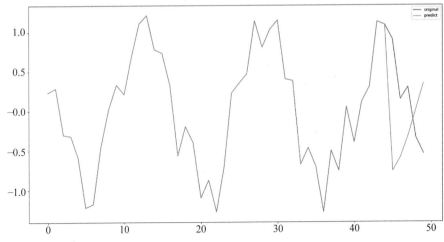

图 6-3　ARMA(2,2)模型对平稳时间序列的拟合与预测

对于模型的预测结果，可以采用若下一周期的走势上涨，则当期买入/平空；如果下跌，则当期采用做空/平多的策略。可以写出策略逻辑，代码如下：

```python
//ch6/arma/arma_strategy.py
from statsmodels.tsa.stattools import adfuller
from statsmodels.tsa.arima.model import ARIMA
from statsmodels.stats.diagnostic import acorr_ljungbox

import statsmodels as sm
import numpy as np

from vnpy_ctastrategy import (
    CtaTemplate,
    TickData,
    BarData,
    BarGenerator,
    ArrayManager,
)

class ARMAStrategy(CtaTemplate):
    """ ARMA 交易策略 """
    author = "ouyangpengcheng"

    window_size = 50
```

```python
    fixed_size = 1
    vt_symbol = None

    parameters = [
        "window_size", "fixed_size"
    ]

    variables = [
        "vt_symbol"
    ]

    def __init__(self, cta_engine, strategy_name, vt_symbol, setting):
        super().__init__(cta_engine, strategy_name, vt_symbol, setting)
        self.vt_symbol = vt_symbol
        self.prefetch_num = self.window_size

        self.bar_generator = BarGenerator(self.on_bar)
        self.array_manager = ArrayManager(self.prefetch_num)
        self.highs = None
        self.lows = None
        self.opens = None
        self.closes = None
        self.volumes = None

    def on_init(self):
        """
        Callback when strategy is inited.
        """
        self.write_log("策略初始化")
        self.load_bar(self.prefetch_num)

    ...

    def on_tick(self, tick: TickData):
        """
        Callback of new tick data update.
        """
        self.bar_generator.update_tick(tick)

    def on_bar(self, bar: BarData):
```

```python
"""
Callback of new bar data update.
"""
self.cancel_all()
am = self.array_manager

am.update_bar(bar)
self.write_log(f'Received Bar Data: {bar}')

if not am.inited:
    return

self.highs = am.high[-self.prefetch_num:]
self.lows = am.low[-self.prefetch_num:]
self.opens = am.open[-self.prefetch_num:]
self.closes = am.close[-self.prefetch_num:]
self.volumes = am.volume[-self.prefetch_num:]

prices = self.closes

#平稳性检验
dftest = adfuller(prices, autolag='AIC')
#白噪声检验
noise_test = acorr_ljungbox(prices)

#使用AIC定阶
aic_pq = sm.tsa.stattools.arma_order_select_ic(prices, max_ar=4, max_ma=4, ic='aic')['aic_min_order']
#使用BIC定阶
bic_pq = sm.tsa.stattools.arma_order_select_ic(prices, max_ar=4, max_ma=4, ic='bic')['bic_min_order']

order = aic_pq
#选择阶数较小的模型
if sum(order) > sum(bic_pq):
    order = bic_pq
order = (order[0], 0, order[-1])

train = prices
#如果ARIMA中d值为0，则退化为ARMA模型
model = ARIMA(train, order=order).fit()
```

```
#计算模型对训练数据的拟合程度
delta = model.fittedvalues - train
score = 1 - delta.var() / train.var()
#向后预测一个价格
predict = np.squeeze(model.predict(self.window_size, self.window_size,
dynamic=True))

#如果模型对训练数据拟合效果较好且序列平稳并且为非白噪声，则进行进一步交易
if score > 0.8 and dftest[1] <= 0.05 and (noise_test['lb_pvalue'] <= 0.05).all():
    if predict > self.closes[-1]:
        if self.pos == 0:
            price = bar.close_price
            self.buy(price, self.fixed_size)
        elif self.pos < 0:
            price = bar.close_price
            size = abs(self.pos)
            self.cover(price, size)
    elif predict < self.closes[-1]:
        if self.pos == 0:
            price = bar.close_price
            self.short(price, self.fixed_size)
        elif self.pos > 0:
            price = bar.close_price
            size = abs(self.pos)
            self.sell(price, size)
else:
    if self.pos > 0:
        price = bar.close_price
        size = abs(self.pos)
        self.sell(price, size)
    elif self.pos < 0:
        price = bar.close_price
        size = abs(self.pos)
        self.cover(price, size)
self.put_event()
```

上述策略代码中的核心部分与上文中的实验部分类似，基本过程都是验证序列是否可以平稳到为模型定阶并进行训练与预测。进行回测，可以得到如图 6-4 所示的结果。

从图 6-4 中可以看到，回测时间段内产生的交易较少，读者可以修改部分下单条件使交易更容易被触发。

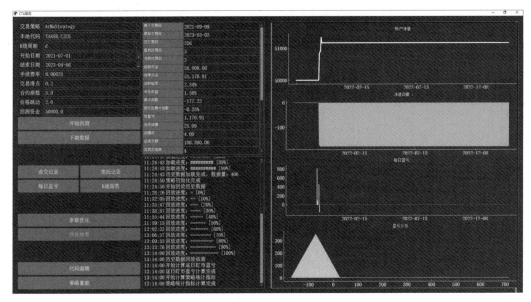

图 6-4 ARMA 模型在 PTA 指数数据上的回测结果

6.2 基于 ARIMA 模型的交易策略

金融时间序列通常而言是不平稳的,而通过对非平稳序列进行差分操作可以得到平稳序列,ARIMA 模型是在 ARMA 模型的基础上引入了差分操作,通过引入差分操作的次数 d 作为差分阶数。ARIMA 模型通常使用三元组(p, d, q)确定,分别表示 AR 模型、差分与 MA 模型的阶数。

考虑式(6-5)所示的函数:
$$f(x) = (\sin(x) + 1 + \text{random}(0,1) \times 0.5) \times x \tag{6-5}$$

直觉上由于自变量 x 的系数是一个正数,因此其应该是一个非平稳的函数,绘制其图像加以验证,如图 6-5 所示。

使用 ADF 进行验证同样可以发现该序列是非平稳的,因此现在需要使用差分的方式将其转换为平稳的序列。每进行一次差分操作都进行 ADF 检验,直到最后的序列平稳为止,在差分的过程中记录差分进行的次数作为阶数 d:

```
//ch6/arima/demo.py
from statsmodels.tsa.stattools import adfuller

dftest = adfuller(y, autolag='AIC')
print(dftest[1])

d = 0
while dftest[1] > 0.05:
```

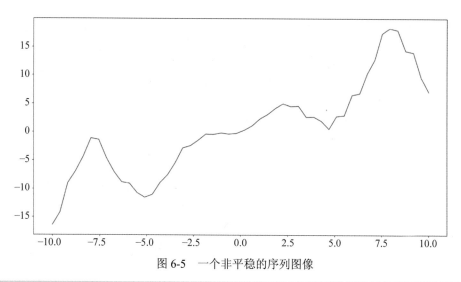

图 6-5 一个非平稳的序列图像

```
    y = np.diff(y)
    dftest = adfuller(y, autolag='AIC')
    d += 1

plt.plot(y)
plt.show()
print(d)
print(dftest)
```

运行以上代码,当得到差分次数为 1 时就可以得到平稳的序列,绘制差分后的图像,如图 6-6 所示。

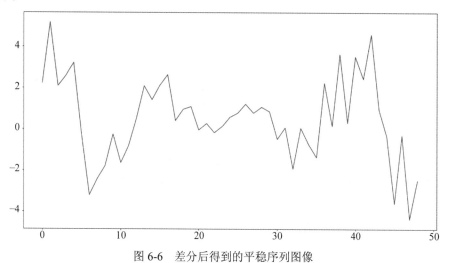

图 6-6 差分后得到的平稳序列图像

同样从直观上看,图 6-6 为一个平稳的序列。接下来进行白噪声检验等操作,并采取和

ARMA 同样的方式对模型进行定阶，绘制 ACF 和 PACF 图得到如图 6-7 所示的结果。

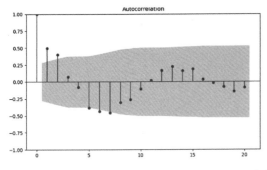 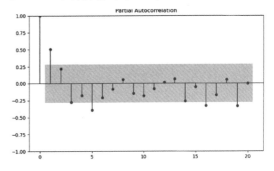

图 6-7　差分后平稳序列的 ACF 和 PACF 图

从图 6-7 中可以观察到选取 p=3, q=1 是一组合适的参数，因此构建 ARIMA 模型时采用 (3,1,1)参数：

```python
//ch6/arima/demo.py
from statsmodels.tsa.arima.model import ARIMA
import pandas as pd

#p、d、q 值分别为 3、1、2
order = (3, 1, 2)
#使用除了最后 5 个数进行训练
#raw_y 是未差分的原始数据
train = raw_y[: -5]
#使用最后 5 个数进行验证
test = raw_y[-5: ]
#如果 ARIMA 中 d 值为 0，则退化为 ARMA 模型
model = ARIMA(train, order=order).fit()
#计算模型对训练数据的拟合程度
delta = model.fittedvalues - train
score = 1 - delta.var() / train.var()
print(score)
#使用训练好的模型对后 5 个数进行预测
predicts = model.predict(6, 10, dynamic=True)
#绘制训练与测试数据的结果
comp = pd.DataFrame()
comp['original'] = raw_y
comp['predict'] = np.concatenate([train, predicts], axis=-1)
comp.plot()
plt.show()
```

绘制预测结果，如图 6-8 所示。

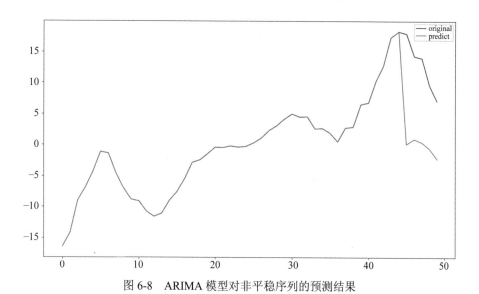

图 6-8 ARIMA 模型对非平稳序列的预测结果

从图 6-8 可以得出与 ARMA 模型相似的结论，在此不再赘述。

在构建交易策略时，同样先对非平稳的序列进行差分变换再构建模型，代码如下：

```python
//ch6/arima/arima_strategy.py
from statsmodels.tsa.stattools import adfuller
from statsmodels.tsa.arima.model import ARIMA

import statsmodels as sm
import numpy as np

from vnpy_ctastrategy import (
    CtaTemplate,
    TickData,
    BarData,
    BarGenerator,
    ArrayManager,
)

class ARIMAStrategy(CtaTemplate):
    """ ARIMA 交易策略 """
    author = "ouyangpengcheng"

    window_size = 50

    fixed_size = 1
    vt_symbol = None
```

```python
parameters = [
    "window_size", "fixed_size"
]

variables = [
    "vt_symbol"
]

def __init__(self, cta_engine, strategy_name, vt_symbol, setting):
    super().__init__(cta_engine, strategy_name, vt_symbol, setting)
    self.vt_symbol = vt_symbol
    self.prefetch_num = self.window_size

    self.bar_generator = BarGenerator(self.on_bar)
    self.array_manager = ArrayManager(self.prefetch_num)
    self.highs = None
    self.lows = None
    self.opens = None
    self.closes = None
    self.volumes = None

def on_init(self):
    """
    Callback when strategy is inited.
    """
    self.write_log("策略初始化")
    self.load_bar(self.prefetch_num)

...

def on_tick(self, tick: TickData):
    """
    Callback of new tick data update.
    """
    self.bar_generator.update_tick(tick)

def on_bar(self, bar: BarData):
    """
    Callback of new bar data update.
    """
```

```python
        self.cancel_all()
        am = self.array_manager

        am.update_bar(bar)
        self.write_log(f'Received Bar Data: {bar}')

        if not am.inited:
            return

        self.highs = am.high[-self.prefetch_num:]
        self.lows = am.low[-self.prefetch_num:]
        self.opens = am.open[-self.prefetch_num:]
        self.closes = am.close[-self.prefetch_num:]
        self.volumes = am.volume[-self.prefetch_num:]

        prices = self.closes
        prices_diff = prices

        #平稳性检验
        dftest = adfuller(prices, autolag='AIC')
        d = 0

        while dftest[1] > 0.05:
            prices_diff = np.diff(prices_diff)
            dftest = adfuller(prices_diff, autolag='AIC')
            d += 1

        #对差分后的数据进行白噪声检验
        noise_test = acorr_ljungbox(prices_diff)

        #使用 AIC 定阶
        aic_pq = sm.tsa.stattools.arma_order_select_ic(prices_diff, max_ar=4, max_ma=4, ic='aic')['aic_min_order']
        #使用 BIC 定阶
        bic_pq = sm.tsa.stattools.arma_order_select_ic(prices_diff, max_ar=4, max_ma=4, ic='bic')['bic_min_order']

        order = aic_pq
        if sum(order) > sum(bic_pq):
            order = bic_pq
        order = (order[0], d, order[-1])
```

```python
train = prices
model = ARIMA(train, order=order).fit()
#计算模型对训练数据的拟合程度
delta = model.fittedvalues - train
score = 1 - delta.var() / train.var()
#向后预测一个价格
predict = np.squeeze(model.predict(self.window_size, self.window_size, dynamic=True))

#如果模型对训练数据拟合效果较好并且数据不为白噪声,则进行进一步交易
if score > 0.8 and (noise_test['lb_pvalue'] <= 0.05).all():
    if predict > self.closes[-1]:
        if self.pos == 0:
            price = bar.close_price
            self.buy(price, self.fixed_size)
        elif self.pos < 0:
            price = bar.close_price
            size = abs(self.pos)
            self.cover(price, size)
    elif predict < self.closes[-1]:
        if self.pos == 0:
            price = bar.close_price
            self.short(price, self.fixed_size)
        elif self.pos > 0:
            price = bar.close_price
            size = abs(self.pos)
            self.sell(price, size)
else:
    if self.pos > 0:
        price = bar.close_price
        size = abs(self.pos)
        self.sell(price, size)
    elif self.pos < 0:
        price = bar.close_price
        size = abs(self.pos)
        self.cover(price, size)
self.put_event()
```

运行以上回测代码,可以得到如图6-9所示的结果。

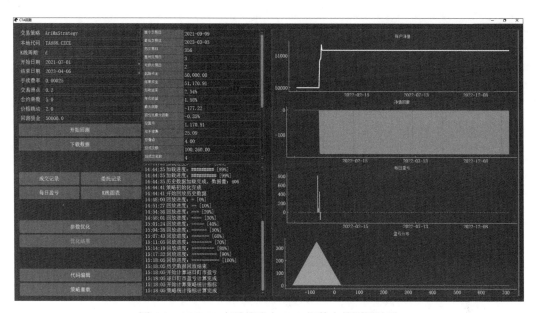

图 6-9 ARIMA 交易策略在 PTA 指数上的回测结果

可以观察到图 6-9 与图 6-4 的结果相同，说明在窗口期内的行情走势大多是平稳的。

6.3 基于 SARIMA 模型的交易策略

对于周期性时间序列的预测问题而言，ARIMA 模型的改进版本 SARIMA（季节性自回归移动平均模型）模型能取得更好的表现。数据的季节性是指数据中存在具有固有频率的重复模型，如每天、每周、每月等。

除了 ARIMA 模型所需要的 (p, d, q) 参数，SARIMA 模型还需要额外的 (P, D, Q) 和 s 参数，其中 (P, D, Q) 表示季节性部分的 ARIMA 模型使用的参数，s 表示季节性频率。常规 ARIMA 模型回溯连续值进行拟合，而季节性 ARIMA 使用上一周期的值进行拟合，对于已经理解了 ARIMA 模型的读者而言这一点应该不难理解。

季节性 ARIMA 的参数可以通过网格搜索或试算法来确定：

```
//ch6/sarima/demo.py
from statsmodels.tsa.statespace.sarimax import SARIMAX
import pandas as pd
import itertools

#p、d、q值分别为2、0、2
order = (2, 0, 2)

P = D = Q = range(0, 5)
S = range(0, 50, 10)
```

```
seasonal_order = [(x[0], x[1], x[2], x[3]) for x in list(itertools.product(P,
D, Q, S)) if x[3] != 0]
print(seasonal_order)

#使用除了最后5个数进行训练
train = y[:-5]
#使用最后5个数进行验证
test = y[-5:]

#记录训练集拟合最好的分数
max_score = -1e100
#记录最佳的季节性参数
best_so = None
#记录最佳模型
best_model = None
for so in seasonal_order:
    model = SARIMAX(train, order=order, seasonal_order=so).fit()
    #计算模型对训练数据的拟合程度
    delta = model.fittedvalues - train
    score = 1 - delta.var() / train.var()
    print(score)
    if score > max_score:
        score = max_score
        best_so = so
        best_model = model

print(f'{order}x{so}')
```

6.1节中使用的函数可以认为是周期性的函数,因此本节将 SARIMA 应用于同样的序列进行预测,在如上代码记录到最佳模型之后同样使用 predict 方法并绘图:

```
//ch6/sarima/demo.py
#使用训练好的模型对后5个数进行预测
predicts = model.predict(6, 10, dynamic=True)
#绘制训练与测试数据的结果
comp = pd.DataFrame()
comp['original'] = y
comp['predict'] = np.concatenate([train, predicts], axis=-1)
comp.plot()
plt.show()
```

绘制结果如图 6-10 所示。

商品的交易通常具备季节性(农产品尤甚),为了防止过拟合,通常周期需要提前由人工进行确定,绘制 PTA 指数的收盘价图像,如图 6-11 所示。

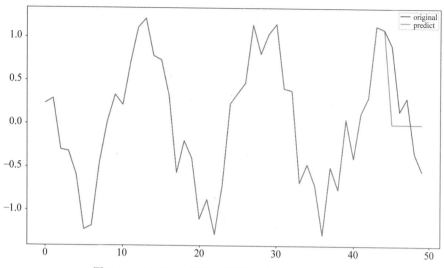

图 6-10 SARIMA 模型对周期性序列的拟合与预测

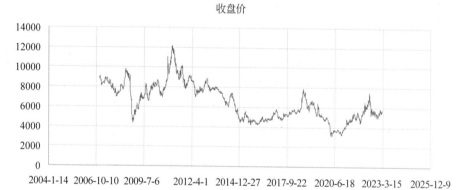

图 6-11 PTA 指数收盘价波动图

从图中观察其周期性变化，可以得出 s 值取 22（一个月）是一个可行的选择。由于 SARIMA 迭代训练的速度较慢，因此启发式地提前将模型的参数固定为 $(14,0,16) \times (1,1,1,22)$，而非像前两节的模型那样在每次 on_bar 时动态地搜索参数，基于 SARIMA 的策略代码如下：

```
//ch6/sarima/sarima_strategy.py
from statsmodels.tsa.statespace.sarimax import SARIMAX

import numpy as np

from vnpy_ctastrategy import (
    CtaTemplate,
    TickData,
    BarData,
```

```python
        BarGenerator,
        ArrayManager,
    )


    class SARIMAStrategy(CtaTemplate):
        """ SARIMA 交易策略 """
        author = "ouyangpengcheng"

        window_size = 200

        fixed_size = 1
        vt_symbol = None

        parameters = [
            "window_size", "fixed_size"
        ]

        variables = [
            "vt_symbol"
        ]

        def __init__(self, cta_engine, strategy_name, vt_symbol, setting):
            super().__init__(cta_engine, strategy_name, vt_symbol, setting)
            self.vt_symbol = vt_symbol
            self.prefetch_num = self.window_size

            self.bar_generator = BarGenerator(self.on_bar)
            self.array_manager = ArrayManager(self.prefetch_num)
            self.highs = None
            self.lows = None
            self.opens = None
            self.closes = None
            self.volumes = None

        def on_init(self):
            """
            Callback when strategy is inited.
            """
            self.write_log("策略初始化")
            self.load_bar(self.prefetch_num)

    ...

        def on_tick(self, tick: TickData):
```

```
        """
        Callback of new tick data update.
        """
        self.bar_generator.update_tick(tick)

    def on_bar(self, bar: BarData):
        """
        Callback of new bar data update.
        """
        self.cancel_all()
        am = self.array_manager

        am.update_bar(bar)
        self.write_log(f'Received Bar Data: {bar}')

        if not am.inited:
            return

        self.highs = am.high[-self.prefetch_num:]
        self.lows = am.low[-self.prefetch_num:]
        self.opens = am.open[-self.prefetch_num:]
        self.closes = am.close[-self.prefetch_num:]
        self.volumes = am.volume[-self.prefetch_num:]

        prices = self.closes
        prices_diff = prices

        order = (14, 0, 16)
        s = 22
        seasonal_order = (1, 1, 1, s)
        train = prices
        model = SARIMAX(train, order=order, seasonal_order=seasonal_order).fit()
        #计算模型对训练数据的拟合程度，前周期各值预测差值很大，不计入方差计算
        delta = model.fittedvalues[s: ] - train[s: ]
        score = 1 - delta.var() / train.var()
        #向后预测一个价格
        predict = np.squeeze(model.predict(self.window_size, self.window_size, dynamic=True))

        #如果模型对训练数据拟合效果较好，则进行进一步交易
        if score > 0.8:
            if predict > self.closes[-1]:
                if self.pos == 0:
```

```
                price = bar.close_price
                self.buy(price, self.fixed_size)
            elif self.pos < 0:
                price = bar.close_price
                size = abs(self.pos)
                self.cover(price, size)
        elif predict < self.closes[-1]:
            if self.pos == 0:
                price = bar.close_price
                self.short(price, self.fixed_size)
            elif self.pos > 0:
                price = bar.close_price
                size = abs(self.pos)
                self.sell(price, size)
        else:
            if self.pos > 0:
                price = bar.close_price
                size = abs(self.pos)
                self.sell(price, size)
            elif self.pos < 0:
                price = bar.close_price
                size = abs(self.pos)
                self.cover(price, size)
    self.put_event()
```

进行回测可以得到如图 6-12 所示的结果。

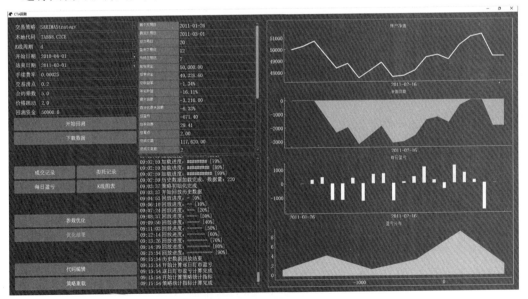

图 6-12　SARIMA 策略在 PTA 指数上的回测结果

6.4 基于 SVM 的交易策略

对于了解机器学习的读者而言，支持向量机（SupportVectorMachine，SVM）是一个经典的模型。SVM 本身是针对二分类问题而提出的，其本身不适用于价格预测问题，但可以将趋势分为上涨与下跌两类，从而应用 SVM 进行预测。本节不采取转换为分类问题的方法，而是使用支持向量回归（SupportVectorRegression，SVR），SVR 是 SVM 中的一个应用分支，应用于回归问题。

由于 SVR 是一种通用的机器学习方法，并非时间序列专用，其具体原理在本书不进行介绍，读者在此需要关注的是 SVR 作为一个回归模型的输入与输出。模型的输入为一系列的因子，例如，如果训练集大小为 N，因子数为 m，则 SVR 模型所需的输入矩阵形状为 $[N, m]$，输出为一个值，因此对应的输出矩阵形状为 $[N, 1]$。直观而言，SVR 完成的功能是从输入的 m 个数值中推理输出的单一值。

本节使用的序列与 6.1 节中的序列相同，其表达式如式(6-6)所示。模型希望从前两个时刻的值 x_{t-2} 和 x_{t-1} 推理出当前时刻的值 x_t，即希望模型学习用如下函数表示：

$$f(x_{t-2}, x_{t-1})=x_t+\varepsilon_t \tag{6-6}$$

式中 ε_t 为不可预测的误差部分。对于一共含有 50 个数据的序列而言，其下标为 0~49，其中预留最后 5 个数据作为验证集（下标为 45~49），前 45 个数据作为训练集（下标为 0~44），而由于没有对应的因子，前两个数据无法作为标签使用，实际上作为训练集的数据仅有 43 个（下标为 2~44），模型的输入分别使用下标 0~42 和 1~43 对应的数据进行构建。读者理解了训练集的构建过程，同理很容易理解验证集的构建过程，同时下面的代码仅是对上文描述的实现：

```
//ch6/svm/demo.py
#采用当前值的前两个值作为训练数据
#一共使用前 44 个数作为训练数据(如果最开始两个数没有训练数据，则忽略)
train_y = np.transpose(np.stack([y[: 43], y[1: 44]]))
label_y = y[2: 45]

from sklearn.svm import SVR
import pandas as pd

svr_rbf = SVR(Kernel='rbf', C=1e3, gamma=0.1)
#模型拟合训练数据
svr_rbf.fit(train_y, label_y)

#预测数据的第 1 个标签为原序列中的第 45 个数
#因此训练数据从第 43 和第 44 个数开始
predicts = svr_rbf.predict(np.transpose(np.stack([y[43: -1], y[44: ]])))
```

运行以上代码，使用 SVR 训练并在验证集上进行预测，可以得到如图 6-13 所示的结果。

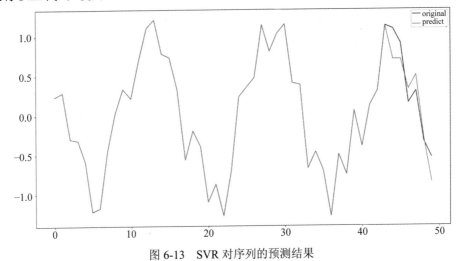

图 6-13 SVR 对序列的预测结果

从图 6-13 中可以看出，使用前两个值作为因子对序列进行预测的结果还是可以接受的。同样地，在交易策略中使用前两个周期的价格预测当期的价格同样构建 SVR 模型，可以编写如下代码进行实现：

```python
//ch6/svm/svm_strategy.py
from sklearn.svm import SVR
import numpy as np

from vnpy_ctastrategy import (
    CtaTemplate,
    TickData,
    BarData,
    BarGenerator,
    ArrayManager,
)

class SVMStrategy(CtaTemplate):
    """ SVM 交易策略 """
    author = "ouyangpengcheng"

    window_size = 50

    fixed_size = 1
    vt_symbol = None

    parameters = [
```

```python
        "window_size", "fixed_size"
    ]

    variables = [
        "vt_symbol"
    ]

    def __init__(self, cta_engine, strategy_name, vt_symbol, setting):
        super().__init__(cta_engine, strategy_name, vt_symbol, setting)
        self.vt_symbol = vt_symbol
        self.prefetch_num = self.window_size

        self.bar_generator = BarGenerator(self.on_bar)
        self.array_manager = ArrayManager(self.prefetch_num)
        self.highs = None
        self.lows = None
        self.opens = None
        self.closes = None
        self.volumes = None

    def on_init(self):
        """
        Callback when strategy is inited.
        """
        self.write_log("策略初始化")
        self.load_bar(self.prefetch_num)

    ...

    def on_tick(self, tick: TickData):
        """
        Callback of new tick data update.
        """
        self.bar_generator.update_tick(tick)

    def on_bar(self, bar: BarData):
        """
        Callback of new bar data update.
        """
        self.cancel_all()
        am = self.array_manager

        am.update_bar(bar)
```

```python
        self.write_log(f'Received Bar Data: {bar}')

        if not am.inited:
            return

        self.highs = am.high[-self.prefetch_num:]
        self.lows = am.low[-self.prefetch_num:]
        self.opens = am.open[-self.prefetch_num:]
        self.closes = am.close[-self.prefetch_num:]
        self.volumes = am.volume[-self.prefetch_num:]

        prices = self.closes

        #构造训练数据与标签
        train_y = np.transpose(np.stack([prices[: -2], prices[1: -1]]))
        label_y = prices[2: ]

        svr_rbf = SVR(Kernel='rbf', C=1e3, gamma=0.1)
        #模型拟合训练数据
        svr_rbf.fit(train_y, label_y)

        #向后预测一个价格
        predict = np.squeeze(svr_rbf.predict(np.reshape([prices[-1], prices[-2]], newshape=(1, 2))))

        #预测价格上涨
        if predict > self.closes[-1]:
            #如果无持仓，则开仓
            if self.pos == 0:
                price = bar.close_price
                self.buy(price, self.fixed_size)
            #如果有空仓，则反手
            elif self.pos < 0:
                price = bar.close_price
                size = abs(self.pos)
                self.cover(price, size)
                self.buy(price, self.fixed_size)
        #预测价格会下跌
        elif predict < self.closes[-1]:
            #如果无持仓，则开空
            if self.pos == 0:
                price = bar.close_price
                self.short(price, self.fixed_size)
```

```
            #如果有多仓，则反手
            elif self.pos > 0:
                price = bar.close_price
                size = abs(self.pos)
                self.sell(price, size)
                self.short(price, self.fixed_size)
        self.put_event()
```

运行回测，可以得到 SVM 策略在 PTA 指数上的回测表现如图 6-14 所示。

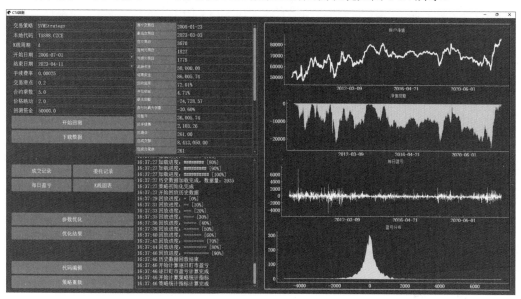

图 6-14　SVM 策略在 PTA 指数上的回测结果

6.5　基于计算机视觉的交易策略

除了可以对数值进行直接分析（如本节之前的方法），近年来使用计算机视觉的方式进行时间序列预测也逐渐流行，本节将展示其中一种方法。

使用计算机视觉模型进行交易实际上是模拟了人类主观盯盘并进行交易的过程，当人眼观察价格走势时，会忽略走势中的噪声波动而根据主要的趋势对后市进行判断并交易，因此使用视觉模型也希望从这个角度最大化交易的利润。

使用计算机视觉模型进行预测存在以下两个难点：

（1）如何将数值数据转换为图像数据。

（2）如何确定训练使用的数据与标签。

对于第一点，笔者采用的一种方法是，回溯 100 天的收盘价数据，并使用最小值-最大值归一化方法将其数值范围压缩至[0,1]，再将其乘以 80 变换至[0,80]（后文会对此处选取的数字 100、80 进行说明），如式（6-7）所示进行变换：

$$x' = 80 \times \frac{x - x_{\min}}{x_{\max} - x_{\min}} \tag{6-7}$$

经过变换后的数据使用 OpenCV 进行绘制（OpenCV 绘制的图像不会进行插值等美化操作），在深度学习的场景中，常使用 0 值表示无响应，因此价格曲线使用白色绘制而其他区域使用黑色表示：

```python
//ch6/visual_ae/utils/encoder.py
def ohlc2img(ohlcs: List[List[float]], img_height=80, img_width=100):
    """ 将价格变换为图像 """
    opens: List[float] = []
    highs: List[float] = []
    lows: List[float] = []
    closes: List[float] = []

    for o, h, l, c in ohlcs:
        opens.append(float(o))
        highs.append(float(h))
        lows.append(float(l))
        closes.append(float(c))

    #当绘制价格时使用收盘价
    prices = closes[: img_width]
    #获取收盘价的最小和最大值
    min_price = min(prices)
    max_price = max(prices)

    #生成图像的画布
    empty_img = np.zeros((img_height, img_width))
    #对价格进行变换
    prices = [int(img_height - 1 - (p - min_price) / (max_price - min_price) * (img_height - 1)) for p in prices]

    for idx, p in enumerate(prices):
        if idx < len(prices) - 1:
            start = (idx, p)
            end = (idx + 1, prices[idx + 1])
            color = (255, 255, 255)
            thick = 1
            #相邻的价格使用白色直线进行连接
            cv2.line(empty_img, start, end, color, thick)
    #返回绘制的图像，窗口内的最大值与最小值
```

```
                return empty_img, max_price, min_price
```

将数值变换为图像的过程称作"编码",而当模型预测生成输出图像后,还需要将图像"解码"为数值,其过程类似于式(6-7)的逆过程,将其进行逆变换,可以得到式(6-8):

$$x = x_{\min} + \frac{(x_{\max} - x_{\min}) \times x'}{80} \tag{6-8}$$

而图像中缺失最小值与最大值信息,因此在编码时需要记录此信息以便于解码:

```
//ch6/visual_ae/utils/decoder.py
def decoder(img: np.array, max_price: float, min_price: float):
    """ 将图像转换为数值序列 """
    height, width = img.shape
    prices = []
    for i in range(width):
        col = img[…, i]
        #预测图像可能存在每个时刻不止一个响应值
        #此时取响应最大的值(图像中最亮的值)作为预测值
        max_index = np.argmax(col)
        price = min_price + (max_price - min_price) * (height - max_index) / height
        prices.append(price)
    return prices
```

原始数值数据使用的是除去 PTA 指数的其他连续数据(因为需要在 PTA 指数上进行回测,因此其不包括在训练数据中),使用数值到图像的编码器进行编码可以得到如图 6-15 所示的图像,其中以从左到右、由上至下的顺序表示分别以滑窗的形式进行编码的结果,可以

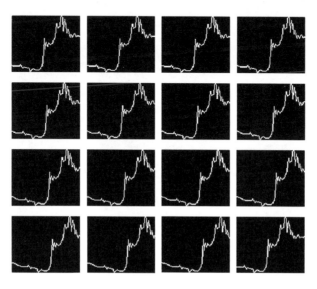

图 6-15 将数值转换为图像的结果

看出相邻两张图像仅有第一列与最后一列的价格走势不同。

对于 80×100 的图像，现在需要将其转换为模型训练所需的输入与标签，笔者采用以下做法：

（1）使用图像的前 80 列作为训练数据，即模型输入为图像 img 的 img[:,:-20]部分。

（2）使用图像的后 80 列作为训练标签，即图像 img 的 img[:,-80:]部分。

经过以上处理和简单计算后不难发现模型的输入与训练标签的图像形状都为 80×80，并且输入 data 的 20~80 列的部分即 data[:,20:]，与标签 label 的 0~60 列的部分即 label[:,:60]相同，这样做是为了保证模型的输出与输入数据相互衔接，由于时序数据的特殊性，一方面其需要在时间维度上延展，另一方面需要在时间维度上连续，模型的输入与标签之间存在 60 列重叠的数据。由原始图像生成训练数据与标签的结果分别如图 6-16(b)和图 6-16(c)所示，其中标签的后 20 列数据 label[:,-20:]即为需要进行预测的部分，代码十分简单，使用的 TensorFlow 的版本为 2.11，代码如下：

```
//ch6/visual_ae/model/__init__.py
def preprocess_data(img_path: str):
    x = tf.io.read_file(img_path)
    x = tf.image.decode_jpeg(x, channels=1)

    x = tf.cast(x, dtype=tf.float32) / 255.0
    return x[:, :80, :], x[:, -80:, :]
```

训练集与验证集的划分比例为 1∶4，划分图像路径的代码如下：

```
//ch6/visual_ae/model/__init__.py
def load_train_val_data(val_ratio=0.2):
    img_paths = glob(os.path.join(IMG_FOLDER, '*.jpg'))
    train_nums = int(len(img_paths) * (1 - val_ratio))
    train_paths, val_paths = img_paths[: train_nums], img_paths[train_nums: ]
    return train_paths, val_paths
```

直观上而言，对于 80×100 的图像来讲，模型使用了前 80 列数据完成对后 20 列数据的预测。

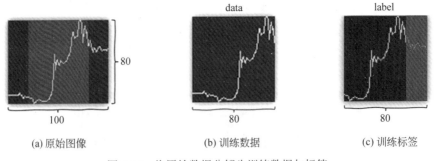

(a) 原始图像　　　　(b) 训练数据　　　　(c) 训练标签

图 6-16　将原始数据分解为训练数据与标签

自编码器是一种常用于去除数据噪声的模型，而如果使用自编码器完成时序数据的预测，则可以在减少数据噪声的同时提升样本外的预测结果。自编码器通过将输入图像进行卷积（或其他算子）转换为张量并对中间张量进行反卷积（或其他算子）转换为与输入图像形状相同的输出，这个特性恰好适合本节的训练数据与标签的形式。

由于输入与输出之间有相当一部分的重叠数据，笔者在自编码器的基础上使用 concat（参考 NumPy 的 concatenate 或 TensorFlow 中的 concat 算子）的方式添加了"捷径"链接（shortcut），将输入张量的信息通过"捷径"直接连接到输出张量部分，加快模型的收敛。模型的大体结构如图 6-17 所示，有关更多的计算机视觉知识，读者可以参考笔者的拙著《TensorFlow 计算机视觉原理与实战》。

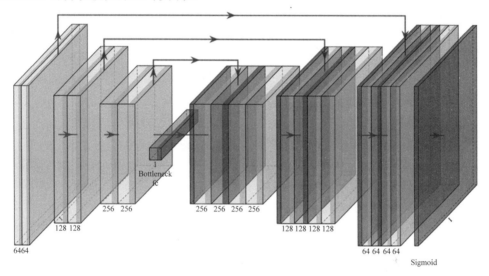

图 6-17　模型结构

具体而言，在自编码器模型使用的编码器（非上文提及的数值到图像的编码器）结构为三层，即卷积核为 5×5、步长为 2×2，以及通道数分别为 128、256 和 512 的卷积层，并且每层卷积后有 BatchNormalization 和 LeakyReLU；得到中间张量后使用两层全连接层将其转换为 512 和 25 088（7×7×512）维的向量，每个全连接层后同样使用 BatchNormalization 和 LeakyReLU 进行变换，并且防止过拟合使用了参数为 0.5 的 DropOut；解码器部分同样为三层，即卷积核为 5×5、步长为 2×2，以及通道数分别为 256、128 和 1（输出图像为单通道图像）的反卷积层，同样使用 BatchNormalization 和 LeakyReLU（除最后一层反卷积层），在每次进入反卷积层之前都用 concat 操作将编码器的中间结果与即将进入反卷积层的输入进行连接，最终输出图像的反卷积层使用 Sigmoid 作为激活函数，将张量值压缩至 0~1。

定义模型所需的处理层，代码如下：

```
//ch6/visual_ae/visual_ae/main.py
def __init__(self) -> None:
    super().__init__()
```

```python
        layers = tf.Keras.layers

        self.conv1 = layers.Conv2D(128, 5, strides=2, padding='VALID')
        self.acti1 = layers.LeakyRelu()
        self.bn1 = layers.BatchNormalization()

        self.conv2 = layers.Conv2D(256, 5, strides=2, padding='VALID')
        self.acti2 = layers.LeakyRelu()
        self.bn2 = layers.BatchNormalization()

        self.conv3 = layers.Conv2D(512, 5, strides=2, padding='VALID')
        self.acti3 = layers.LeakyRelu()
        self.bn3 = layers.BatchNormalization()

        self.fc1 = layers.Dense(512)
        self.fc1_acti = layers.LeakyRelu()
        self.dp1 = layers.DropOut(0.5)
        self.fc1_bn = layers.BatchNormalization()

        self.fc2 = layers.Dense(7 * 7 * 512)
        self.fc2_acti = layers.LeakyRelu()
        self.dp2 = layers.DropOut(0.5)
        self.fc2_bn = layers.BatchNormalization()

        self.reshape = tf.Keras.layers.Reshape((7, 7, 512))

        self.concat1 = tf.Keras.layers.Concatenate()
        self.deconv1 = layers.Conv2DTranspose(256, 5, strides=2, padding='VALID')
        self.acti4 = layers.LeakyRelu()
        self.bn4 = layers.BatchNormalization()

        self.concat2 = tf.Keras.layers.Concatenate()
        self.deconv2 = layers.Conv2DTranspose(128, 5, strides=2, padding='VALID', output_padding=(1, 1))
        self.acti5 = layers.LeakyRelu()
        self.bn5 = layers.BatchNormalization()

        self.concat3 = tf.Keras.layers.Concatenate()
        self.deconv3 = layers.Conv2DTranspose(1, 5, strides=2, padding='VALID', output_padding=(1, 1))
        self.acti6 = tf.Keras.activations.sigmoid
```

根据上下文对编辑器的描述，不难使用已定义的代码构建编码器模型，其中 training 参数用于控制 DropOut 层在训练与测试阶段不同的行为，代码如下：

```
//ch6/visual_ae/visual_ae/main.py
def encoder(self, x, training=False):
    x = self.conv1(x)
    x = self.bn1(x)
    x_conv1 = self.acti1(x)

    x = self.conv2(x_conv1)
    x = self.bn2(x)
    x_conv2 = self.acti2(x)

    x = self.conv3(x_conv2)
    x = self.bn3(x)
    x_conv3 = self.acti3(x)

    x = tf.Keras.layers.Flatten()(x_conv3)
    x = self.fc1(x)
    x = self.fc1_bn(x)
    x = self.fc1_acti(x)
    if training:
        x = self.dp1(x, training=training)

    return x, x_conv1, x_conv2, x_conv3
```

相应地，解码器的代码如下：

```
//ch6/visual_ae/visual_ae/main.py
def decoder(self, x, x_en1, x_en2, x_en3, training=False):
    x = self.fc2(x)
    x = self.fc2_bn(x)
    x = self.fc2_acti(x)
    if training:
        x = self.dp2(x, training=training)

    x = self.reshape(x)

    x = self.concat1([x, x_en3])
    x = self.deconv1(x)
    x = self.bn4(x)
    x = self.acti4(x)

    x = self.concat2([x, x_en2])
```

```
    x = self.deconv2(x)
    x = self.bn5(x)
    x = self.acti5(x)

    x = self.concat3([x, x_en1])
    x = self.deconv3(x)
    x = self.acti6(x)

    return x
```

最终，将编码器与解码器进行连接就能实现自编码器的功能：

```
//ch6/visual_ae/visual_ae/main.py
def call(self, x, training=False):
    x = self.decoder(*self.encoder(x, training), training)
    return x
```

模型定义完成后，需要定义损失函数。当前模型输入与输出值都为 0~1（经过归一化），因此选用交叉熵损失，注意需要在每列数据上应用交叉熵损失。同时，与普通场景不同，本节的模型需要额外关注模型输出的后 20 列像素（预测部分），因此使用 MeanAbsoluteError 衡量输入与输出后 20 列像素之间的损失。总体的损失，代码如下：

```
//ch6/visual_ae/visual_ae/main.py
def custom_loss(y_actual, y_pred):
    loss = tf.Keras.losses.BinaryCrossentropy(
        axis=1,
        from_logits=False
    )(y_actual, y_pred) + \
        tf.Keras.losses.MeanAbsoluteError()(
            y_actual[:, :, -20:, :],
            y_pred[:, :, -20:, :]
        )
    return loss
```

模型优化使用 RMSprop 优化器，学习率为 0.001，BatchSize 选用 512，一共训练 100 个周期，每次训练一个周期后将当前在验证集上表现最好的模型权重持久化到磁盘，代码中包含一些使用 TensorBoard 可视化中间结果的代码：

```
//ch6/visual_ae/models/__init__.py
def train_visual_ae():
    train_imgs, val_imgs = load_train_val_imgs()

    model = VisualAE()
    optimizer = tf.Keras.optimizers.RMSprop(learning_rate=1e-3)
```

```python
train_loss = tf.Keras.metrics.Mean('train_loss', dtype=tf.float32)
test_loss = tf.Keras.metrics.Mean('test_loss', dtype=tf.float32)

current_time = datetime.datetime.now().strftime("%Y%m%d-%H%M%S")
train_log_dir = 'logs/gradient_tape/' + current_time + '/train'
test_log_dir = 'logs/gradient_tape/' + current_time + '/test'
train_summary_writer = tf.summary.create_file_writer(train_log_dir)
test_summary_writer = tf.summary.create_file_writer(test_log_dir)

def train_step(x_train, y_train):
    with tf.GradientTape() as tape:
        predictions = model(x_train, training=True)
        loss = custom_loss(y_train, predictions)
    grads = tape.gradient(loss, model.trainable_variables)
    optimizer.apply_gradients(zip(grads, model.trainable_variables))
    train_loss(loss)
    return predictions

def test_step(x_test, y_test):
    predictions = model(x_test, training=False)
    loss = custom_loss(y_test, predictions)
    test_loss(loss)
    return predictions

min_test_loss = 1e10

for epoch in range(EPOCH):
    for x_train, y_train in tqdm(train_imgs):
        train_pred = train_step(x_train, y_train)

    for x_test, y_test in val_imgs:
        test_pred = test_step(x_test, y_test)

    this_time_train_loss = train_loss.result()
    this_time_train_images = x_train[: DISP_NUM]
    this_time_train_labels = y_train[: DISP_NUM]
    this_time_train_pred = train_pred[: DISP_NUM]

    this_time_test_loss = test_loss.result()
    this_time_test_images = x_test[: DISP_NUM]
    this_time_test_labels = y_test[: DISP_NUM]
    this_time_test_pred = test_pred[: DISP_NUM]
```

```
            with train_summary_writer.as_default():
                tf.summary.scalar('loss', this_time_train_loss, step=epoch)
                tf.summary.image('training data', this_time_train_images, step=epoch)
                tf.summary.image('training label', this_time_train_labels, step=epoch)
                tf.summary.image('reconstruct training data', this_time_train_pred, step=epoch)

            with test_summary_writer.as_default():
                tf.summary.scalar('loss', this_time_test_loss, step=epoch)
                tf.summary.image('testing data', this_time_test_images, step=epoch)
                tf.summary.image('testing label', this_time_test_labels, step=epoch)
                tf.summary.image('reconstruct testing data', this_time_test_pred, step=epoch)

            print(TEMPLATE.format(epoch + 1, this_time_train_loss, this_time_test_loss))

            train_loss.reset_states()
            test_loss.reset_states()

            if this_time_test_loss <= min_test_loss:
                model.save_weights('checkpoint/visual_ae/visual_ae.ckpt')
                min_test_loss = this_time_test_loss
```

有关 TensorFlow 与深度学习的更多相关知识，笔者在此不进行叙述，读者可以自行寻找资料进行学习。部分训练过程中的图像如图 6-18~图 6-20 所示，图像中左边的 9 张图表示

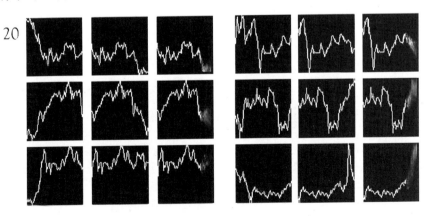

图 6-18　第 20 个周期的训练集与测试集结果

训练集中的训练输入、训练标签和模型输出（每行从左至右），右边 9 张则表示验证集中的训练输入、训练标签和模型输出（每行从左至右）。

不难看出，在第 20 个周期时训练集与验证集中的输入/输出重叠部分已经重构得十分完好，但是对于预测的部分响应并不高，这说明模型在极短的时间内能够完成重叠数据的构建，这得益于"捷径"连接的使用（笔者尝试将"捷径"去除，发现收敛会变慢）。此时的损失函数中，交叉熵损失较小（重叠数据部分主导），而后 20 列像素的 MAE 损失较大，在后续优化中模型会主要优化后 20 列像素的构建。

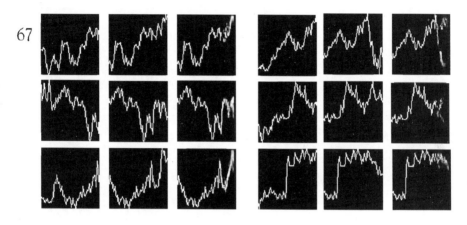

图 6-19　第 67 个周期的训练集与测试集结果

当训练到第 67 个周期时，训练集上的预测部分响应已经十分明显，而验证集的预测部分效果一般，此时在损失函数上表现为交叉熵和 MAE 损失都较小。

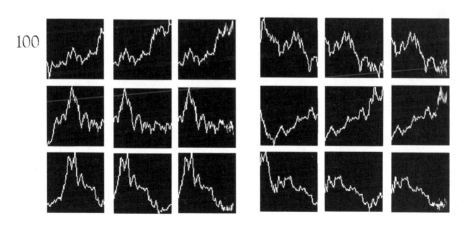

图 6-20　第 100 个周期的训练集与测试集结果

当继续训练到 100 个周期时，发现模型在训练集上的预测结果已经与标签十分接近，而验证集上的预测性能也有相应的提升。

训练完成后，在 vn.py 策略中载入表现最好的权重，并且使用模型进行价格走势的预测，根据预测的一种交易策略如下：

（1）无持仓时，如果预测 20 天后的价格高于当天价格，则做多；如果预测的 20 天后的价格低于当天价格，则做空。

（2）有持仓时，如果预测明天的价格低于当天价格，则平多；如果预测的明天的价格高于当天价格，则平空。

（3）有持仓时，如果持有仓位满 20 天，则平仓。

```python
//ch6/visual_ae/visual_ae_strategy.py
from pathlib import Path
import numpy as np
import os

from vnpy_ctastrategy import (
    CtaTemplate,
    TickData,
    BarData,
    BarGenerator,
    ArrayManager,
)

from .models.visual_ae.main import VisualAE
from .utils.encoder import ohlc2img
from .utils.decoder import decoder

#训练好的模型权值文件
CHECKPOINT_FILE = os.path.join(str(Path(__file__).parent), 'checkpoint/visual_ae/visual_ae.ckpt')

model = VisualAE()
model.build(input_shape=(None, 80, 80, 1))
model.load_weights(CHECKPOINT_FILE)

class VisualAeStrategy(CtaTemplate):
    """ VisualAE 模型策略 """
    author = "ouyangpengcheng"

    window_size = 80

    fixed_size = 1
    vt_symbol = None
```

```python
    parameters = [
        "window_size", "fixed_size"
    ]

    variables = [
        "vt_symbol"
    ]

    def __init__(self, cta_engine, strategy_name, vt_symbol, setting):
        super().__init__(cta_engine, strategy_name, vt_symbol, setting)
        self.vt_symbol = vt_symbol
        self.prefetch_num = self.window_size

        self.bar_generator = BarGenerator(self.on_bar)
        self.array_manager = ArrayManager(self.prefetch_num)
        self.highs = None
        self.lows = None
        self.opens = None
        self.closes = None
        self.volumes = None
        #记录持仓天数
        self.holding_days = 0

    def on_init(self):
        """
        Callback when strategy is inited.
        """
        self.write_log("策略初始化")
        self.load_bar(self.prefetch_num)

    ...

    def on_tick(self, tick: TickData):
        """
        Callback of new tick data update.
        """
        self.bar_generator.update_tick(tick)

    def on_bar(self, bar: BarData):
        """
        Callback of new bar data update.
        """
        self.cancel_all()
```

```python
am = self.array_manager

am.update_bar(bar)
self.write_log(f'Received Bar Data: {bar}')

if not am.inited:
    return

self.highs = am.high[-self.prefetch_num:]
self.lows = am.low[-self.prefetch_num:]
self.opens = am.open[-self.prefetch_num:]
self.closes = am.close[-self.prefetch_num:]
self.volumes = am.volume[-self.prefetch_num:]

#组合价格以符合数值到图像编码器的要求
window_prices = np.transpose(np.stack([self.opens, self.highs, self.lows, self.closes]))
img, max_price, min_price = ohlc2img(window_prices, img_width=self.window_size)
#归一化图像数据
img = np.reshape(img, newshape=(1, 80, 80, 1)) / 255.0

#获取模型的输出图像
output = model(img, training=False)
output = np.squeeze(output)
#将图像解码为数值
output_price = decoder(output, max_price, min_price)

#数值中的后 20 个数为模型预测结果
pred_part = output_price[60: ]
#获取对于明日价格的预测
pred_next_day_price = pred_part[0]
#获取对 20 天后价格的预测
pred_next_future_price = pred_part[-1]

#每次 on_bar 记录持仓天数
self.holding_days += 1

if self.pos == 0:
    size = self.fixed_size
    #如果将来的行情预测乐观,则开多
    if pred_next_future_price > self.closes[-1]:
        price = bar.close_price
```

```python
            self.buy(price, size)
            self.holding_days = 1
        #如果将来的行情预测悲观,则开空
        elif pred_next_future_price < self.closes[-1]:
            price = bar.close_price
            self.short(price, size)
            self.holding_days = 1
    elif self.pos > 0:
        #如果明日价格下跌或持仓到了20天,则平多
        if pred_next_day_price < self.closes[-1] or self.holding_days >= 20:
            price = bar.close_price
            size = abs(self.pos)
            self.sell(price, size)
            self.holding_days = 0
    elif self.pos < 0:
        #如果明日价格上涨或持仓到了20天,则平空
        if pred_next_day_price > self.closes[-1] or self.holding_days >= 20:
            price = bar.close_price
            size = abs(self.pos)
            self.cover(price, size)
            self.holding_days = 0
self.put_event()
```

运行以上策略,可以得到如图 6-21 所示的回测结果。

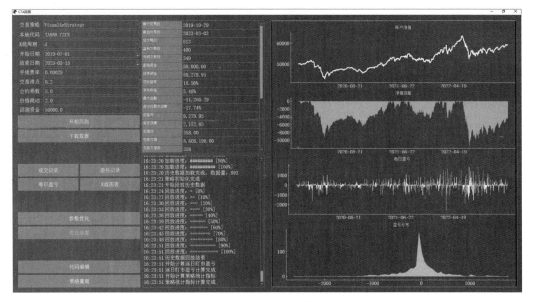

图 6-21　计算机视觉模型在 PTA 指数上的回测结果

6.6 小结

本章主要介绍了基于模型的交易策略,从经典的时序分析模型到机器学习模型,以及最后"跨界"的视觉模型的应用,读者其实会发现基于 vn.py 开发交易策略十分灵活,能将不同框架的模型方便地嵌入交易策略。读者在平日应多了解不同领域的信号处理方法与模型,通常而言都能从中获取不同的交易灵感。

第 7 章 交易策略的集成

俗话说"三个臭皮匠，顶个诸葛亮"，在机器学习中，通常当单个模型性能不佳时，会采用集成的方式对多个模型进行组合，而对于交易策略同样可以采取同样的思想，对不同的交易策略进行集成，使最终的交易信号更加准确。本章就以第 5 章与第 6 章中介绍的交易策略为例进行集成，并在 vn.py 的框架中完成交易回测。

7.1 策略集成的方法

"孤掌难鸣，独木难支"，当仅仅使用单一的策略进行交易时，往往交易决策逻辑过于单一，难以在降低风险的同时最大化收益，因此可以将不同的策略集成，结合不同模型的优点，从而提升策略的收益。

举例而言，假定需要组建一支探险队，此时面前有两支队伍可供读者选择，第一支队伍由 3 名医生组成，而第二支队伍由一名医生、一位生物学家、一位地质学家组成，想必读者都会选择第二支队伍，在队伍中虽然每个人都不是求生专家，但是各人可以发挥所长，形成优势互补，大大增加探险的成功率。相比之下，第一支队伍虽然在人员负伤或生病的情况下能够大大保障团队的生存率，但是除此之外的技能难以支撑其在野外复杂的环境中生存。

在前面的章节中，笔者已经介绍了许多交易策略，其中大多数交易决策是根据趋势交易策略的逻辑编写的。在本章介绍策略集成之前，首先需要确定哪些策略是"医生""生物学家"和"地质学家"，换言之需要确定不同策略在相同行情走势下所做的交易决策具有显著的相关性，如果两个策略所做的交易决策基本相同或相反，则说明它们的交易逻辑高度相关，两者选其一进行集成即可，具体的策略筛选将在 7.2 节进行讲解。

筛选完成待集成的策略后，可以采取"投票法"或者"级联法"进行集成。"投票法"表示最终的交易决策由所有的子策略投票获得，其中又分为"硬投票"和"软投票"两种，"硬投票"表示统计所有子策略的交易信号最多的那一类作为最终的交易决策，而"软投票"则表示将子策略的交易信号数值化之后求取平均值，再进一步根据平均值进行交易决策。"投票法"中所有子策略的地位是一样的，并且对最终策略的交易决策的影响也是相同的。

在"级联法"中，子策略的决策会相互影响，例如先使用策略组 1 对当前行情走势进行识别，当行情识别为"上涨"时，将行情信息发送至专门负责处理上涨行情的策略组 2 进行处理，而其他策略组闲置不进行决策。

以上介绍的"投票法"和"级联法"的集成方法都是基于分类模型进行集成的，即策略只发出买入/卖出/持有等具体的分类信号，而不会对具体价格进行预测，例如第 5 章中大部分策略属于分类型策略，而在第 6 章中的策略会对价格的走势进行预测，属于回归模型，把预测的价格与当前价格比对并做出决策可以将回归模型转换为分类模型，例如运用"如果预测的价格大于当前价格，则买入"等规则可以实现转换，反之分类模型则无法转换为回归模型。

回归型策略的集成方法更简单，将不同模型的回归结果进行加权平均即可，其平均值作为对未来价格的预测。本章的以下几节将具体对如何选取待集成的策略、如何集成分类与回归型模型进行进一步说明。

7.2 基于分类模型集成交易策略

由于第 5 章和第 6 章介绍的策略绝大多数是日间趋势策略，因此本节仅选取日间的趋势策略作为待集成策略，因此首先除去日内交易的策略：DualThrustStrategy、R-BreakerStrategy，再去除适合震荡行情的策略：GridStrategy。

本节设计的集成策略为交易信号由子策略发送给父策略，而为了简便处理，父策略不向子策略更新资金与持仓等信息，因此需要去除依赖于资金与仓位产生交易信号的策略：TurtleStrategy、TurtleSoupStrategy。

至此第 1 步初筛后还剩下以下策略：AdxStrategy、ArStrategy、ARIMAStrategy、ARMAStrategy、AtrStrategy、BiasStrategy、BollBanditStrategy、BollStrategy、CmoStrategy、EMDStrategy、KdjStrategy、MaSeqStrategy、MaStrategy、MacdStrategy、SARIMAStrategy、SuperTrendStrategy、SVMStrategy、VisualAeStrategy。第 2 步，分析不同交易策略决策的相关性，首先定义趋势的枚举类，代码如下：

```
//ch7/classifier_aggregation/signal/__init__.py
from enum import Enum


class Trend(Enum):
    """ 趋势的枚举类 """
    UP = 1
    DOWN = -1
    UNKNOWN = 0
```

接下来，需要修改交易策略的代码使其发出交易趋势判断而不发生实际的交易，以 ADX 策略为例，主要修改 init 方法与 on_bar 方法：

```
//ch7/classifier_aggregation/signal/adx_signal.py
import talib
```

```python
from vnpy_ctastrategy import (
    BarData,
    ArrayManager,
)

from . import Trend

class AdxSignal:
    """ ADX 交易信号 """
    author = "ouyangpengcheng"

    adx_period = 6
    di_period = 14

    fixed_size = 1

    vt_symbol = None

    parameters = [
        "adx_period", "di_period", "fixed_size"
    ]

    variables = [
        "vt_symbol",
    ]

    def __init__(self):
        self.prefetch_num = 3 * max(self.adx_period, self.di_period)

        self.array_manager = ArrayManager(self.prefetch_num)
        self.highs = None
        self.lows = None
        self.opens = None
        self.closes = None
        self.volumes = None

    def on_bar(self, bar: BarData) ->Trend:
        """
        Callback of new bar data update.
        """
        am = self.array_manager
```

```
            am.update_bar(bar)

        if not am.inited:
            return Trend.UNKNOWN

        …

        #ADX 值增加说明趋势增加并且已经大于 50
        if adx[-2] < adx[-1] and adx[-1] > 50:
            #+DI 线上穿-DI 线
            plus_di_up_cross_minus_di = plus_di[-1] > minus_di[-1] and plus_di[-2] < minus_di[-2]

            #+DI 线下穿-DI 线
            plus_di_down_cross_minus_di = plus_di[-2] > minus_di[-2] and plus_di[-1] < minus_di[-1]

            if plus_di_up_cross_minus_di:
                return Trend.UP
            #+DI 线下穿-DI 线
            elif plus_di_down_cross_minus_di:
                returnTrend.DOWN
        #ADX 值减小并且已经低于 20
        elif adx[-2] > adx[-1] and adx[-1] < 20:
            return Trend.UNKNOWN

        return Trend.UNKNOWN
```

具体而言，交易信号子策略只需维护自己的一套价格信息（ArrayManager），并且在原有策略空仓并且 buy（买入/做多）的地方改为 return Trend.UP（判断趋势向上），在空仓并且 short 的地方改为 return Trend.DOWN（判断趋势向下），在清仓的地方改为 return Trend.UNKNOWN（如果未来走势不明朗，则清仓）即可，读者对照原有的 ADX 交易策略与以上 AdxSignal 的代码不难发现这些改动。以相同的规则不难完成以上经过第 1 步筛选策略的改动。

接下来，优化待集成策略的参数，如第 5 章与第 6 章中使用 vn.py 文件中"参数优化"功能所示，在此处不再赘述如何进行优化，下文中使用的参数皆为最优参数。进行参数优化的历史区间为 PTA 指数在 2006—2023 年的日线数据，参数优化后，需要筛选表现优良的子策略，换言之，回测最优收益率或波动情况不佳的子策略需要舍弃，此时舍弃以下子策略：ARIMASignal、ARMASignal、SARIMASignal、SVMSignal 和 VisualAeSignal。

经过第 2 次筛选后，剩下的子策略为 AdxSignal、ArSignal、AtrSignal、BiasSignal、BollBanditSignal、BollSignal、CmoSignal、EMDSignal、KdjSignal、MaSeqSignal、MaSignal、

MacdSignal、SuperTrendSignal。

在父策略中集成经过筛选的子策略，并且每次运行 on_bar 函数中记录不同子策略产出的交易信号，并在 on_stop 中将其保存为 npy 文件便于后续的相关性分析，代码如下：

```python
//ch7/classifier_aggregation/classfier_aggregation_strategy.py
from typing import List
from pathlib import Path

import numpy as np
import os

from vnpy_ctastrategy import (
    CtaTemplate,
    TickData,
    BarData,
    BarGenerator,
)

from .signal import Trend

from .signal.adx_signal import AdxSignal
from .signal.ar_signal import ArSignal
from .signal.arima_signal import ARIMASignal
from .signal.arma_signal import ARMASignal
from .signal.atr_signal import AtrSignal
from .signal.bias_signal import BiasSignal
from .signal.boll_bandit_signal import BollBanditSignal
from .signal.boll_signal import BollSignal
from .signal.cmo_signal import CmoSignal
from .signal.emd_signal import EMDSignal
from .signal.kdj_signal import KdjSignal
from .signal.ma_seq_signal import MaSeqSignal
from .signal.ma_signal import MaSignal
from .signal.macd_signal import MacdSignal
from .signal.sarima_signal import SARIMASignal
from .signal.super_trend_signal import SuperTrendSignal
from .signal.svm_signal import SVMSignal
from .signal.visual_ae_strategy import VisualAeSignal


class ClassfierAggregationStrategy(CtaTemplate):
    """ 基于分类器集成的交易策略 """
    author = "ouyangpengcheng"
```

```python
    window_size = 50

    fixed_size = 1
    vt_symbol = None

    parameters = [
        "window_size", "fixed_size"
    ]

    variables = [
        "vt_symbol"
    ]

    signals = [
        AdxSignal(),
        ArSignal(),
        AtrSignal(),
        BiasSignal(),
        BollBanditSignal(),
        BollSignal(),
        CmoSignal(),
        EMDSignal(),
        KdjSignal(),
        MaSeqSignal(),
        MaSignal(),
        MacdSignal(),
        SuperTrendSignal(),
        #以下子策略无法获得正收益
        #ARIMASignal(),
        #ARMASignal(),
        #SARIMASignal(),
        #SVMSignal(),
        #VisualAeSignal()
    ]

    def __init__(self, cta_engine, strategy_name, vt_symbol, setting):
        super().__init__(cta_engine, strategy_name, vt_symbol, setting)
        self.vt_symbol = vt_symbol
        self.prefetch_num = self.window_size
        self.bar_generator = BarGenerator(self.on_bar)
        self.signal_decisions = []

    def on_init(self):
```

```python
        """
        Callback when strategy is inited.
        """
        self.write_log("策略初始化")
        self.load_bar(self.prefetch_num)

    def on_start(self):
        """
        Callback when strategy is started.
        """
        self.write_log("策略启动")

    def on_stop(self):
        """
        Callback when strategy is stopped.
        """
        NumPy_decisions = np.array(self.signal_decisions)
        #保存不同子策略的信号结果
        np.save(os.path.join(Path(__file__).parent, 'decisions.npy'), NumPy_decisions)
        self.write_log("策略停止")

    def on_tick(self, tick: TickData):
        """
        Callback of new tick data update.
        """
        self.bar_generator.update_tick(tick)

    def all_signals_inited(self):
        """ 检测是否所有交易信号都被初始化 """
        inited = True
        for signal in self.signals:
            inited = inited and signal.array_manager.inited
        return inited

    def on_bar(self, bar: BarData):
        """
        Callback of new bar data update.
        """
        self.cancel_all()
        self.write_log(f'Received Bar Data: {bar}')

        deal_signal: List[Trend] = []
```

```
        for signal in self.signals:
            deal_signal.append(signal.on_bar(bar))

        if not self.all_signals_inited():
            return

        deal_signal_value = [x.value for x in deal_signal]
        #记录不同信号的信号发生结果
        self.signal_decisions.append(deal_signal_value)
```

执行以上策略后，可以得到 decisions.npy 文件，将 NumPy 数组转换为 Pandas 中的 DataFrame 便于计算相关性矩阵，并通过 Seaborn 模块中的 heatmap 方法绘制图像，代码如下：

```
//ch7/classifier_aggregation/signal/check_corr.py
import numpy as np

#加载相关性矩阵
decisions = np.load(r'<文件所在目录>\decisions.npy')

import pandas as pd
print(decisions.shape)
df = pd.DataFrame(decisions)

#计算 Pearson 相关系数
matrix = df.corr()
print(matrix)

import seaborn as sns
import matplotlib.pyplot as plt

cmap = sns.diverging_palette(250, 15, s=75, l=40, n=9, center='light', as_cmap=True)
#绘制相关性矩阵图
sns.heatmap(matrix, center=0, annot=True, fmt='.2f', square=True, cmap=cmap)
plt.show()
```

运行以上代码，可以得到如图 7-1 所示的图像。

从图 7-1 中可以发现，AdxSignal 和 SuperTrendSignal、BollBanditSignal 和 BollSignal（不难理解）与 MaSeqSignal 的关联性较大，因此在待集成子策略中除去 SuperTrendSignal 和 BollBanditSignal。经过第 3 轮筛选后剩下待集成的子策略为 AdxSignal、ArSignal、AtrSignal、BiasSignal、BollSignal、CmoSignal、EMDSignal、KdjSignal、MaSeqSignal、MaSignal、MacdSignal。

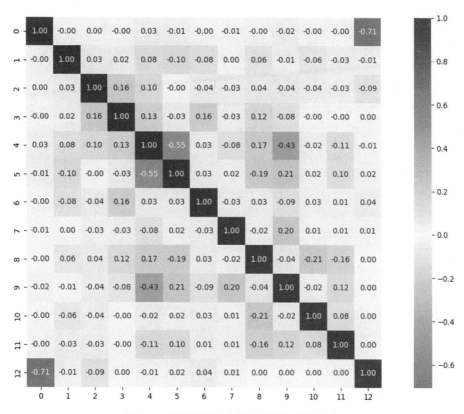

图 7-1 不同子策略交易信号的相关性矩阵

在集成后的策略（实际完成下单的策略）中，使用"软投票"法进行交易决策，如果当前的交易信号软投票值大于 0.1，则平空做多，如果软投票值小于-0.1，则平多做空，否则进行清仓，代码如下：

```
//ch7/classifier_aggregation/classifier_aggregation_strategy.py
from typing import List
from pathlib import Path

import numpy as np
import os

from vnpy_ctastrategy import (
    CtaTemplate,
    TickData,
    BarData,
    BarGenerator,
)
```

```python
from .signal import Trend

from .signal.adx_signal import AdxSignal
from .signal.ar_signal import ArSignal
#from .signal.arima_signal import ARIMASignal
#from .signal.arma_signal import ARMASignal
from .signal.atr_signal import AtrSignal
from .signal.bias_signal import BiasSignal
#from .signal.boll_bandit_signal import BollBanditSignal
from .signal.boll_signal import BollSignal
from .signal.cmo_signal import CmoSignal
from .signal.emd_signal import EMDSignal
from .signal.kdj_signal import KdjSignal
from .signal.ma_seq_signal import MaSeqSignal
from .signal.ma_signal import MaSignal
from .signal.macd_signal import MacdSignal
#from .signal.sarima_signal import SARIMASignal
#from .signal.super_trend_signal import SuperTrendSignal
#from .signal.svm_signal import SVMSignal
#from .signal.visual_ae_strategy import VisualAeSignal

class ClassfierAggregationStrategy(CtaTemplate):
    """ 基于分类器集成的交易策略 """
    author = "ouyangpengcheng"

    window_size = 50
    fixed_size = 1
    vt_symbol = None

    parameters = [
        "window_size", "fixed_size"
    ]

    variables = [
        "vt_symbol"
    ]

    signals = [
        AdxSignal(),
        ArSignal(),
        AtrSignal(),
        BiasSignal(),
        #BollBanditSignal(),
```

```python
            BollSignal(),
            CmoSignal(),
            EMDSignal(),
            KdjSignal(),
            MaSeqSignal(),
            MaSignal(),
            MacdSignal(),
            #SuperTrendSignal(),
            #以下子策略无法在区间内获得正收益
            #ARIMASignal(),
            #ARMASignal(),
            #SARIMASignal(),
            #SVMSignal(),
            #VisualAeSignal()
        ]

    def __init__(self, cta_engine, strategy_name, vt_symbol, setting):
        super().__init__(cta_engine, strategy_name, vt_symbol, setting)
        self.vt_symbol = vt_symbol
        self.prefetch_num = self.window_size
        self.bar_generator = BarGenerator(self.on_bar)
        self.signal_decisions = []

    def on_init(self):
        """
        Callback when strategy is inited.
        """
        self.write_log("策略初始化")
        self.load_bar(self.prefetch_num)

    …

    def on_stop(self):
        """
        Callback when strategy is stopped.
        """
        NumPy_decisions = np.array(self.signal_decisions)
        #保存不同子策略的信号结果
        np.save(os.path.join(Path(__file__).parent, 'decisions.npy'), NumPy_decisions)
        self.write_log("策略停止")

    def on_tick(self, tick: TickData):
```

```python
        """
        Callback of new tick data update.
        """
        self.bar_generator.update_tick(tick)

    def all_signals_inited(self):
        """ 检测是否所有交易信号都被初始化 """
        inited = True
        for signal in self.signals:
            inited = inited and signal.array_manager.inited
        return inited

    def on_bar(self, bar: BarData):
        """
        Callback of new bar data update.
        """
        self.cancel_all()
        self.write_log(f'Received Bar Data: {bar}')

        deal_signal: List[Trend] = []

        for signal in self.signals:
            deal_signal.append(signal.on_bar(bar))

        if not self.all_signals_inited():
            return

        #计算软投票值
        squeezed_signal = sum(deal_signal_value) / len(deal_signal)
        if squeezed_signal > 0.01:
            if self.pos < 0:
                self.cover(bar.close_price, abs(self.pos))
                self.buy(bar.close_price, self.fixed_size)
            if self.pos == 0:
                self.buy(bar.close_price, self.fixed_size)
        elif squeezed_signal < -0.01:
            if self.pos > 0:
                self.sell(bar.close_price, abs(self.pos))
                self.short(bar.close_price, self.fixed_size)
            if self.pos == 0:
                self.short(bar.close_price, self.fixed_size)
        else:
            if self.pos > 0:
```

```
            self.sell(bar.close_price, abs(self.pos))
        if self.pos < 0:
            self.cover(bar.close_price, abs(self.pos))

    self.put_event()
```

执行以上策略,便得到如图 7-2 所示的结果。

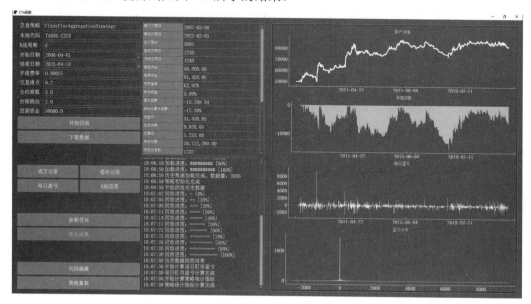

图 7-2　分类模型集成策略在 PTA 指数上的回测结果

以上笔者使用的是"投票法"进行的策略集成,读者还可以尝试使用"级联法"对策略进行集成,例如使用 ADX 值作为行情研判的指标,当行情存在趋势性时,进一步使用其他策略进行交易决策,否则使用适合于震荡行情的策略。

7.3　基于回归模型集成交易策略

相较于基于分类模型的集成方法,基于回归模型更简单,其集成的目的是使预测序列值更加准确。本节选用第 6 章中除去 ARMA 策略(因为其只适用于平稳序列)的回归策略作为待集成策略:ARIMAStrategy、SARIMAStrategy、SVMStrategy 和 VisualAeStrategy。

基于回归模型集成策略的代码编写更简单,在子策略的 on_bar 函数中做出价格的预测并返给父策略即可,由父策略完成价格的融合并做出交易决策,以 ARIMAStrategy 为例,将其修改为如下代码的 ARIMASignal:

```
//ch7/regressor_aggregation/signal/arima_signal.py
from typing import Optional
from statsmodels.tsa.stattools import adfuller
```

```python
from statsmodels.tsa.arima.model import ARIMA

import statsmodels as sm
import numpy as np

from vnpy_ctastrategy import (
    BarData,
    ArrayManager,
)

class ARIMASignal:
    """ ARIMA 交易信号 """
    author = "ouyangpengcheng"

    window_size = 50

    fixed_size = 1
    vt_symbol = None

    parameters = [
        "window_size", "fixed_size"
    ]

    variables = [
        "vt_symbol"
    ]

    def __init__(self):
        self.prefetch_num = self.window_size
        self.array_manager = ArrayManager(self.prefetch_num)
        self.highs = None
        self.lows = None
        self.opens = None
        self.closes = None
        self.volumes = None

    def on_bar(self, bar: BarData) ->Optional[float]:
        """
        Callback of new bar data update.
        """
        am = self.array_manager

        am.update_bar(bar)
```

```
        if not am.inited:
            return None

        ...

        train = prices
        model = ARIMA(train, order=order).fit()
        #向后预测一个价格
        predict = np.squeeze(model.predict(self.window_size, self.window_size, dynamic=True))

        return predict
```

基于原交易策略对代码进行修改十分简单,主要修改__init__方法与on_bar方法即可,删除__init__方法中不需要的多余变量并在on_bar方法中直接将回归结果返回即可。使用相同的方法将其他子策略修改完成后,编写如下所示的父策略即可:

```python
//ch7/regressor_aggregation/regressor_aggregation_strategy.py
from typing import List

from vnpy_ctastrategy import (
    CtaTemplate,
    TickData,
    BarData,
    BarGenerator,
)

from .signal.arima_signal import ARIMASignal
from .signal.sarima_signal import SARIMASignal
from .signal.svm_signal import SVMSignal
from .signal.visual_ae_strategy import VisualAeSignal

class RegressorAggregationStrategy(CtaTemplate):
    """ 基于回归模型集成的交易策略 """
    author = "ouyangpengcheng"

    window_size = 50
    fixed_size = 1
    vt_symbol = None

    parameters = [
        "window_size", "fixed_size"
```

```python
    ]

    variables = [
        "vt_symbol"
    ]

    signals = [
        ARIMASignal(),
        SARIMASignal(),
        SVMSignal(),
        VisualAeSignal()
    ]

    def __init__(self, cta_engine, strategy_name, vt_symbol, setting):
        super().__init__(cta_engine, strategy_name, vt_symbol, setting)
        self.vt_symbol = vt_symbol
        self.prefetch_num = self.window_size
        self.bar_generator = BarGenerator(self.on_bar)

    def on_init(self):
        """
        Callback when strategy is inited.
        """
        self.write_log("策略初始化")
        self.load_bar(self.prefetch_num)

    …

    def on_tick(self, tick: TickData):
        """
        Callback of new tick data update.
        """
        self.bar_generator.update_tick(tick)

    def all_signals_inited(self):
        """ 检测是否所有交易信号都被初始化 """
        inited = True
        for signal in self.signals:
            inited = inited and signal.array_manager.inited
        return inited
```

```python
    def on_bar(self, bar: BarData):
        """
        Callback of new bar data update.
        """
        self.cancel_all()
        self.write_log(f'Received Bar Data: {bar}')

        if not self.all_signals_inited():
            return

        sub_predicts: List[float] = []

        for signal in self.signals:
            sub_predicts.append(signal.on_bar(bar))

        predict = sum(sub_predicts) / len(sub_predicts)

        if predict > bar.close_price:
            if self.pos < 0:
                self.cover(bar.close_price, abs(self.pos))
                self.buy(bar.close_price, self.fixed_size)
            if self.pos == 0:
                self.buy(bar.close_price, self.fixed_size)
        elif predict < bar.close_price:
            if self.pos > 0:
                self.sell(bar.close_price, abs(self.pos))
                self.short(bar.close_price, self.fixed_size)
            if self.pos == 0:
                self.short(bar.close_price, self.fixed_size)

        self.put_event()
```

与分类模型集成的方式类似，如上代码中同样依次调用了子策略中的 on_bar 方法，收集了不同子策略对未来走势的预测，并对其进行简单平均，将平均后的结果与当前收盘价进行比较，然后执行交易决策。相信至此读者对于 vn.py 策略编写框架已经十分熟悉，理解以上代码十分容易。在 PTA 指数日线上执行回测可以得到如图 7-3 所示的结果。

代码中使用了简单平均计算最终的价格回归值，本质上将所有的子策略同等对待，而实际上不同的回归模型对于数据的拟合程度或预测性能可能不同，因此将不同模型的结果以不同权值进行加权平均通常是一种更好的方式，例如使用模型将训练数据的拟合程度 score 值（如 6.1 节~6.3 节中代码所示）作为权重进行加权等，读者可以自行尝试并回测。

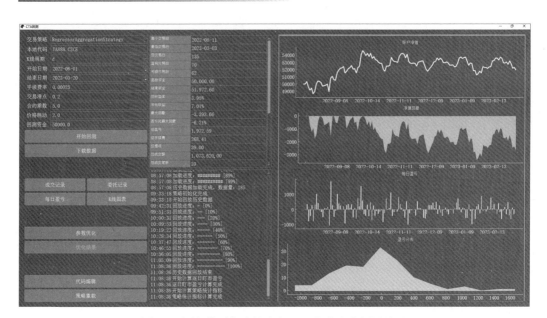

图 7-3 回归模型集成策略在 PTA 指数上的回测结果

7.4 小结

本章为读者介绍了集成不同交易策略的方法，其中分别以分类和回归模型为例进行了代码示例的说明，并且为读者提供了灵活的策略集成框架，读者可以方便地在现有框架中加入更多的策略进行测试。策略集成的要点在于选取"合适"的待集成策略，同时在父策略中选用合适的交易决策方法。通常而言，集成后的策略相较于子策略有更强的风险抵抗能力，读者在实际策略开发中需要多留意策略的互补与集成。

第 8 章 实 盘 交 易

在前面几章内容中,对于策略的测试都通过回测进行实现。在验证得到一个性能尚可接受的回测策略,并且坚信回测结果是无偏的情况下,可以通过 vn.py 很方便地将回测的策略迁移至实盘。本章将讨论实盘与回测的区别并且以上海期货交易所的仿真账号为例对 vn.py 的实盘交易进行说明。

8.1 实盘交易与回测的区别

实盘交易与回测的差异较大,本节将从交易的不同方面对两者进行比较。

首先是数据层面,在前几章的回测中使用的都是离线数据(由 CSV 文件导入),而在实盘交易中的数据以回调的形式不断由柜台发送而来,属于流式数据。柜台发送而来的数据本质上都为 tick 数据,vn.py 在引擎中维护的 BarGenerator 类将 tick 数据进行累算得到 bar 数据,因此在实盘的策略中通常 on_tick 和 on_bar 函数中都能接收到行情并进行相应处理。还存在一个容易被忽视的问题,由于离线回测的数据是事先准备好的,可以保证数据的准确性,而在实盘交易中,每天的交易时间是割裂的,有时在休市的时间内柜台会发送测试数据(脏数据),这些数据如果被策略接收,则会造成意料之外的结果,因此在实盘交易时需要甄别柜台发送的数据是否有效。

其次是交易时间层面,客户端与柜台维持 TCP 长连接过久之后可能会造成数据收取失败等问题,此时需要重新订阅标的行情或者进行重连,因此实盘策略不宜像回测策略时那样一直保持运行。

再者是策略代码,得益于 vn.py 的多层封装,用于回测的代码可以无缝迁移至实盘交易。

以上谈到的区别目前都与交易本身无关,实际上在交易层面上实盘交易与回测的差别也是巨大的。

在回测中,通常以当前 K 线的收盘价作为下单价格进行委托,然而在标准周期(日 K 线)及更大的周期中,通常是无法以收盘价委托成功的。vn.py 合成 K 线的方式是根据最新的 tick 数据的时间是否跨过了一个完整的 K 线周期进行判别的,因此只有当接收到每日收盘前的最后一个 tick 数据后才能完成日 K 线的合成,此时如果在策略中根据 K 线发出交易信号，则由于已经收盘，所以无法完成交易。通常而言有两种解决方法，一种是通过持久化的形式暂存在下一次开盘时需要埋的单，例如借助 MySQL、Redis，或直接将需要埋的单使用 pickle 模块持久化，也可以在每日收盘前 30s 或 1min 完成 K 线的合成，在收盘前做出交易信号的产生并委托；另一种方式更加简便，不过可能会带来数据上的缺失和偏差。

有时在回测中得到有正收益的策略，在实盘中是让人"煎熬"的，例如图 8-1 中策略的回测账户净值曲线。

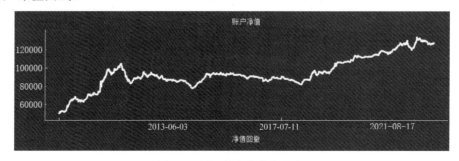

图 8-1　回测的账户净值曲线

图 8-1 所示的净值曲线在整个回测时间区间内获取了正收益，并且回撤尚可，这样来看是一个不错的策略，但是仔细观察 2012—2018 年的区间，净值上下波动几乎没有变化，试想在实盘中是否可以接受自己的策略在 6 年的运行时间内无收益？因此在回测时通常不仅需要关注总收益率，还需要关注夏普比率、最大回撤、最大回撤时间、收益回撤比等指标。

通过本章的讲解，读者可以亲自上手进行实盘交易，这样会对实盘交易与回测的区别有一个更加直观的了解。

8.2　准备工作

在进行实盘交易之前，需要申请一个用于实盘交易的账号。在此读者有两个选项，一是向期货公司申请开立期货交易的仿真账户与程序化交易的账户，需要完成填写申请表等一系列步骤，这也是最终使用真金白银进行程序化交易的必不可少的步骤；其二，读者可以在上海期货交易所官方提供的模拟账户网站 SimNow 上申请期货交易的仿真账号，通过 SimNow 读者可以轻松地完成账号出入金操作。

读者可以任选以上一种开立实盘账户的方式，为了简便笔者推荐申请 SimNow 的仿真账户进行实盘交易。SimNow 的官方网址为 https://www.simnow.com.cn/，其首页如图 8-2 所示。

在图 8-2 的左侧菜单中单击"注册账号"，并填入相应的信息完成注册即可。注册完毕后，在左侧菜单中单击"投资者登录"，即可看到模拟账户的信息，如图 8-3 所示。

在图 8-3 中可以看到下方有入金与重置资金的按钮，通过操作可以十分方便地控制仿真账户中的资金。

图 8-2 SimNow 官方网站

图 8-3 注册得到的仿真账户信息

在图 8-2 上方菜单栏中单击"产品与服务"（https://www.simnow.com.cn/product.action）可以看到 SimNow 提供的仿真环境信息，如图 8-4 所示。

得到以上连接 CTP 的必要信息后，使用 vn.py 文件中的 CtpGateway 即可完成仿真环境的连接，在运行 vn.py 时加入 CtpGateway 并且加入实盘策略运行模块 CtaStrategyApp，代码如下：

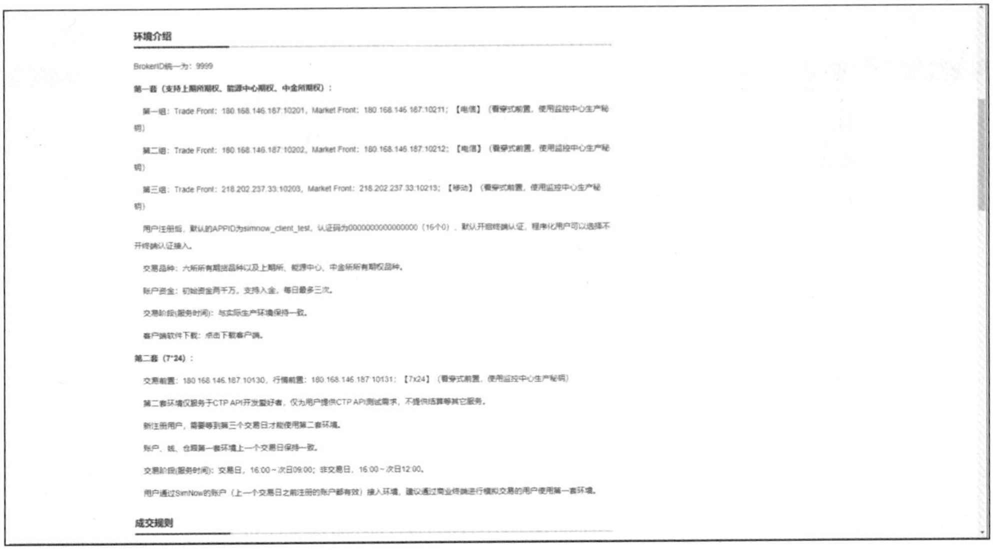

环境介绍

BrokerID统一为：9999

第一套（支持上期所期权、能源中心期权、中金所期权）：

第一组：Trade Front：180.168.146.187:10201，Market Front：180.168.146.187:10211；【电信】（看穿式前置，使用监控中心生产秘钥）

第二组：Trade Front：180.168.146.187:10202，Market Front：180.168.146.187:10212；【电信】（看穿式前置，使用监控中心生产秘钥）

第三组：Trade Front：218.202.237.33:10203，Market Front：218.202.237.33:10213；【移动】（看穿式前置，使用监控中心生产秘钥）

用户注册后，默认的APPID为simnow_client_test，认证码为0000000000000000（16个0），默认开启终端认证，程序化用户可以选择不开终端认证接入。

交易品种：六所所有期货品种以及上期所、能源中心、中金所所有期权品种。

账户资金：初始资金两千万，支持入金，每日最多三次。

交易阶段(服务时间)：与实际生产环境保持一致。

客户端软件下载：点击下载客户端。

第二套（7*24）：

交易前置：180.168.146.187:10130，行情前置：180.168.146.187:10131；【7x24】（看穿式前置，使用监控中心生产秘钥）

第二套环境仅服务于CTP API开发爱好者，仅为用户提供CTP API测试需求，不提供结算等其它服务。

新注册用户，需要等到第三个交易日才能使用第二套环境。

账户、钱、仓跟第一套环境上一个交易日保持一致。

交易阶段(服务时间)：交易日，16:00～次日09:00；非交易日，16:00～次日12:00。

用户通过SimNow的账户（上一个交易日之前注册的账户都有效）接入环境，建议通过商业终端进行模拟交易的用户使用第一套环境。

成交规则

图 8-4　SimNow 提供的仿真环境信息

```
//ch8/test_vnpy.py
from vnpy.event import EventEngine
from vnpy.trader.engine import MainEngine
from vnpy.trader.ui import MainWindow, create_qapp

from vnpy_ctp import CtpGateway
from vnpy_ctastrategy import CtaStrategyApp
from vnpy_ctabacktester import CtaBacktesterApp
from vnpy_datamanager import DataManagerApp

def main():
    qapp = create_qapp()

    event_engine = EventEngine()
    main_engine = MainEngine(event_engine)

    #添加底层接口
    main_engine.add_gateway(CtpGateway)

    #添加实盘策略模块
    main_engine.add_app(CtaStrategyApp)
    …

    main_window = MainWindow(main_engine, event_engine)
    main_window.showMaximized()
```

```
    qapp.exec()

if __name__ == "__main__":
    main()
```

运行以上脚本，可以如第 1 章中打开 vn.py 的主界面，在上侧的菜单中单击"系统"，单击"连接 CTP"后会得到如图 8-5 所示的连接小窗口。窗口中的"用户名"即读者仿真账户信息中的 investorId；"密码"是 SimNow 账号的密码；"经纪商代码"固定为 9999；交易服务器和行情服务器读者可以根据图 8-4 中所示的不同运营商的地址自行决定，笔者选取的配置为图 8-4 中的第 3 组配置，即交易服务器为 218.202.237.33:10203，行情服务器为 218.202.237.33:10213；"产品名称"固定为 simnow_client_test；授权编码为 16 个 0，即 0000000000000000。

图 8-5　vn.py 连接 CTP

填写完成如图 8-5 所示的连接 CTP 信息后，单击图 8-5 中的"连接"即可完成连接，成功连接后如图 8-6 所示，在 vn.py 的日志区可以看到服务器连接成功的信息，并且使用交易模块可以成功查询到品种标的行情。

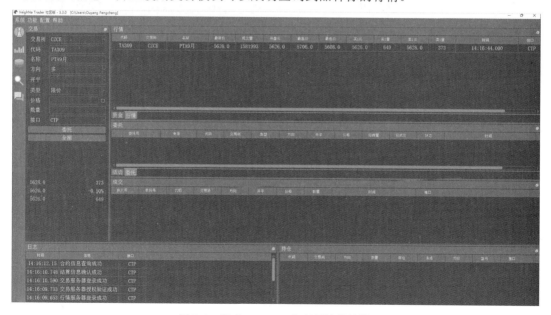

图 8-6　完成 SimNow 仿真环境的连接

使用期货公司的仿真账户或实盘账户连接 CTP 的步骤与此类似，期货公司会给予读者服务器地址、AppID（产品名称）和授权码（授权编码），同样可以完成 CTP 连接。

8.3 运行策略

本节以 5.2 节中介绍过的双均线策略为例，以仿真账号执行实盘运行策略。在第 5 章中，双均线的回测周期为日 K，本节为了演示简便，将会分别使用 tick 和分钟 K 线为周期进行实盘策略的运行。

8.3.1 基于 tick 数据的实盘策略

前几章的策略示例都是分析 K 线数据做出交易决策，而市场的数据本质上为 tick 数据，K 线只是通过 tick 数据聚合而成的。本节以实盘交易的 tick 数据为信号产生的数据源说明策略的开发与使用。

在之前的策略中，通过 vn.py 提供的 BarGenerator 中的 update_tick 方法进行 K 线的合成，而基于 tick 数据的交易策略无须使用该类，直接使用列表存储收取的 tick 数据即可。在 tick 数据中，根据不同品种或者不同级别的行情，收取的数据可能包含一挡或者五挡行情，因此在策略中使用一挡行情的价格作为下单价格即可，通常为了提升交易执行的成功率，使用盘口的中间价格（一档买卖价的平均值）作为交易价格。

相较于 5.2 节中的策略代码，基于 tick 数据的交易代码会简洁不少，代码如下：

```
//ch8/tick_strategy/ma_strategy_tick.py
from typing import List
import numpy as np

from vnpy_ctastrategy import (
    CtaTemplate,
    TickData,
)

import talib

class MaStrategyTick(CtaTemplate):
    """ 均线策略 """
    author = "ouyangpengcheng"

    fast_window = 5
    slow_window = 10
    fixed_size = 1

    fast_ma0 = 0.0
    fast_ma1 = 0.0
```

```python
    slow_ma0 = 0.0
    slow_ma1 = 0.0

    parameters = ["fast_window", "slow_window", "fixed_size"]
    variables = ["fast_ma0", "fast_ma1", "slow_ma0", "slow_ma1"]

    def __init__(self, cta_engine, strategy_name, vt_symbol, setting):
        """"""
        super().__init__(cta_engine, strategy_name, vt_symbol, setting)
        self.tick_data: List[TickData] = []

…

    def on_tick(self, tick: TickData):
        """
        Callback of new tick data update.
        """
        self.tick_data.append(tick)
        tick_data_num = len(self.tick_data)

        if tick_data_num > self.fast_window and tick_data_num > self.slow_window:
            prices = list((t.ask_price_1 + t.bid_price_1) / 2 for t in self.tick_data)

            #ArrayManager 中的 sma 方法在底层直接调用 talib.SMA
            #计算 5 日均线
            np_prices = np.asarray(prices)
            fast_ma = talib.SMA(np_prices, self.fast_window)
            #判断交叉至少需要两个点
            #因此获取最近一天和最近两天的 5 日均线值
            self.fast_ma0 = fast_ma[-1]
            self.fast_ma1 = fast_ma[-2]

            #计算 10 日均线
            slow_ma = talib.SMA(np_prices, self.slow_window)
            #获取最近一天和最近两天的 10 日均线值
            self.slow_ma0 = slow_ma[-1]
            self.slow_ma1 = slow_ma[-2]

            #如果最近一天 5 日均线值大于 10 日均线值
            #并且最近两天的 5 日均线值小于 10 日均线值
            #则说明最近一天 5 日均线完成了对 10 日均线的上穿(金叉)
```

```python
            cross_over = self.fast_ma0 > self.slow_ma0 and self.fast_ma1 < self.slow_ma1

            #如果最近一天 5 日均线值小于 10 日均线值
            #并且最近两天的 5 日均线值大于 10 日均线值
            #则说明最近一天 5 日均线完成了对 10 日均线的下穿(死叉)
            cross_below = self.fast_ma0 < self.slow_ma0 and self.fast_ma1 > self.slow_ma1

            #如果发生了金叉
            if cross_over:
                if self.pos == 0:
                    #如果无持仓,则开多仓
                    self.buy(prices[-1], self.fixed_size)
                elif self.pos < 0:
                    #如果持有空仓,则先平仓再开多仓
                    self.cover(prices[-1], abs(self.pos))
                    self.buy(prices[-1], self.fixed_size)
            #如果发生了死叉
            elif cross_below:
                if self.pos == 0:
                    #如果无持仓,则开空仓
                    self.short(prices[-1], self.fixed_size)
                elif self.pos > 0:
                    #如果持仓多仓,则先平仓再开空仓
                    self.sell(prices[-1], abs(self.pos))
                    self.short(prices[-1], self.fixed_size)

            self.put_event()
```

启动 VeighNa Trader 后,需要先进行 CTP 接口的连接,详细步骤在 8.2 节中已经介绍。接着在上方菜单的"功能"选项卡中选取"CTA 策略",可以打开如图 8-7 所示的界面,在左上角选中 tick 策略并单击"添加策略"会弹出配置框,在其中填入策略实例名称与待交易的标的代码及策略本身的参数即可。注意前文使用的说法是"策略实例",这是因为对相同一套策略代码可以通过不同的配置创建多个用于交易的运行策略,每个实例通过唯一的实例名称(图 8-7 中的 strategy_name)进行标识。

单击图 8-7 中的"添加"按钮可以得到如图 8-8 所示的界面,可以看到创建的策略实例已经添加到操作面板了,在操作面板上有"初始化""启动""停止""编辑"和"移除"共 5 个按钮,其中"初始化"对应的是策略中 on_init 方法中的执行逻辑,主要用于完成历史数据加载等逻辑。

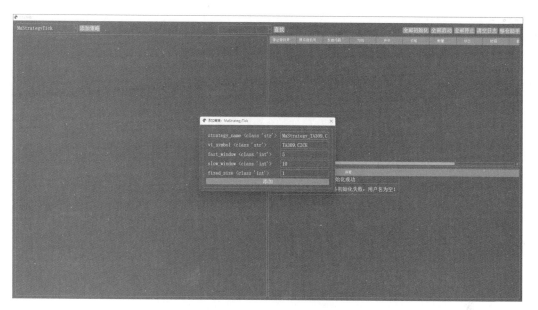

图 8-7　添加实盘交易策略

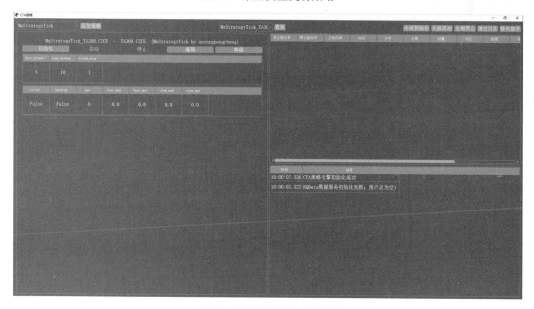

图 8-8　初始化实盘交易策略

单击"初始化"后可以得到如图 8-9 所示的界面,可以发现策略的 inited 标识由 False 变为 True 并且日志区域没有报错,说明策略已经初始化成功。

单击"启动"按钮可以得到如图 8-10 所示的结果,图中 trading 标识从 False 变为 True 说明已经启动成功,由于数据库中不存在 tick 的历史数据,策略的监控移动平均值暂时为默认值 0.0。

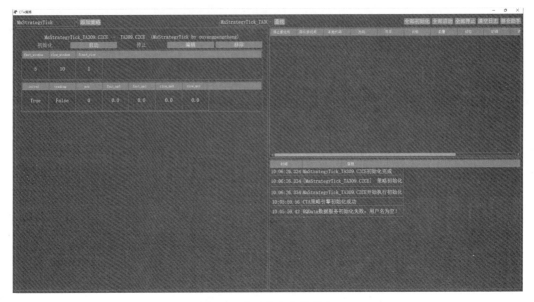

图 8-9 启动实盘交易策略

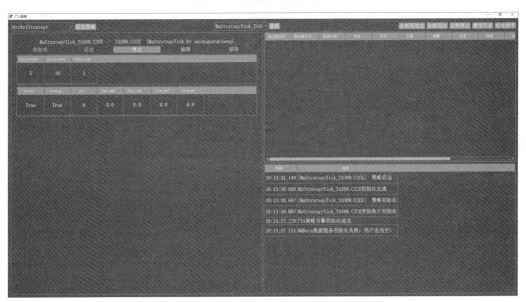

图 8-10 实盘策略正常运行

当策略收取到足够的 tick 数据后,可以观察到移动平均值都有了相应的计算值,如图 8-11 所示。

所有交易策略及手工下的交易订单在 VeighNa Trader 主页面都可以看到,如图 8-12 所示可以看到由实盘交易策略下了一笔做空单,并且全部成交,在委托选项卡中双击可以进行撤单操作,十分直观与方便。

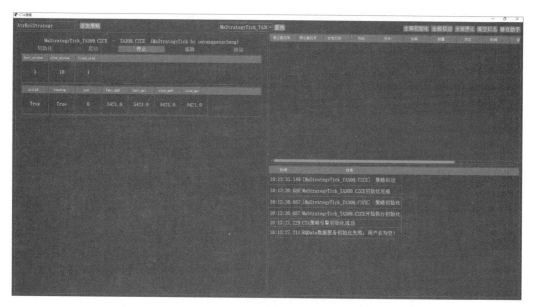

图 8-11　显示实盘交易策略监控值

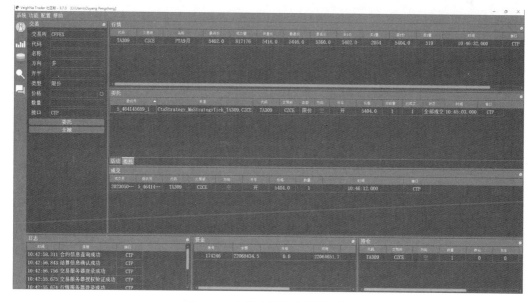

图 8-12　实盘交易策略发送订单

当开空全部成交后，回到 CTA 策略模块界面，可以发现策略中维护的 pos 变量变为了 −1，这说明当前此策略维护产生了一手空头持仓，如图 8-13 所示。

当运行更长的时间后，可以在主界面观察到更多的委托与成交记录，如图 8-14 所示。

在如图 8-14 所示的 VeighNa Trader 主界面中，读者可以实时观察到由于行情变化带来的持仓收益（右下角的持仓选项卡）与资金变化（中间下部资金选项卡）。

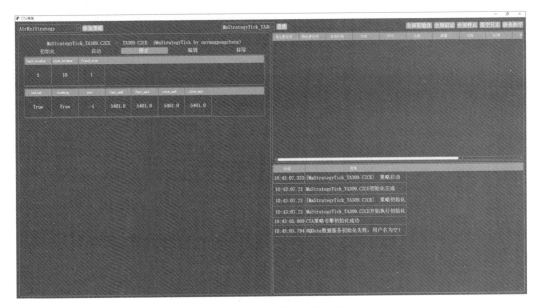

图 8-13　交易策略界面的持仓监控

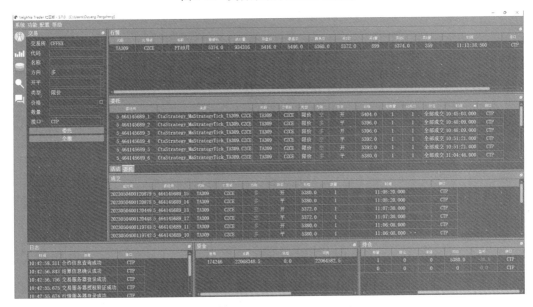

图 8-14　实盘交易策略持续运行

通常而言，使用基于 tick 数据的策略相比于基于 K 线数据的策略更难以获取高收益，一方面因为日内频繁交易带来的高额手续费会降低策略的期望收益，另一方面因为 tick 数据的信噪比较低，难以识别真正的信号进行获利，然而由于 tick 数据的"大量"与"快速"等特性，使用 tick 数据作为策略的信号产生数据可以较快进行策略的迭代与开发，并进行信号产生与逻辑的验证。

8.3.2 基于分钟 K 线数据的实盘策略

基于分钟 K 线数据的实盘策略代码与 5.2 节中的策略代码相同，唯一需要改动的地方是需要在 BarGenerator 创建时指定 K 线合成的周期 interval（当然也可以显式指定，因为 interval 参数的默认值为 Interval.MINUTE），代码如下：

```
//ch8/minute_bar_strategy/ma_strategy_minute.py
from vnpy_ctastrategy import (
    CtaTemplate,
    TickData,
    BarData,
    BarGenerator,
    ArrayManager,
)
from vnpy.trader.object import Interval

class MaStrategyMinute(CtaTemplate):
    """ 分钟线均线策略 """
    author = "ouyangpengcheng"

    …

    parameters = ["fast_window", "slow_window", "fixed_size"]
    variables = ["fast_ma0", "fast_ma1", "slow_ma0", "slow_ma1"]

    def __init__(self, cta_engine, strategy_name, vt_symbol, setting):
        """"""
        super().__init__(cta_engine, strategy_name, vt_symbol, setting)

        #默认使用分钟线，可以自行修改 K 线合成周期
        self.bar_generator = BarGenerator(self.on_bar, interval=Interval.MINUTE)
        self.array_manager = ArrayManager(2 * max(self.fast_window, self.slow_window))
        ...
```

使用与 8.3.1 节中相同的方法初始化并启动分钟 K 线实盘交易策略即可，启动成功后的界面如图 8-15 所示，图中 inited 与 trading 变量都为 True 并且日志模块无报错。

在策略代码中，用于存储历史 K 线数据的 ArrayManager 容量为 2 * max(self.fast_window, self.slow_window))，在 fast_window 与 slow_window 分别为 5 和 10 时（如图 8-15 所示），ArrayManager 的容量为 20，因此在数据库中无数据的情况下（on_init 函数中加载不到任何数据），需要实盘运行 20min 才可以获得足够的 K 线数据填充满 ArrayManager，在实盘运行

了 20min 后,可以观察到均线变量值顺利地得到计算值,如图 8-16 所示。

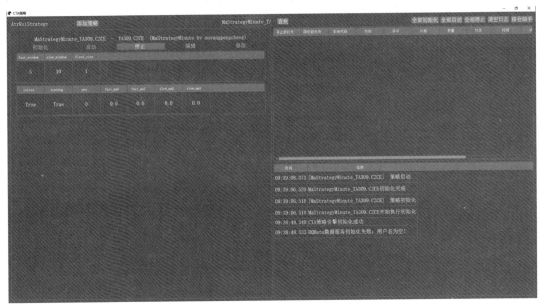

图 8-15 分钟 K 线交易策略启动完成

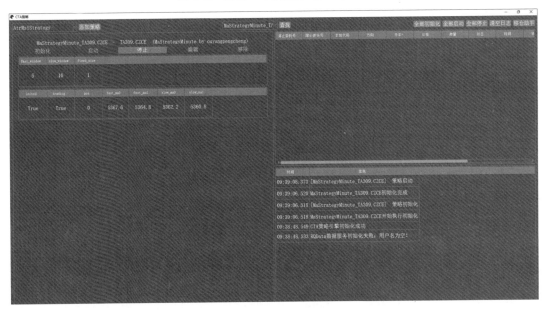

图 8-16 ArrayManager 完成初始化后均线变量值顺利计算

实盘策略运行一段时间后,策略正常做出交易决策,在实盘策略运行界面可以看到 pos 为 -1,说明成功开空一手 PTA9 月合约,如图 8-17 所示。

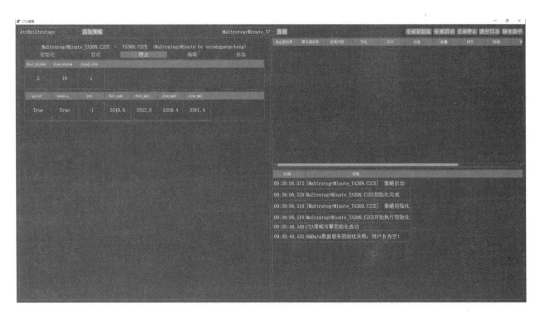

图 8-17　分钟 K 线实盘策略成功开空

在 VeighNa Trader 主界面同样可以看到由策略开空的交易记录,同时在委托界面也可以查看手动下单的记录,如图 8-18 所示。

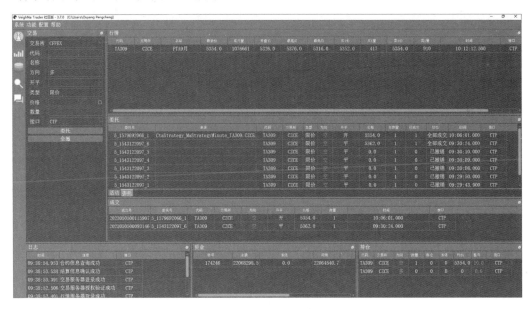

图 8-18　VeighNa Trader 主界面的交易展示

如果读者希望像前几章回测的策略一样,在实盘运行基于日 K 线的交易策略,则需要将策略代码中 BarGenerator 的 interval 指定为 Interval.DAILY,同时由于 vn.py 提供的 K 线合成逻辑只包含分钟 K 线,因此也需要做出相应修改(笔者使用的 vnpy 包版本为 3.3.0,仍然只支持分钟 K 线的合成逻辑)。

在包 vnpy 的 trader 模块下有一个 utility 文件,在 BarGenerator 类中的 update_tick 方法(在实盘策略的 on_tick 函数中调用的方法)中有一段判断最新收取的 tick 数据与已部分合成的 K 线时间比较的逻辑。在原逻辑中,如果最新的 tick 的分钟或小时与部分合成的 K 线分钟或小时数不同,则说明最新的 tick 与 bar 已经相隔了至少一分钟,此时需要调用策略的 on_bar 函数完成 K 线的推送,如下代码的加粗部分所示。

```
//ch8/utility_raw.py
def update_tick(self, tick: TickData) -> None:
    """
    Update new tick data into generator.
    """
    new_minute: bool = False

    #Filter tick data with 0 last price
    if not tick.last_price:
        return

    #Filter tick data with older timestamp
    if self.last_tick and tick.datetime < self.last_tick.datetime:
        return

    if not self.bar:
        new_minute = True
    elif (
        (self.bar.datetime.minute != tick.datetime.minute)
        or (self.bar.datetime.hour != tick.datetime.hour)
    ):
        self.bar.datetime = self.bar.datetime.replace(
            second=0, microsecond=0
        )
        self.on_bar(self.bar)

        new_minute = True
    ...
```

而这种简单的判断逻辑不符合日线以上周期的 K 线合成,因此需要对此进行修改。首先抽象出一个函数完成这个功能,例如叫作 should_call_on_bar:

```
//ch8/utility_optimized.py
def update_tick(self, tick: TickData) -> None:
    """
```

```python
    Update new tick data into generator.
    """
    new_bar: bool = False
    #Filter tick data with 0 last price
    if not tick.last_price:
        return

    #Filter tick data with older timestamp
    if self.last_tick and tick.datetime < self.last_tick.datetime:
        return

    if not self.bar:
        new_bar = True
    elif self.should_call_on_bar(tick):
        self.bar.datetime = self.bar.datetime.replace(
            second=0, microsecond=0
        )
        self.on_bar(self.bar)
        new_bar = True
    ...
```

在 should_call_on_bar 中，主要逻辑同样是判断最新 tick 与部分合成 bar 的时间之间的关系，如果 inteval 为 Interval.MINUTE，则保持原逻辑不变，而如果 interval 为 Interval.HOUR，则只需判断两者小时数是否相同；如果 interval 为 Interval.DAILY，则不可以直接判断两者天数是否相同，这样会导致当天合成的日 K 线在 24 点之后才被推送，这样会造成数据推送的大大延迟，因此需要维护每个品种的收盘时间，在 bar 的时间和 tick 的时间跨越了该品种的收盘时间推送即可，如下代码所示，代码中的 symbol_close_time 是获取期货品种收盘时间的函数：

```python
//ch8/utility_optimized.py
def should_call_on_bar(self, tick: TickData) -> bool:
    """ 根据传入的 interval 值分别判断是否应该调用策略的 on_bar 函数 """
    tick_time = tick.datetime
    bar_time = self.bar.datetime

    #如果策略接收分钟 K 线，则判断最新 tick 和已合成的 K 线的分钟或者小时数是否相同
    if self.interval == Interval.MINUTE:
        return bar_time.minute != tick_time.minute or \
            bar_time.hour != tick_time.hour
    #如果策略接收小时 K 线，则判断最新的 tick 和已合成的 K 线的小时数是否相同
    if self.interval == Interval.HOUR:
        return bar_time.hour != tick_time.hour
    #如果策略接收日 K 线，则判断已合成的 K 线的时间和最新的 tick 时间是否跨过了品种的收盘
```

```python
#时间
    if self.interval == Interval.DAILY:
        close_time = symbol_close_time(tick.symbol)
        return bar_time.time() < close_time and \
            tick_time.time() >= close_time
```

symbol_close_time 的实现代码如下：

```python
//ch8/utility_optimized.py
def symbol_close_time(symbol: str) -> Type[time]:
    """ 获取 symbol 的收盘时间，symbol 为不包含 Exchange 的代码 """
    variety = extract_variety_from_symbol(symbol)
    return variety_close_time(variety)


def variety_close_time(variety: str) -> Type[time]:
    """ 获取品种的收盘时间，默认为 15 点 15 分 """
    symbol_trade_time_intervals = trading_time.get(variety, None)
    if symbol_trade_time_intervals is None:
        return time(hour=15, minute=15)
    return datetime.strptime(symbol_trade_time_intervals[-1][-1],
TIME_FORMAT).time()
```

而不同的期货品种交易时间被维护在一个 JSON 文件中，在 utility_optimized.py 文件中直接使用 json.load 方法读取文件得到字典对象即可，如下所示的是部分期货品种交易时间：

```
//ch8/trading_time.json
{
    "IF": [
        ["09:30:00", "11:30:00"],
        ["13:00:00", "15:00:00"]
    ],
    "IC": [
        ["09:30:00", "11:30:00"],
        ["13:00:00", "15:00:00"]
    ],
    "IH": [
        ["09:30:00", "11:30:00"],
        ["13:00:00", "15:00:00"]
    ],
    ...
}
```

读取 JSON 文件的逻辑，代码如下：

```
//ch8/utility_optimized.py
#读取 vnpy 相关配置中的不同品种交易时间配置
```

```
FUTURE_TRADE_TIME_JSON_PATH: str = 'trading_time.json'
TIME_FORMAT = '%H:%M:%S'
…

#读取不同品种交易时间文件,目前只有期货交易时间(股指+国债+商品)
trading_time = {}
if Path(FUTURE_TRADE_TIME_JSON_PATH).exists():
    with open(FUTURE_TRADE_TIME_JSON_PATH, 'r', encoding='utf8') as f:
        future_trading_time = json.load(f)
    trading_time.update(future_trading_time)
```

笔者仅实现了日 K 及以下周期 K 线的合成逻辑,读者可以自行实现周线、月线甚至年线,而由于周线、月线、年线的周期大于标准周期(日 K 线),在考虑标准周期的策略启停条件下,通常需要借助持久化方案将已经部分合成的 K 线存入磁盘,在下次启动策略时继续进行合成。

如果读者希望在实盘运行基于日 K 线的交易策略,则可以将 ch8/utility_optimized.py 代码重命名为 utility.py 并替换 vnpy/trader/utility.py,同时在 utility.py 文件中指定 trading_time.json 的路径。

8.4 小结

本章介绍了使用 vn.py 进行实盘策略的运行,首先介绍了策略回测与实盘运行的诸多区别,接着介绍了 SimNow 的注册与其在 vn.py 文件中的使用,最后以两个实例分别说明了在实盘运行基于 tick 和分钟 K 线数据的策略。笔者建议在进行回测后,需要使用模拟账户运行半年到一年的实盘交易,最后使用真实资金账户执行策略。

图 书 推 荐

书名	作者
HarmonyOS 移动应用开发（ArkTS 版）	刘安战、余雨萍、陈争艳 等
深度探索 Vue.js——原理剖析与实战应用	张云鹏
前端三剑客——HTML5+CSS3+JavaScript 从入门到实战	贾志杰
剑指大前端全栈工程师	贾志杰、史广、赵东彦
Flink 原理深入与编程实战——Scala+Java（微课视频版）	辛立伟
Spark 原理深入与编程实战（微课视频版）	辛立伟、张帆、张会娟
PySpark 原理深入与编程实战（微课视频版）	辛立伟、辛雨桐
HarmonyOS 应用开发实战（JavaScript 版）	徐礼文
HarmonyOS 原子化服务卡片原理与实战	李洋
鸿蒙操作系统开发入门经典	徐礼文
鸿蒙应用程序开发	董昱
鸿蒙操作系统应用开发实践	陈美汝、郑森文、武延军、吴敬征
HarmonyOS 移动应用开发	刘安战、余雨萍、李勇军 等
HarmonyOS App 开发从 0 到 1	张诏添、李凯杰
JavaScript 修炼之路	张云鹏、戚爱斌
JavaScript 基础语法详解	张旭乾
华为方舟编译器之美——基于开源代码的架构分析与实现	史宁宁
Android Runtime 源码解析	史宁宁
恶意代码逆向分析基础详解	刘晓阳
网络攻防中的匿名链路设计与实现	杨昌家
深度探索 Go 语言——对象模型与 runtime 的原理、特性及应用	封幼林
深入理解 Go 语言	刘丹冰
Vue+Spring Boot 前后端分离开发实战	贾志杰
Spring Boot 3.0 开发实战	李西明、陈立为
Vue.js 光速入门到企业开发实战	庄庆乐、任小龙、陈世云
Flutter 组件精讲与实战	赵龙
Flutter 组件详解与实战	[加]王浩然（Bradley Wang）
Dart 语言实战——基于 Flutter 框架的程序开发（第 2 版）	亢少军
Dart 语言实战——基于 Angular 框架的 Web 开发	刘仕文
IntelliJ IDEA 软件开发与应用	乔国辉
Selenium 3 自动化测试——从 Python 基础到框架封装实战（微课视频版）	栗任龙
Python 从入门到全栈开发	钱超
Python 全栈开发——基础入门	夏正东
Python 全栈开发——高阶编程	夏正东
Python 全栈开发——数据分析	夏正东
Python 编程与科学计算（微课视频版）	李志远、黄化人、姚明菊 等
Python 游戏编程项目开发实战	李志远
编程改变生活——用 Python 提升你的能力（基础篇·微课视频版）	邢世通
编程改变生活——用 Python 提升你的能力（进阶篇·微课视频版）	邢世通
编程改变生活——用 PySide6/PyQt6 创建 GUI 程序（基础篇·微课视频版）	邢世通
编程改变生活——用 PySide6/PyQt6 创建 GUI 程序（进阶篇·微课视频版）	邢世通

图 书 推 荐

书名	作者
Diffusion AI 绘图模型构造与训练实战	李福林
图像识别——深度学习模型理论与实战	于浩文
数字 IC 设计入门（微课视频版）	白栎旸
动手学推荐系统——基于 PyTorch 的算法实现（微课视频版）	於方仁
人工智能算法——原理、技巧及应用	韩龙、张娜、汝洪芳
Python 数据分析实战——从 Excel 轻松入门 Pandas	曾贤志
Python 概率统计	李爽
Python 数据分析从 0 到 1	邓立文、俞心宇、牛瑶
从数据科学看懂数字化转型——数据如何改变世界	刘通
鲲鹏架构入门与实战	张磊
鲲鹏开发套件应用快速入门	张磊
华为 HCIA 路由与交换技术实战	江礼教
华为 HCIP 路由与交换技术实战	江礼教
openEuler 操作系统管理入门	陈争艳、刘安战、贾玉祥 等
5G 核心网原理与实践	易飞、何宇、刘子琦
FFmpeg 入门详解——音视频原理及应用	梅会东
FFmpeg 入门详解——SDK 二次开发与直播美颜原理及应用	梅会东
FFmpeg 入门详解——流媒体直播原理及应用	梅会东
FFmpeg 入门详解——命令行与音视频特效原理及应用	梅会东
FFmpeg 入门详解——音视频流媒体播放器原理及应用	梅会东
精讲 MySQL 复杂查询	张方兴
Python Web 数据分析可视化——基于 Django 框架的开发实战	韩伟、赵盼
Python 玩转数学问题——轻松学习 NumPy、SciPy 和 Matplotlib	张骞
Pandas 通关实战	黄福星
深入浅出 Power Query M 语言	黄福星
深入浅出 DAX——Excel Power Pivot 和 Power BI 高效数据分析	黄福星
从 Excel 到 Python 数据分析：Pandas、xlwings、openpyxl、Matplotlib 的交互与应用	黄福星
云原生开发实践	高尚衡
云计算管理配置与实战	杨昌家
虚拟化 KVM 极速入门	陈涛
虚拟化 KVM 进阶实践	陈涛
HarmonyOS 从入门到精通 40 例	戈帅
OpenHarmony 轻量系统从入门到精通 50 例	戈帅
AR Foundation 增强现实开发实战（ARKit 版）	汪祥春
AR Foundation 增强现实开发实战（ARCore 版）	汪祥春
ARKit 原生开发入门精粹——RealityKit + Swift + SwiftUI	汪祥春
HoloLens 2 开发入门精要——基于 Unity 和 MRTK	汪祥春
Octave 程序设计	于红博
Octave GUI 开发实战	于红博
Octave AR 应用实战	于红博
全栈 UI 自动化测试实战	胡胜强、单镜石、李睿